# 【決定版】
# HONZが選んだノンフィクション

成毛 眞・編著

中央公論新社

目次

## 3 生物・自然

## 4 教養・雑学





## 5 アート・スポーツ

## 6 社会

## 7 事件・事故

# はじめに

HONZ代表　成毛眞

この本で取り上げた書籍は、ユヴァル・ハラリが人類の未来を語る『ホモ・デウス』から、アダルトビデオの帝王こと村西とおるの『全裸監督』まで100冊。書評サイト「HONZ」が10年間にわたりレビューしてきた集大成です。

HONZは時間と空間に制限を付けることなく、読んで面白い本を紹介しつづけました。サイエンス、医学、生物、歴史、風俗、事件、アート、ビジネスなど、対象はあらゆる分野にわたります。

私たちが自信を持って紹介した本は、かならずしもベストセラーではありません。むしろ隠れた名著を発掘して紹介してきました。視点はあくまでも面白いこと。教養や学習が目的の自習的な読書とは異なり、リビングルームでリラックスして読書を楽しむことを純粋に追求しています。

事実は小説より奇なり。ノンフィクションは、現代社会の奇なる事件を記述するだけでなく、宇宙のビッグバンにまで遡って、常識を超えた知識を読者に与えてくれます。

ノンフィクションは読者の視点を時空の彼方まで拡大してくれるがゆえに、21世紀を生きるための糧となると、私たちは信じています。量子化するIT、遺伝子工学の未来、米中の覇権争い、巨大地震や気候変動。20世紀後半と比較して地球や社会の変化率が大きくなってきたいま、その変化を皮膚感覚で感じ取ることが求められているはずです。そのためには読んで感じることができる非日常、すなわちノンフィクションが最適だと考えています。

しかし、ノンフィクション作家が語る非日常は作り話ではありません。編集者と読者の厳しい目を経て結晶化した過去と現在と未来の現実です。その結晶をさらに選別し、磨き上げるのがＨＯＮＺの使命です。ＨＯＮＺのレビューは批評や批判ではありません。それぞれのレビュアーが読んで非常に感動した本を、その感動が薄れる前にレビューという文章にまとめたものです。それゆえに素朴な文章もあるかもしれません。だからこそレビュアーの感動が読者に伝わるだろうと信じています。

「非日常を感動すること」の対立項があるとしたら「日常を倦《う》む」でしょう。感染症が世界で蔓延する時代では行動が制限され、感じることができる空間や時間は驚くほど小さく短くなってきています。結果的に私たちは日常に倦み、思考力や感性は鈍麻してきます。この本はそんな危機感を持っている読者にとって、最適の読書リストとなると思うのです。

ＨＯＮＺ副代表の東えりか、編集長の内藤順、すべてのＨＯＮＺメンバーに感謝します。

装幀　中央公論新社デザイン室

# 〈決定版〉HONZが選んだノンフィクション

# 1

## サイエンス

【ベスト・ノンフィクション・レビュー】

## 『スノーボール・アース　生命大進化をもたらした全地球凍結』

ガブリエル・ウォーカー＝著
川上紳一＝監修／渡会圭子＝訳

早川書房
（ハヤカワ文庫NF）

### ロマンとワクワクに満ちた科学書

久保洋介　2011.11.15

科学本なのに、まるで小説を読んでいるかのようである。物語が壮大でロマンに溢れ、本書を読んでいると、不思議とやる気と力がみなぎってくる。ロマン溢れる仕事をしたいと思っている若手ビジネスマンにはぜひ読んで欲しい一冊だ。

本書は、地質学者を目指していた学生がボストンマラソンに挑戦し、見事9位入賞を果たした場面から物語が始まる。完走後、この学生は将来の進路について考え込む。マラソンと地質学どちらのほうが世にインパクトを与えられるか、と。結局、マラソンではオリンピックで金メダルを取れる見込みがないと諦め、地質学の世界にのめり込んでいった。この学生が、本書の主人公ポール・ホフマンである。現在は、スノーボール・アースの提唱者として広く世界に知られている人物だ。確かに彼の判断は間違っていなかった。彼はその後著名な地質学者（ハーバード大学終身在職教授）になり、今まさに科学史の歴史に名を残そうとしている。

スノーボール・アース（「全地球凍結仮説」とも呼ばれている）とは、先カンブリア紀に北極から赤道まで地球はほぼすっぽり氷に覆われていたという仮説だ。初耳だとにわかに信じがたいが、ポール・ホフマンたち地質学者は本気で地球は全面的に凍ったと考えた。提唱された当初は、あきらかに常軌を逸したアイデアだ。

筆者は小さい頃、地球は小惑星の衝突・合体によって現在の大きさになり、当時マグマ状だった地球は雨によって冷やされ、徐々に徐々に、現在の美しい地球になっていったと教わった（もしくは当時観ていたドラえもんなどのアニメではそういう設定だった）。しかし、実際の地球はそれほど穏やかに現在の姿になったわけではない、とポール・ホフマンは言う。地球46億年の歴史の中で、少なくとも1回、多ければ4回地球全体が全面凍結したと言うのだ。想像を絶する超大災害を数回経験していた、と。

このスノーボール・アース仮説が『サイエンス』に掲載されると、多くの反論が地質学者や気象学者などから噴出した。そりゃあそうだ、どう考えても彼のスノーボール・アース仮説は当時の常識の範囲を超越していた。しかし、激しやすい性格のポール・ホフマンはこれら反対論を論理的な説明と証拠によって次々とねじ伏せていく。まるでRPGゲームのように、次から次へと強敵（反論）が出てきては、それらを自説で打ち負かしていく。たまに追いつめられてもうダメかという局面もあるが、不思議とタイミング良く助け舟（他の科学者の新しい発見）が出てくるのである。

このあたりになると物語にグイグイと引き込まれてしまい、時間を忘れてページをめくってしまう。常軌を逸したアイデアが世の中の常識になろうとしている歴史的な過程をまさに追えるのである。さながら大陸移動説を唱えていたアルフレッド・ウェゲナーの現代版を追っているかのようだ。

しかもこのスノーボール・アース仮説は従来の地質学上の見方や考え方を崩すだけでなく、生命体の進化・発展に関する研究へも一石を投じている。ポール・ホフマンが主張するスノーボール・アース仮説は、生物史上、急激に複雑な生物が増えた時期（カンブリア大爆発）の直前に起こったとされており、もしかするとこの全地球凍結が生物の進化に何らか影響したかもしれないのだ。この件に関しては、現在、生物学者が躍起になって研究を進めているところであり、今後の展開が楽しみである。科学書というと専門用語が多く出てきてつい読むのが億劫になってしまいがちだが、本書は本当にワクワクしながら読める。本書を読むと、科学とは単なる実験・調査による発見ではないということがよく分かる。個性豊かな科学者達の信念と信念のぶつかり合い、あるいは個性と個性のぶつかり合いなのだ。はっきり言って、こんなに刺激的で魅力的な科学と科学者の物語に出会える機会はそうそうない。本当にオススメだ。

## 『スパイス、爆薬、医薬品』
### 世界史を変えた17の化学物質

ペニー・ルクーター、ジェイ・バーレサン＝著
小林力＝訳
中央公論新社

イノベーションの下の力持ち　村上浩

2011.12.2

サイエンス本が好きだ。物理学の本を読めば、この世を動かす仕組みの偉大さとそれを簡潔に書き表す人間の知性に感動することができる。生物学の本を読めば、生命の不思議さに戸惑いながら、我々はどこから来てどこへ行くのかについて思いを巡らせることができる。数学の本を読めば、数式の美しさとそれを追い求める数学者の破天荒さにうっとりすることができる。

それでは、化学の本はどうだろうか。Amazonのカテゴリー別登録冊数を見ると、化学の本は物理学や数学よりも多いのだが、専門書が多く、幅広い人が楽しめる読み物は少ないように感じる。

そんな逆風の中、本書は真正面から化学（特に有機化学）の面白さを伝えてくれる稀有な一冊である。物質の構造を示す化学構造式は化学の魅力を伝えるために必要不可欠なのだが、どうも苦手にしている人が多く、著者に化学構造式を省略するようアドバイスをした人もいたようだ。このアドバイスに従わなかったことが、本書の成功要因だろう。コカインとアトロピンの違いなど、言葉で説明する方がうんと分かり難い。

化学構造式って苦手だなぁと拒否反応を起こしかけているあなた、どうかご安心を。化学構造式がしっかり、たっぷり出てくるのだが、歴史のエピソードと上手く絡められており、さくさく読める。

本書は全17章から成っており、気になるエピソードをつまみ食いしても良いのだが、第1章から順に読み進めていくことをお薦めする。それぞれの章が固まりとして明確に分けられているわけではないが、食、産業革命、ポリマー、医療と徐々に中心テーマが移っていき、それぞれの章の繋がりを感じることができる。何より、少しずつ複雑な化合物、反応へと説明を進めていくことで、「シス・トランス」「ミセル」「重合」などという化学用語に馴染みの薄い人が化学への理解と興味を深めることのできる構成となっているのだ。

各章では歴史の転換点の裏側にあった化学物質について、その発見の過程から構造の特徴まで詳しく解説されている。本書を読み進めていくほどに、世の中を文系・理系に分けて見ることのつまらなさを痛感する。歴史の授業で習ったエピソードを化学の目で見れば、そのエピソードはより色鮮やかなものとなるからだ。例えば、中世ヨーロッパでの魔女狩りも、窒素原子を含むアルカロイド分子に注目すれば、新たな視点が与えられる。

当時、魔女として訴えられた女性たちの中には、箒にまたがりサバト（魔女の会合）へ飛んで行ったと自白する者もいた。自白したところで拷問から逃れられない彼女たちが自白したのは、本気で自分が飛んだと信じていたからだ。彼女たちにこの突拍子もない内容を信じ込ませた犯人こそアルカロイドだ。植物から抽出されるアルカロイドの一種であるスコポラミンはその当時より、皮膚からの吸収率が高いことが知られており、薬としても用いられていた。しかし、これらを大量摂取した後にもたらされるものは、多幸感、異常興奮、歪んだ視覚である。疲れ切った日常からの逃避を繰り返していた彼女たちは、本当に自分が「魔術」を使えると信じるに至ったのではないかと著者は推測する。

新たに発見された化合物や科学的知見がいかに世の中に浸透していったかというのも本書の見所の

1つである。多くの場合その浸透を加速させたのは、発見者である化学者本人だ。本書に登場する化学者は、論文数と学会でのポジショニングばかり気にする研究者やバリューチェーンの機能毎に分断された限られた業務のみを行うサラリーマンとは大きく異なる。彼らは革新的な研究者であり、情熱的なセールスマンでもあり、人々の暮らしを根底から変える変革者だった。

「千の使い道がある物質」と言われたベークライトの生みの親であるレオ・ベークランドの行動はまさに、「儲けたいなら〝化学〟なんじゃないの?」を体現している。ベルギーで博士号を取得し、研研究者としてのキャリアが約束されていたにもかかわらず、20世紀初頭にアメリカに移住して来たのは一儲けするためだ。最初の発明で得た資金を更なる研究へつぎ込み、それまで象牙で作られていたビリヤードの玉を代替するためにベークライトを生み出す。しかし、このベークライトにはもっと多様な用途があり、あっという間に世の中を席巻していくこととなる。億万長者となったベークランドはついに『TIME』の表紙を飾るにいたった。ありふれたものを特殊なレシピで混ぜ合わせれば大金を生むものに変換できるなんて、なんだか本当に錬金術のようじゃないか。

本書の副題の通り、化学はこれまでの世界史を変えてきた。では、これからの世界史はどうだろう。今後も化学は変化を起こし続けることができるのだろうか。

化学はあらゆる分野の礎《いしずえ》として機能し続けている。化学単体の読み物が少ないのは、化学があらゆる学問と不可分な程に深く結びついているからだろう。しかし、これから歴史の教科書に刻まれることになるエピソードの裏側にも、きっと化学の力が働いている。

#『量子革命 アインシュタインとボーア、偉大なる頭脳の激突』

マンジット・クマール＝著
青木薫＝訳

新潮社
（新潮文庫）

## 2013年のNo1でいいでしょ

成毛眞

2013.4.12

20世紀初頭の物理学者たちは、まさに知的ヒーローだった。もちろん、過去にはガリレオやニュートンなど突出した科学者がいた。21世紀の現在も多数の尊敬するべき科学者たちがいる。しかし、20世紀初頭ほど、物理学者たちが相互に連関し、まさに光速で理論と実験を繰り返し、国境をこえて師弟関係を構築し、論争した時代はない。それは天才たちが量子力学という新しいゲームのルールを作りながら、覇を競っていたからだ。

本書『量子革命』のカバー裏には第5回ソルヴェイ会議の写真が印刷されている。1927年10月ブリュッセルで行われたこの会議には29人の物理学者が招待された。キュリー夫人やアインシュタインはもちろん、ニールス・ボーアやマックス・プランク、ハイゼンベルクなど17名のノーベル賞受賞者が参加した。ローレンツ、コンプトン、パウリ、ウィルソンなど物理量の単位名や現象名、実験装置などに名前を残した人たちも参加している。

この1927年前後というのは量子力学にとって前後期の境目になる年代だった。1900年マックス・プランクよるエネルギー量子仮説、1905年アインシュタインによる光量子仮説、1923年コンプトン効果の発見、1924年ルイ・ド・ブロイの物質波仮説、などによって量子力学の基礎的な理解が深まってきた。その後、1925年ハイゼンベルクの行列力学、1926年シュレディンガーの波動力学、ボーア研究所によるコペンハーゲン解釈へと続き、現代物理学へと繋がっていく。しかし、これではいかにも辞書的な量子力学史の記述である。

それぞれの仮説や発見などなんとなく分かったような気になるのは、見事に名付けられた仮説や発見の名称によるものが大きい。たとえばアインシュタインの光量子仮説とは「これまで波だと考えられてきた光は、じつは粒子でもあるという仮説」であろうことは想像に難くない。事実そのとおりなのだが、アインシュタインは黒体放射のエントロピーの体積依存率がどんな式になるかを調べた結果としてこの仮説を生み出したのだ。しかし、これではなんのことだか分からない。

本書の素晴らしさはこの光量子仮説についてニュートン力学にまで遡って丹念に説明することはもちろん、アインシュタインはなぜこの仮説を思いついたのか、仮説を証明するための実験や次の物理学的発見にどう繋がったかなどについて、流れるような文章で紡ぎ上げていることだ。アインシュタインの生まれ育ち、仲間の物理学者たちとの繋がりなどについても、密度濃く丹念に語りつくす。

もちろん、この光量子仮説とアインシュタインについては本書のなかのたった一章でしかない。全15章は前期量子論期とも言うべき時期の第1部、ハイゼンベルクやシュレディンガーによる量子力学の基礎完成期の第2部、確率解釈をめぐっての直接的論争期の第3部、その後の物理学の第4部にわけて編集されている。その底層となるのはアインシュタインとボーアの論争である。

この論争を踏まえて、本書は見事な言葉で締めくくられている。引用は憚られるが、物理学の読み物であるにもかかわらず、おもわず目頭が熱くなったほどだ。訳者の青木薫さんもまた「訳者あとがき」で『ニューヨーカー』誌から物理学者デーヴィッド・ドイチュの言葉を引用してこれを補完している。アインシュタインは果たして論争の敗者であったのだろうか。それとも21世紀以降の物理学をさらに前進させるための松明《たいまつ》として復活するのであろうか。

本書は絶版になる前に買っておくべき本の筆頭であろう。じっさいに読むのは数十年後でも良いかもしれない。20世紀初頭の物理学史が書き換わるとも思えないから、中身が古くなることはないだろう。物理学がさらに発展することは間違いなく、コペンハーゲン解釈の新解釈などが生まれるかもしれない。その時のテキストとして本書は最適なのかもしれない。ともあれ、世紀を超えて真実を探求する物理学と物理学者たちの面白さを、これほど手際よく書き上げた本をほかに知らない。ラザフォードとボーアの人間関係、ハイゼンベルクと仲間たちなど、量子力学に関する記述を飛ばして人間ドラマとして読んだとしても素晴らしい読み物である。

# 『地球の履歴書』

大河内直彦＝著

2015.9.27

新潮社
（新潮選書）

## 本物の知がここにある　成毛眞

著者の大河内直彦さんは海洋研究開発機構・生物地球化学部門のリーダーであり、この分野では日本を代表する科学者の一人だ。そのかたわら気候変動や地球科学に関するポピュラーサイエンス、すなわち科学読み物の作家としても出版界では注目が集まっていた。気候変動の謎に迫った『チェンジング・ブルー』が硬派な大部であるにもかかわらず、非常に評価が高かったからだ。

現役の科学者の本分はもちろん研究そのものであろう。科学読み物などを書いても「科学業界的」に評価されることは少ないはずだ。現役の経営者がテレビのバラエティ番組に出演しただけで、虚業と非難されることと似ているかもしれない。しかし、それでもなお、著者は現代社会を形作ってきた原動力の風景、すなわち科学の現状と背景をおさらいしてみたいと思い、本書の執筆にとりかかったという。

熱心な大河内直彦ファンとしては、じつに複雑な心持ちだ。なによりも本業の研究をしてもらいたい。しかし、あの流麗だが平易な文章、俯瞰と凝視を織り交ぜた視点、そして品格のある科学読み物も読みたい。ともかく、寝ないでもいいから仕事をしてもらいたい。ここにその我々の願いが結実したというわけだ。

本書はタイトルのまま、地球の履歴書である。全八章にわたって地球の誕生から、いま日本人がもっとも気にかけている地震の予知などまで、縦横無尽に語り尽くしている。著者にとってはエッセイを書いたつもりなのだろうが、一般の読み手にとっては最良の地球科学の入門書でもある。

ところで、入門書を書く極意とは読者の関心をかきたて続けることにある。モチベーションのある読者にとっても、論文調の文章ではやがて飽きてしまう。映画のように場面をタイミングよく転換しながら、ときにはモンタージュの技法も入れて、謎ときのための伏線も張って、大団円に導いていくことが必要だ。そのためには、読者が思いもよらない蘊蓄《うんちく》も放り込まなければならない。

本書からその一例を見てみよう。「地下からの手紙」と見出しが付けられた第八章の冒頭は「有馬温泉の不思議」というセクションだ。有馬温泉に不思議なんてあるのか？　と逆に不思議に思う読者も多いだろう。しかし、本書ではその何が不思議かを説明する前に、なんと『日本書紀』から舒明天皇と孝徳天皇が有馬温泉を訪れたこと、さらに豊臣秀吉が有馬温泉で茶会を開いたという話が登場するのだ。

第八章まで読み進めてきた読者は、ここで「ははーん」と思うはずだ。この話題はこの先どこかにリンクするはずなのだ。しかし、この段階では仕掛けがぜんぜん判らない。先に進もう。じつは有馬温泉は泉温が90度を超える、非常に高温な温泉だということ、しかも周囲には火山がないこと、そして千年以上にわたってこの状態が保たれているという稀有な存在なのだということが説明される。ここでやっと冒頭の『日本書紀』が再登場することになる。

もちろんこの何が不思議かという説明だけでセクションが終わるわけはない。さらにその理由であるウラン238の崩壊からはじまる連鎖的な放射壊変、その過程の産物であるラジウムとラドンなどについて語られる。なるほど、全国にちらばるラドン温泉というのはそういう意味だったのかと膝を叩く向きもいよう。

さらに第八章では「地震の前兆と予知」「玉川毒水」「ニオス湖の悲劇」と続いていく。その過程では、地震の前兆とラドン濃度の異常、田沢湖の人為的な栄枯盛衰、そしてなんとさかなクンが発見したクニマスにまで話題がおよぶ。しかし、そのすべては有機的につながっていて、読者はけっして飽きることはない。

それにしても最後の話題である「ニオス湖の悲劇」はまったく知らなかった。１９８６年カメルーンで発生した、きわめて珍しいが反復して発生する自然現象のことだ。この時には１７００人もの人が亡くなっている。この驚くべき現象は「湖水爆発」というらしい。日、米、仏、カメルーン共同の科学者チームが特殊な装置を設置したので、これからは安心らしい。どんな激烈な現象で、なぜどのように発生するかについては本書を読まれたい。１９３ページから２００ページまでなので、立ち読みでも大丈夫だ。しかし、立ち読みをしたら最後、間違いなくレジに持っていくであろうから、ムダな抵抗だと断言しておこう。

大河内作品に共通するのは多くの科学者による、長年にわたる研究の積み重ねへのリスペクトだ。本物の知はそこにある。

## 『重力波は歌う　アインシュタイン最後の宿題に挑んだ科学者たち』

ジャンナ・レヴィン＝著
田沢恭子、松井信彦＝訳

早川書房
（ハヤカワ文庫 NF）

### 音による宇宙史の記録　冬木糸一

2016.6.25

本書は発売とほぼ同日に重力波2度目の観測成功が発表され、即日で重版が決まったというあまりにも出来過ぎな一冊だ。とはいえ単なる偶然と片付けるのも味気ない。これは、人類がこれまで観測できなかった「音」が宇宙に満ちている1つの「確証」であるのかもしれない。

具体的に紹介すると、本書は重力波発見に至る経緯、検出のための観測所を組みあげるため奮闘した科学者たちの人生を通して、重力波が満ちている宇宙を解き明かしていく一冊である。重力波について本稿執筆時点での絶好の入門書であるし、最初は実在すら危ぶまれる中、重力波の存在にキャリアを賭けた科学者らのどこか不器用な政治的駆け引きと確執を含んだドラマとしても素晴らしい。

全体的に重力波をめぐる科学的な説明と科学者の人生を調和させていく語り口が異常にうまい。これを書いたのはいったい何者なんだと著者紹介をみたら、ジャンナ・レヴィンは現役のコロンビア大学バーナード・カレッジ物理学・天文学の教授で、その上小説や一般向けノンフィクションも書いているという無数の才能を持った天才であった。

重力波とは何かを簡単に紹介すると、質量を持つ物体の周囲の時空が歪み、その運動が波動として伝わっていく現象である。一般相対性理論によればどれほど微小な質量であっても時空は歪むが

（我々の身体程度の質量であっても）、通常それぐらいの小さな変化は観測することはできない。しかし、途方もない大質量の物体が動き回れば――それでもかなり厳しいのだが、現時点の技術で、検出することができる。

もう少し具体的に重力波検出の過程を説明してみよう。レーザー干渉型重力波観測所（ＬＩＧＯ）によって２回検出された重力波はどちらも「ブラックホールの衝突、合体」によって発生している。その際には太陽10億個分の１兆倍を上回るという途方もないエネルギーが発生するが、ブラックホールの性質上一部たりとも光として現れず、望遠鏡ではこの事象を観測することはできない。その代わりに、「純然たる重力現象という形で、時空の形状の波動として、すなわち重力波として発散される」。その近くに人間がいれば、聴覚機構が振動することで音として聞くこともできるだろう。『重力波は歌う』という書名に「歌うのか？」と一瞬疑問を憶えたが、確かにブラックホールは衝突する際に独特の音色を奏でているのだ。（断末魔かもしれないが）

とはいえ、「重力波が地球に届くころには、宇宙の響きは地球三個分ほどの長さが原子核一個分だけ変化するに等しい、微小なものとなっているはずだ」というように、容易に検出できるものではない。そもそも最初は、「そんなものもあるかもね」「物理現象的にありえなくはない」レベルのものだった上に、「地球一〇〇〇億周分の距離を髪の毛一本の太さにも満たない幅だけ伸縮させる変化」を観測するにはその存在が予測された当時では考えつかない技術力を必要とする。

２度の重力波観測を成し遂げたＬＩＧＯは１片が４キロメートルの巨大なＬ字型をした施設で、かかった費用は最終的に10億ドルを超える。見つかった今だからこそよかったといえるが、妥当な期間内に重力波源（ブラックホールの合体など）が発生していなければいくら理論が正しくても見つからない可能性さえあったわけで、普通の神経では、栄えある科学者のキャリアと莫大な金を無駄と終わるかもしれない事象の研究に賭けることはないだろう。

それなのになぜ、科学者らは細い糸のような重力波検出の賭けにでたのか？　本書はこうした不確定な事象をめぐり、科学者らがどのように「重力波は検出されていないだけで、存在する」と考え、周囲を説得していったのか。このビッグサイエンス（多額の資金を投入した科学プロジェクト）において、科学者間でいかなる政治的やり取りや確執が発生していたのかをドラマチックに描き出していく。

関係者の多くがノーベル賞のことを考えていたとか、ＬＩＧＯの創設者でありながら途中で追放されてしまったドレーヴァーをめぐる確執に対してなど、はたからみているとみっともないことまで、複数の証言者（当人を含む）の発言をお互いに矛盾したものであっても公平に取り上げていくが「こういうしょうもなさまで含めて、ビッグサイエンスなのだよ」と著者がさらけだしているようで抜群におもしろい。

アインシュタイン以後、ブラックホールの存在が確実視されるようになり、重力波が存在する間接的な証拠も得られ、ひとりひとりの科学者の発見が相互に影響を与え合い、「数ある仮説のひとつ」だったものがそれなりに勝算のある仮説へと変転していく。多くの挫折と本当にできるのかという不安、それでも諦めなかった一握りの無謀な冒険者たち、特異な才能のきらめき——最終的には１０００人以上の科学者／技術者からなる国際コラボレーションにまで展開し、科学が前進していく（時には大きく後退もする）様子が、本書では丹念に描かれている。

ＬＩＧＯは本年以後さらなる観測精度のアップデートを予定しているし、日本を含む世界各国で重力波をめぐる技術／観測所は進展を続けている。これから先、音によってとらえられる宇宙、そこから判明する事象はより広がりをみせるのは間違いない。門外漢の身にはまだそのスケールに想像が追いつかないのだが、ガリレオがかつて望遠鏡を導入した時のように「今まで見えなかったものが一気に見えるようになる」、天文学における新しい時代の幕開けとなるだろう。

今からその成果が楽しみで仕方がない。

## 『ホモ・デウス テクノロジーとサピエンスの未来（上・下）』

ユヴァル・ノア・ハラリ＝著
柴田裕之＝訳
河出書房新社

### 現代の「知の巨人」が問いかける人類の未来

鰐部祥平
2018.9.6

ハラリは前作『サピエンス全史』の最後で、サピエンスは科学の力により自らをアップグレードし、新たな人類へと移行する道を選ぶのではないかという、大胆で少し不気味な予想を立てている。もし、それが実現可能であるのならば、新しい人類が作り出す社会はどのようなものになるのか？ そんな疑問に答える形で生み出されたのが、本書『ホモ・デウス』である。

本書では、サピエンスは飢饉、疫病、戦争という人類を常に掣肘《せいちゅう》してきた脅威を、概ね克服したという認識を私たちに示す。これら3つの事柄はこれからも多くの人類を死に至らしめるだろうが、私たち人類は以前のように、これらを制御できない「神のみわざ」として受け入れ、恐れるだけの存在ではない。飢饉も疫病も戦争も、もしこれらが発生、蔓延した場合、それは誰かがヘマをしたからだと考え、失敗の理由を詮索し、対処する事が可能だと考える。

飢饉、疫病、戦争を克服した人類は、次に不死を目指すだろうと著者は予想する。まだ不死を真剣に語る段階ではないのだが、遺伝子工学や再生医療やナノテクノロジーは急激に進歩しており、ピータ・ティールやグーグルなど、シリコンヴァレーの著名人や企業はこれらの産業に膨大な額の投資を行っている。近い将来、不死は無理でも「アモータル」つまり非死が実現するかもしれないのだ。もし、人生を150年に延ばし、さらに今までの人間には不可能だった超人的な能力を自分たちでデザインし、アップグレードする事ができたなら、社会はどのような変化をむかえるのだろうか。

ここから怒濤のごとく新たな生命革命と人類が経験する社会変革へと話が進むと思いきや、一度、立ち止まり、サピエンスとはいかなる存在なのかという問題に立ち返る。

人類は農業革命により原始的な都市を形成し、都市や王政を維持するために、有神論の物語を生み出す。結果として人々は神という共同主観に支配されていく。やがて書字が発明されるに及び、虚構の力が現実をも変えていく。官僚は時に公文書と現実が食い違ったとき、現実の方を虚構に合わせようとするものだ。書字の力は現実を変化させ、神々の物語を複雑にし、様々な社会制度や経済システムの発展を可能にした。この過程で、動物は人間よりも下等な生き物という価値観が根付いていく。著者はこの価値観も農業革命による副産物だと喝破する。

狩猟採集民によるアニミズムは、人間と動物に優劣をつけてはいなかっただろうし、そもそも人類は他の動物よりも圧倒的に強い力を持っていたわけではなかった。農業革命により、自然をコントロールする事が可能になった人類は、次に地球上に家畜という新たな生命を誕生させる。人類がこれまでに家畜化できた動物は20種類ほどだが、現在では地球全体の大型動物の9割以上が家畜だ。農業革命が有神論を生み、有神論はアニミズム的な動物と人との関係を終わらせた。人は動物を支配し、動物の情動や欲求は、人の情動や欲求よりも劣ったものとして無視し、神との関係を通して人間を森羅万象の頂点と考えるようになる。

その後は、ニュートンなどが貢献する事となる科学革命が、神を脇役へと押しのける。しかし、ここでもハラリの慧眼が冴える。科学革命によって神という共同主観を脇に押しやったからといって、私たちは客観的事実を中心に据えた社会を作ったりはしていない。科学革命がもたらしたものは人間至上主義という新たな宗教だ。つまり、私たちが信じ社会の基盤にしている、人権、個人主義、自由主義、資本主義という概念も、そして、この概念が基礎になっている民主主義といった政治も所詮は共同主観という一種の幻想なのだ。一般には反発しあうと思われている科学と宗教だが、実は「手を取り合う奇妙な夫婦関係」であると著者は言う。

中世の人々は、世界の存在や個人的経験は、神により意味が与えられると考えていた。しかし現代では個人の経験や人生に意味を与えるのは人間の奥深くに存在する意識であると考える。私たち現代人は、迷った時や辛い経験をした際、その意味を神に聞いたりはしない。神でなく個人の意識にこそ、最上の価値をみとめるはずだ。こうした価値観こそが、民主主義の基礎にある。ちなみに国家主義、共産主義といった20世紀を席巻したイデオロギーや政治体制も、この人間至上主義という宗教の一宗派のひとつにしか過ぎないというハラリの見解は見事としか言いようが無い。

だが、最新の科学はこうした現代の宗教である人間至上主義の根幹を揺るがしつつある。ＤＮＡの解読が進み、脳神経学では人間の意思決定は分離不可能な意識の産物ではなく、進化の過程で獲得された有機的アルゴリズムに過ぎないことが次第に判明しつつある。これまで知能と不可分だと考えられていた意識だが、現代では意識を持たない知能であるＡＩという非有機的アルゴリズムが急速に発展し、人間の有機的アルゴリズムを凌ぐ気配すら見せている。

こうした動きは人間至上主義にもとづいた自由主義や民主主義に脅威を与える可能性がある。意思決定がランダムなアルゴリズムなら選挙にどんな正当性があるのであろうか？　人間が他の動物と同じアルゴリズムでしかなく、しかも非有機的アルゴリズムに劣る情報処理能力しか持たないのであれば、人間の価値とは何なのか？

人類は近未来に「無用者階級」という階級を生み出す可能性すらあるとハラリは警告する。非有機的なアルゴリズムが強大な力を持ったとき、一部の富裕層は遺伝子工学などを駆使し自らをアップグレードし、外部のアルゴリズムシステムの支配から逃れ、システムにとって重要な存在となる道をとるだろうと予想する。しかし、これは人類を生物的カーストへと分けることになるかもしれない。生物学的に上位の力を持った超人が、生物学的に劣る事になるサピエンスの幸福と健康をどれほど考慮するだろうか。私たちが動物に何を行ってきたかを考えれば、明るい未来を予想する事はできない。

実はいま、科学界は新たなる宗教を生みつつある。データ至上主義だ。生物をアルゴリズムと解釈し、生命とはデータ処理に過ぎないと考えるこの宗教では、データ処理にどれほど貢献できるかが価値を持つ。例えば、20世紀に共産主義が資本主義に敗れたのは、資本主義が倫理的に勝っていたわけでも、個人主義が神聖だったためでもないとし、技術の進歩で急速に変化する社会では中央集権型のデータ処理システムだった共産主義はうまく対応できず、分散型のデータ処理システムだった資本主義の方がうまくいったためだという解釈をとる。いま、こうした全てをデータ処理で捉えなおす価値観が科学のあらゆる分野に浸透しつつあるのだ。この新たな宗教が私たちに何をもたらすのか、皆さんも本書を手に取りハラリの予想を確認して欲しい。

生物は本当にアルゴリズムなのだろうか？　知能と意識のどちらに価値があるのか？　意識を持たないアルゴリズムが、私たちよりも、私たちを知るようになったとき、社会や政治にどのような変化をもたらすのか？　そう本書は問いかける。

# 『大陸と海洋の起源』

アルフレッド・ウェゲナー＝著
竹内均＝訳／鎌田浩毅＝解説

講談社
（ブルーバックス）

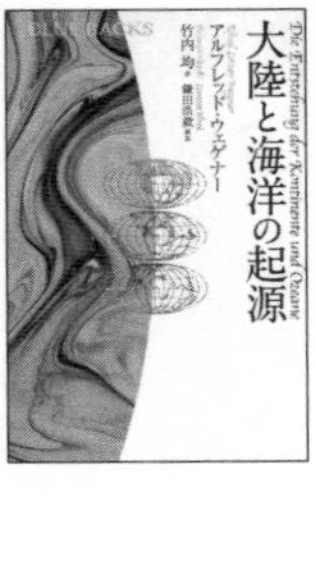


## 奇才科学者が地学に革命をもたらした　鎌田浩毅

2020.5.17

本書は世界で初めて「大陸移動説」を提唱した地球科学の古典で、後に「地球科学の革命」の起爆剤となった書物である。最初に大陸移動とは何かから説明しよう。世界地図を広げると様々なことが読みとれる。まずブラジル東部の凸部が、アフリカ西部の凹部と合うように見える。同様に南アメリカ東部とアフリカ西部の海岸の組み合わせが、ジグソーパズルにでもなっているかのようだ。

ドイツの地球物理学者アルフレッド・ウェゲナー（Alfred Wegener）は、この現象に対して科学的に着目した。大陸の縁がおおよそ合うことだけでなく、北アメリカ東部のアパラチア山脈が、大西洋を越えてスコットランドやスカンジナヴィア半島につながることに気づいたのだ。

たとえば、ヨーロッパ大陸とアメリカ大陸に産する約1億8000万年前より古い化石には、よく似たものがある。また、ウェゲナーは、その時期以降の化石には類似性がないことも明らかにした。

すなわち1億8000万年前に想像できないような大異変が起きたというわけである。そして、現在の大陸は、かつての超大陸だったものが今でも漂っている部分なのだと、彼は大胆にも主張した。もともとあった巨大な超大陸が分離して、それぞれが現在見られる5つの大陸になったという「大陸移動説」の提唱である。ウェゲナーは自らの想定した超大陸をパンゲア（Pangea）と命名し、こうした画期的な考えを本書『大陸と海洋の起源』に著した。

１９１５年に本書が刊行されるや否や大きな論争が巻き起こった。ウェゲナーのアイデアはあまりも斬新であったため、到底受け入れられるものではなかった。というのは、当時の主要な学説と権威を真っ向から否定するものだったからだ。

ウェゲナーは大陸移動説に反論を受けるたびに、新しいデータと議論を加筆し精力的に改訂した。亡くなるまで第4版まで刊行したことからも、いかに彼がこの大胆な仮説を世に出そうと努力したかがうかがわれる。ウェゲナーは超大陸がかつて存在したことを示唆する地質学上の証拠を次々と提示したにもかかわらず、地球物理学者たちは大陸移動説を全面否定した。というのは、彼らは海底を構成する物質は非常に硬いものであると考えていたからだ。硬い大陸が同じように堅固な海底の上を移動するアイデアは、到底承服できるものではなかったのである。

実は、大陸が漂う現象を理解するには、何千万年、何億年という地質学的な時間の長さを考慮しなければならない。すなわち、非常に長い時間をかければ、岩石のように硬い物質も、ゆっくりと流れることが可能となる。これは「レオロジー」（rheology）という物質の変形と流動を扱う新しい学問だが、ウェゲナーの時代にはまだ不十分だったからだ。（拙著『地学のススメ』ブルーバックス）

学界の権威たちが認めないにもかかわらず、ウェゲナーは自説を曲げなかった。彼は次第に同業者から変人扱いされるようになり、大陸移動説を支持する学者が皆無になった。そして半世紀ものあいだ地球科学の表舞台から姿を消すこととなる。

学問の世界から消えた大陸移動説は、後に劇的に復活する。状況を変えたのは科学者ではなく戦争だった。第二次世界大戦の副産物として開発されたソナーを用いて、海底の地形図が初めて描かれることになった。なおソナーとは船から連続的に音波を発生し、その反響を利用して物体を探知する装置である。

まず地震学者たちが、大西洋の底で延々と続く溶岩でできた山脈状の地形に注目した。海嶺と呼ばれている場所だが、数千キロメートルもの長距離にわたって特異な地震が発生していた。さらにくわしく調べると、海嶺から遠ざかるにしたがって、溶岩の年代が古くなることも判明した。

1963年、米国プリンストン大学のハリー・ヘス教授は、アメリカ地質学会で画期的な発表を行なった。海嶺に沿って地球内部から溶岩が噴出し、新しい海底を作っているという説を出した。噴出中心の海嶺から東西に新しく地盤が広がっていくという「海洋底拡大説」の提唱である。

海底に記録された地磁気の縞模様と、大陸に記録された古地磁気の極移動データから、海洋底が拡大して大陸が分裂したことが確実となった。その拡大中心が大西洋の中央で南北に連なる海嶺で、新たに岩板（プレート）が生産され左右へ押し出されていったのである。

ウェゲナーが思いついたように、北アメリカ大陸とヨーロッパ大陸は確かにつながっていた。今から2億5000万年ほど前、噴火とともに大陸が割れはじめると、間に水が入って巨大な海になった（拙著『地球の歴史』中公新書）。すなわち、海嶺の火山活動が、大陸移動の原動力だったのである。ヘス教授の唱えた海洋底拡大説の検証でもあった。

では、海底は無限に拡がっていくのだろうか。それに対してヘス教授は、海底の拡大と呼応するように海底は一方の端で消滅する、と考えた。具体的には、大陸縁辺部の近海で、海底そのものが沈み込んでゆくと主張した。

彼の生前に評価されなかった大陸移動説は、1960年代以降おびただしい数の地球科学データが得られて復活した。具体的には、海底地形、地震、地磁気、熱流量などの膨大なデータが、ウェゲナーとヘスの仮説を次々と証明していったのである。こうしてウェゲナーは死んでからのちに、地球科学を大きく変えた。

実は、本書の成立には第一次世界大戦も深く関わっている。ドイツ帝国陸軍中尉として参戦したウェゲナーは、腕と首に大きな傷を負った。彼は前線を離れ、戦地での気象予報業務に従事せざるをえなくなった。こうした戦時の負傷は、彼にとって必ずしも不幸な事件ではなかった。療養期間に大陸移動の証拠を精力的に収集することに余念がなかったからである。その成果を1915年に『大陸と海洋の起源』の第1版として刊行した。

ちなみに、新型コロナウイルスによって大学が休講を余儀なくされたが、科学の歴史では休業が世紀の発見を生むこともあった。物理学者のニュートンは1661年にケンブリッジ大学に入学したが、当時のヨーロッパで猛威をふるったペストによってその4年後に大学が閉鎖されてしまった。23歳のニュートンは帰郷した1年ほどの滞在期間に、微積分学、光学、万有引力に関する三大発見のアイデアを得た。後に「奇跡の年」と呼ばれているほどで、天才には大学の休みはまったく痛手にはならなかったのである。

人生が予定どおりに進まなかったときに偉大な著作を残した人物に、マキャベリ（『君主論』）やダンテ（『神曲』）がいる（拙著『座右の古典』ちくま文庫）。長大な『史記』を記した司馬遷もそうかもしれない。本書をニュートンの『プリンシピア』とともに、家から出られない時に（出られないからこそ）じっくり読める科学の古典として薦めたい。

## 『LIFESPAN 老いなき世界』

デビッド・A・シンクレア、マシュー・D・ラプラント＝著
梶山あゆみ＝訳
東洋経済新報社

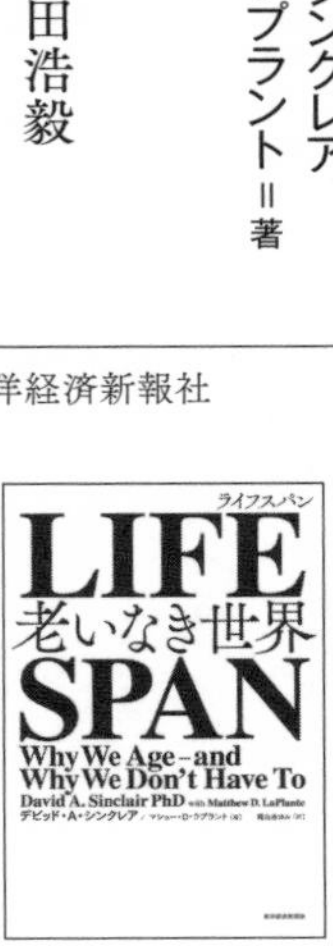


### 120歳まで健康に生きる方法はあるか

鎌田浩毅

2020.12.10

LIFESPAN（ライフスパン）とは生物の寿命や生存期間のことで、転じて製品の有効期限や耐用期間に使われることもある。そして本書『LIFESPAN 老いなき世界』では、加齢研究の第一人者であるハーバード大学の遺伝学教授が「人の老化は決して避けられぬものではない」と論陣を張る。

巷では昨今「人生１００年時代」と言うが、多くの人はそこまで長生きできるかどうか自信がない。ところが著者は専門の「老化の情報理論」によって老化メカニズムを解明し、最先端の科学的知見から「１２０歳まで健康に生きられる方法」を開示する。「病のない老い、老いなき世界」は「すぐそこまで来ている」かもしれない現実を知り、今年度で京大定年を迎える評者にも光が見えてきた。

本書は三部構成で、第1部「私たちは何を知っているのか（過去）」、第2部「私たちは何を学びつつあるのか（現在）」、第3部「私たちはどこへ行くのか（未来）」からなる。これはゴーギャンの名画タイトル（ボストン美術館所蔵）と同じ作りで、人類の過去・現在・未来にわたる身体を通じて「老いなき世界」を導いてゆく。（拙著『地球の歴史（上・中・下）』。中公新書も同じ三部構造で書いた）

今や老化は治療可能な病であり、生命の「サバイバル回路」を働かせよと著者は説く。体の遺伝情報を司るDNAが損傷したときに修復する仕組みだが、老化を防ぐポイントがここにある。

ちなみに、具体的な方策を解説する力量は、著者が非常に優れた医学者であることを如実に示している。中身が本当によく分かっている専門家ほど、誰もが理解できるように説明できるからだ。

こうした意欲的な著作だが、著者が実践している健康法は極めてシンプルだ。「『食事のカロリーを減らせ』『小さいことにくよくよするな』『運動せよ』以外に、医学的なアドバイスをするつもりはない。私は研究者であって医者ではないからだ」（本書474ページ）と記す。

逆に、事実のみに立脚する研究者だからこそ、その言説には説得力がある。「砂糖、パン、パスタの摂取量をできるだけ少なくする。（中略）1日のどれか1食を抜くか、少なくともごく少量に抑えるようにする。スケジュールが詰まっているおかげで、たいてい昼食を食べ損なっている」（本書475ページ）。昼食を抜く理由は評者と同じだった。

著者の思想は、現代哲学の主要テーマである身体論にも通じる斬新なものだ。地球科学を専門とする評者は、野口晴哉（1911～1976）の身体論を導入して「身体論的地球科学」を進めているが、著者のアプローチも自然科学としての医学に身体論を埋め込んで「老いなき世界」を実現しようとする。これこそ新しい学問分野を切り拓く発想ではないかと評者は大いに期待している。

たとえば病気をしたとき、「仕事のために早く治す、何々をするために急いで下痢を止めるというようなことばかりやっているので、体の自然のバランスというものがだんだん失われ」てくる（野口晴哉『風邪の効用』ちくま文庫、40ページ）と説く。病気を治すというミクロな行為自体が、体全体のマクロな調子を崩す場合があるというのだ。流行りのサプリメントを多量に摂取して健康維持を図ったのでは、体が本来持つ力を弱めてしまうことにもなる。

本書の著者も力説するように、現代人はあまりにも安易に自分以外のものに頼りすぎる傾向がある。人類は何十万年もかけて身につけてきた能力を、過度の投薬や栄養剤の摂取によって鈍らせてはならないのだ。そうすれば働き過ぎによる過労死も防げるのではないかと評者も考える。

さて、本書の著者は「私が実践していること」を、こう簡潔に語る。

・あなたのすべきことがこれと同じとは限らない。
・私がそうしているのが正しいのかどうかすら、私にはわからない。
・毎日できるだけ歩くことを心掛け、上の階に行く際には階段を使うようにしている。
・タバコは吸わない。電子レンジにかけたプラスチックや、過度な紫外線や、レントゲンやCTスキャンを避けるようにしている。

至極もっともなことばかりで拍子抜けするかもしれないが、こうした点こそ専門家にきちんと書いてほしいコメントである。長寿と加齢研究の世界的権威が書いた本書と野口晴哉の『風邪の効用』を併読しながら、「老いなき世界」を楽しみながら追究していただきたいと思う。

もうひとつ、「老いなき世界」を実現する際に重要な考え方がある。それは偶然起きることをマイナス要因としてはとらえず、プラス要因と考える発想だ。人生には偶然がつきもので、何が起こるか分からない。ときには偶発的な出来事によって自分の道が大きく開けることもある。たまたま出会った人と意気投合して新しい仕事を始めたり、割り当てられた仕事の中で自分の隠れた才能を発見したりする。こうした「偶発性」を生かせば、「老いなき世界」を実現することも可能なのだ。

予想外のことが起きても「当初の計画と違うから戻さなければならない」と思うのではなく、「こっちの方がおもしろそうだ」と考える。偶発性を積極的に活用してみるのである。こうした態度はビジネスの世界で、「計画された偶発性」と呼ばれる。偶然を受け身でとらえるのではなく、能動的に「期待する」のだ。言い換えれば、予想外に起きることを前もって計画の中に組み込む方法論である（拙著『一生モノの超・自己啓発』朝日新聞出版を参照）。偶発的な出来事を座して待つのでないという意味で、本書のコンセプトと見事に一致する。

「老いなき世界」は、人生で起きる想定外の事件をいかにコントロールできるかにかかっている。それが著者の目指す「１２０歳まで健康に生きられる方法」に繋がってゆくのである。

# 2

【ベスト・ノンフィクション・レビュー】

# 医学・心理学

## 『友達の数は何人？　ダンバー数とつながりの進化心理学』

ロビン・ダンバー＝著　藤井留美＝訳

インターシフト

### 上質な科学トリビアが満載　成毛眞

2011.7.25

書評を書くと決めた本を読むときには、引用したいページに付箋を張りつけるのだが、あまりに数が増えたため、さらに厳選して別の付箋を張りつけた。おそらくボクにとって今年の科学読み物ナンバーワンだろう。

著者はオックスフォード大学の認知・進化人類学研究所所長。「気のおけないつながりは１５０人まで」という「ダンバー数」の発案者だ。この１５０人とは部族、軍隊などだけでなくＳＮＳにおいても見出すことができるとして、ネットで有名になったらしい。そのため、２匹目のドジョウを狙ったらしく、本書の原書タイトルも『友達の数は何人必要か？』となっている。しかし、このダンバー数についての記述は全20章中たった1章のみなのだ。

じつは本書は生物の進化を縦糸にし、科学の森羅万象を横糸として織り上げたタペストリである。ひどく上質な科学トリビアも織り込まれている。どれだけのものが織り込まれているか数章から抜き出してみよう。

第1章は脳と男女についての９ページだ。鳥類・哺乳類を問わず体格のわりに脳が大きい種はまずまちがいなく一雌一雄だという。また、脳の新皮質の大きさは集団内のメスの数に比例しているのだともいう。すなわち大きな新皮質はメスのおかげなのだ。ここまでは本筋なのだが、話は性染色体と網膜の錐体細胞に飛躍し、X染色体が1つしかない男性は赤青緑3色しか見えないが、X染色体が2つある女性には4色視、5色視の人がいるとつづく。女性は簡単に男の顔色をみてウソを見破ることができるというのがサゲである。

第4章は民族についての12ページだ。冒頭で現代遺伝学の研究成果として、生きている男性の0・5％はモンゴル帝国の偉大なる将軍か兄弟の血筋を受け継いでいることを提示する。Y染色体のDNA配列をタイプ分析したのだ。そして話はチンギス・ハーンからインド・ヨーロッパ語族の来歴、バスク語の特殊性に飛び、パキスタン北部に住むアレクサンドロス大王の末裔部族たちの話を経由して、フェニキア人起源の遺伝子配列におよぶ。最後はアイスランド人の遺伝子のエピソードだ。アイスランド人のY染色体はスカンジナビア起源なのだが、女性の遺伝子の50％はケルト起源なのだという。この遺伝子痕跡から判るのは、スカンジナビアの男たちが新天地アイスランドをめざして西進し、途中のスコットランドで女をさらって行ったというのがこの章のサゲだ。

惜しげもなく書かれている上質の科学トリビアをすこし紹介してみよう。単婚動物のオスに働きかけるバソプレシンというホルモンがある。ある研究者がこのホルモンの受容体に関わる遺伝子を突き止め、対立遺伝子334のコピーをいくつ持っているかと、結婚生活の関係について研究している。この遺伝子を持っていない男性は単婚、コピーが1つあれば多婚の可能性があり、2つ持っていれば完全なる遊び人だ。

アフリカなどの熱帯地方で言語共同体の規模が小さいことと、熱帯での感染症の頻度と重症度の関係。中国の少子化政策によって生まれる3700万人の余剰男性と、彼女のいない男の子が社会の脅威であること。マンモスの絶滅と少数民族言語の消滅と医薬情報の消滅の関係など、いちいち本を読みながら首を振って納得してしまうので、首が痛くなる。

　これだけ抜き出してみても、まだまだ本書の数%にも満たないので心配にはおよばない。本書の読み方としては、それぞれの章がゆるく結合しながら独立しているので、20日間かけてググりながら楽しむことをお勧めする。これで1600円。1日80円だ。良い本以上に安い娯楽はないという見本である。

　それにしてもなぜシェイクスピアが偉大な劇作家と呼ばれるのかについて進化心理学から説明してくれたことには驚いた。シェイクスピアは6次志向意識水準で作劇していたのだという。それがなにを意味するかは本書を読んでのお楽しみである。

## 『死のテレビ実験
### 人はそこまで服従するのか』

クリストフ・ニック、ミシェル・エルチャニノフ＝著
高野優＝訳

河出書房新社

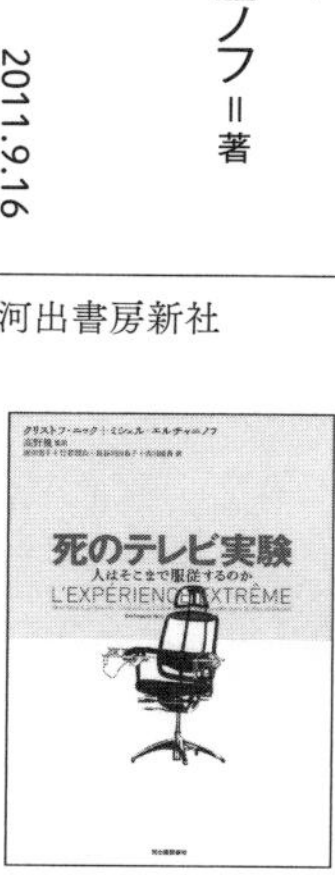


## あなたの正義はどこにある？

東えりか　2011.9.16

芝居じみた仰々しいタイトルである。『死のテレビ実験』とはどんなホラ話が始まるかと思えばあにはからんや。看板に偽りのない内容に驚かされる。一言で表せば「人はどこまでテレビの言いなりになるか」である。視聴者参加番組に応募してきた人の行動を観察するために、２００９年にフランスで行われた実験の詳細な報告書でもある。

基礎になっているのは１９６０年代にアメリカのイェール大学で行われた社会心理学者スタンレー・ミルグラムが行った「〈権威〉から良心に反する命令を受けた時、個人はどれくらいの割合でそれに服従するのか」（通称・アイヒマン実験）という実験結果である。

この実験は、記憶力に関する実験と称した「科学実験」の権威の下、被験者が「先生役」となって問題を読み「生徒役」がこれに答えていく。回答を間違うと、先生は生徒に電気ショックを与える。生徒が間違うたびに電気ショックは強くなり、最終的には４５０ボルトという人が死んでもおかしくない強さに設定されている。ただひとつ、生徒は演技していて実際には電流は流されていないということだ。悲壮な悲鳴、止めて欲しいという懇願、やがて叫びが聞こえなくなるまでの声や音は被験者の耳に届いているが、演技だと知らされていないのは「先生役」一人である。

驚くべきことにこの実験で最後まで電気ショックのスイッチを押し続けた人は6割以上にのぼった。科学実験のため、あるいは世のためのいうことで死の実験は継続されたのだ。

さて本題のテレビ実験だが社会心理学者やコミュニケーション学の専門家とともに架空のクイズ番組の体裁をとった。『危険地帯（ゾーン・エクストレーム）』というクイズ番組のパイロット版を作るという名目で一般参加者80名を募集した。パイロット版なので映像が外に流れることはないし、本来なら出る賞金も支払われない。それに同意した人たちだけが集められたのだ。彼らは出題者となり回答者へ問題を出し続ける。回答者は〝サクラ〟で間違うと出題者がレバーを押し電流が流されることになっている。間違うたびに電流は強められ、最終的には死に至るかもしれないということも説明されている。

50年前の実験と違うところは「科学実験」という権威の部分が「テレビ番組」になっただけである。そして実験結果は驚くなかれ、81％の人が最後までレバーを押し続けたのである。この実験の模様は撮影され『死のテレビ実験』というドキュメンタリー番組として放映された。ここまでの実験の概要はプロローグですべて明かされている。

最近でこそインターネットの普及で、テレビ以外の映像が私たちの生活の中に入ってくるようになったが、それでもまだ世界中の人々がテレビ中毒に陥っていると言っても過言ではない。日々のニュースもくだらないバラエティ番組も、未曽有の天災も目を覆うばかりの戦争も、同じ装置の画像が入れ替わるだけで、私たちは目にすることができる。

刺激は麻薬だ。どんどんと強いものを求めるようになる。本書の第1章で語られる過激になり続けるテレビでは、賞金を獲得するためには手のひらほどの大きさのゴキブリを食べさせる番組や腹を空かしたネズミを顔のすぐそばに放される番組が紹介される。人前でセックスする様子までさらけ出し、夫婦の秘密を暴露する、そんな番組が世界中にはびこっているのだ。

さて2章以降は実験、いや番組の準備から被験者の選抜、スタジオ収録現場の裏側、収録、そしてその結果の考察と移っていく。ちゃくちゃくと準備され、シナリオどおりに実験が進み被験者がどのような態度を取るか、それは本書で順々に味わって欲しい。まるで実際の番組を見ているような臨場感があるが、私は裏側を知っているという罪悪感も芽生え、なんともいえない気持ちになった。

被験者は私たちと全く違わない一般市民である。最後までレバーを押し続けた人が極悪非道なわけでも倫理的に問題がある人、というわけでもない。反対に、彼らが過剰に罪悪感を持つ必要もないことは、本書を読めば理解できるし、繰り返し繰り返し説明されている。もしこの実験に自分が参加したときは、毅然と反する態度を取りたいと思っても、きっと最後までレバーを押し続けてしまうような気がする。

私は生まれたときにはすでにテレビがあった世代である。大宅壮一が「一億総白痴化」を唱えたのはその少し前のことであった。最初のテレビの記憶はケネディ大統領の暗殺だ。私の人生を振り返れば、その時代に見ていたテレビ番組の記憶が蘇る。いつのまにか刷り込まれてしまった、テレビの掟というかお約束に慣れきってしまっている。

最後に本書の言葉を引いて終わりにする。

「人は自分で思っているほど強くはない。『自分は自由意志で行動していて、やすやすと権威に従ったりしない』、そう思い込んでいればいるほど、私たちは権威に操られやすく、服従しやすい存在になるのである」

## 『ピアニストの脳を科学する　超絶技巧のメカニズム』

古屋晋一＝著

春秋社

### 幼児教育からリハビリまで

鈴木葉月

2012.2.8

一流アスリートのパフォーマンスと見紛うばかりのピアノの超絶技巧。あるピアニストは、最速度の演奏でリズムを正確に保ちながら１秒間に平均で10・5回打鍵するという。またピアノを毎日４時間弾いたとすると、その手は１年間で４９０キロメートルほどの距離を移動する。東京と大阪を「手で」移動し、年間10回以上フルマラソンに出場しているようなものだ。

本書は、ピアニストの脳と体の神秘に脳科学・身体運動学の視点から迫る。その驚くべきメカニズムの一部を、少しだけのぞいてみよう。

指をすばやく動かすと、脳にはどのような変化が起こるのか？　指の筋肉に「動け」という指令を送る神経細胞は、頭の頂点より少し前のあたりの脳部位（運動野）に集まっている。複雑な指の運動をしているときの運動野の神経細胞は、プロのピアニストと音楽家でない人とではどう違うのか？　調べてみると、同じ速さで同じ指の動きをしているにもかかわらず、活動している神経細胞の数はピアニストのほうが音楽家でない人よりも「少ない」ということが分かった。

つまり、ピアニストの脳は、たくさん働かなくても複雑な指の動きができるように洗練されているのだ。一般の人には大変と感じられる動きも、それほどたくさんの神経細胞を働かせなくても可能にこなせる「省エネ脳」なのだ。

脳の形態に関して言うならば、ピアニストとピアノ初心者で比較した場合、運動の学習や、力やタイミングの調節に関わっている脳部位（小脳）の体積は、ピアニストのほうが5％も大きい。小脳には一般に約1000億個の神経細胞があると言われていることから、ピアニストは音楽家でない人よりも、単純に計算して小脳の細胞が50億個近く多いことになる。

心理学の分野では有名な「ストループ課題」という、色のついた文字を読ませるテストがある。たとえば「赤」という文字が赤色のインクで書かれているときにはスラスラ読めるが、青色のインクで「赤」と書かれていると、色につられてしまうのを脳が押さえようと働き、違和感が生じる。

ピアニストが複雑な譜面を瞬時に読み取って弾きこなしてしまう秘密もここにある。ピアニストには長年の訓練によって音符を指の動きに自動的に変換する脳の回路が出来上がっており、楽譜を見ているだけで音符に対応した指を自動的にイメージできるようになっている。ちょうど我々が「赤」という文字を見ると赤色を自動的に連想するようなものだ。

しかし、わざと定石から外れる運指数字を記した譜面をピアニストに渡すと、曲の難易度がぐっと高まったように感じられるという。いわば「音楽のストループ課題」といったところだろう。

やはりピアニストの脳は長年の練習によって独自の変化を遂げているようだ。他方、音楽の教育や訓練はピアニストのみならず、一般の人が行っても言語を処理する脳機能などを向上させることが分かってきた。

別の実験では、6歳児を3つのグループに分け、それぞれピアノ、声楽、演劇のレッスンを1年間受けさせた。すると、レッスンを受けなかった子供や演劇のレッスンを受けた子どもに比べて、ピアノと声楽のレッスンを受けた子供たちのほうがＩＱテストの成績の向上が著しかったという。音楽教育のメカニズム解明にはさらなる研究が必要だが、ピアノや歌のレッスンが子供の知能の発達に貢献しうるとは夢のある話ではないか。（ちなみに、演劇のレッスンを受けていた子供たちは「他人との協調性が特に向上する」という結果が出たらしい）

「モーツァルトを聴くと頭が良くなる」というのもあながちウソではない。音楽によって脳の覚醒度合いが上がり、ＩＱテストの成績が一時的に向上するという実験結果も報告されている。（ただし、同様の現象はシューベルトの音楽や詩の朗読を聞かせるだけでも起こることが分かったとか）

音楽を聴いたり演奏したりすることで得られる脳や身体への変化・効果を、脳のリハビリテーションに役立てようという動きも近年高まっている。

脳卒中の患者さんに、ピアノの鍵盤を指で押さえてもらう、ドラムを叩いてもらうというリハビリを３週間続けると、単純に身体を動かすだけのリハビリに比べ、指や手をより素早く正確に動かせるようになるなど、運動機能に顕著な回復が見られたという。音楽を聴いたり弾いたりすることで、脳に報酬が与えられ、脳の仕組みが変化しやすくなったことが一つの理由として考えられている。

他にもパーキンソン病の患者さんの歩行機能回復に歌を応用する、耳鳴りや空間無視といった疾患がお気に入り音楽を聴取することで改善されるといった研究も報告されている。

音楽には、まだまだたくさんの秘められた力が眠っている。練習に疲れたピアニストの気分転換のみならず、脳科学モノのサイエンス好きの方、幼児・成人教育や医療介護にたずさわる方まで、本書を手に取りそれぞれ興味の赴くままに楽しく読んでいただきたい。

# 『セラピスト』

最相葉月＝著

2014.2.14

新潮社
（新潮文庫）

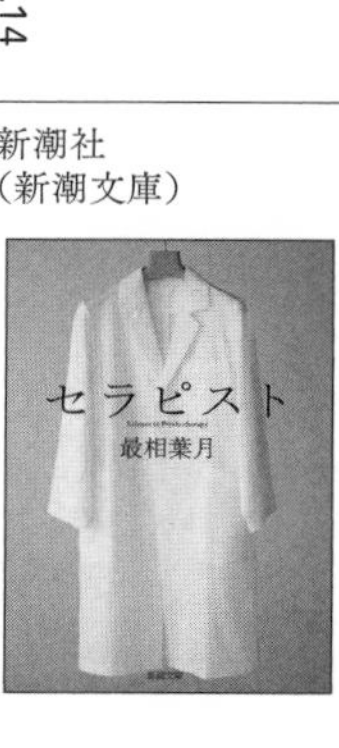


## 究極の私ノンフィクション　仲野徹

以前、元阪大総長である鷲田清一先生と最相さんとの対談を聞きに行ったことがある。その時に鷲田先生が尋ねられたのが、どうして、絶対音感や、東大応援団、青いバラ、生命倫理、星新一など、脈絡がないほどにいろいろなテーマ、それも、誰も論じていないテーマに挑んでいかれるのか、ということであった。

「私自分の仕事をそんな風に褒められることが無かったので、本当にすごくここに座りづらいんですけど」とすこし照れながらうけておられた最相さん。最後には、「本当に自分が気になることをやってきただけなんですけどね。あまりそんな戦略的なことはないんですよ」と答えておられた。

その最相さん、今回は心理療法である。河合隼雄と中井久夫という二人の偉大な「セラピスト」が主人公だ。臨床心理学をすこしでも知っている人には説明する必要のない二人である。河合隼雄は、ユング派を日本に紹介した心理療法の大家で、後に文化庁長官もつとめられた知の巨人である。

もう一人の中井久夫は精神医学の泰斗。いろいろな著作で知られる人であるが、なによりも阪神大震災における活動など、その論理的でやさしいまなざしがきわだつ先生である。完全に文系医学者だとばかり思っていたが、若いころウイルス学の研究をしておられたことをはじめて知った。すぐれた精神性の下に流れる科学的思考が中井らしさを形作っているのかと腹落ちした。

冒頭からいきなりのトップギア。「逐語録（上）」と題されたセクションでは、最相さんが中井久夫の心理分析をうけるシーンが詳細に描かれる。そして第一章は、芦屋箱庭療法研究所・木村晴子による箱庭療法の話である。箱庭療法というのは、「Sandspiel Therapie（砂遊び療法）」にヒントを得た河合が、改良したかたちで日本に広げた心理療法である。クライエントに自由に箱庭を作ってもらって、その非言語的表現をくみとりながら心理療法をおこなっていく、という方法だ。

タイトルが『セラピスト』であるし、こういうように心理療法の話が進められていくのか、と思ったのは早計であった。いちばん大きな流れは、心理療法というものが、GHQによるカウンセリング制度の導入などからはじまり、日本にどのようにして取り入れられていったのか、という話である。

しかし、それだけではない。最相さんご自身が受けるカウンセリングや、何人ものクライエントの話がちりばめられていく。もちろん、河合と中井の関係も。丹波出身の河合隼雄は、なんと男7人兄弟の6番目であり、動物学者として名をはせた河合雅雄は四つ上の兄という名門家系だ。統合失調症（当時は精神分裂病）の箱庭解読に悩んでいた中井は、河合に多くを学ぶようになる。

中井の方法は、やはり非言語的な意識を表出させるものであるが、箱庭作りではない。白杭に、川、山、田、道、というように、順に描かせていく「風景構成法」である。最相さんがどんな絵を描いていくか、そして、中井が最相さんの前で何を描いたかも、絵そのものとともに紹介されていく。

本書を読むと、心理療法では、聞くこと、それもクライエントの沈黙にまで耳を傾けるように聞くこと、が何よりも重要であることが実によくわかる。患者が増えているのに、その治療に従事する人はおいついておらず、ゆっくりと「聞く」ことが難しくなってきているという。そして、心理に問題をかかえる人たちの傾向も変わってきているという。ひとつの例として、社会における共同体が崩壊することによって、対人恐怖が減少していることがあげられている。ほかにも、かつて問題視された「境界例」というパーソナリティー障害が減少し、「発達障害」が増えていることが紹介されている。

隼雄の息子にして弟子である河合俊雄は、発達障害もそろそろ時代遅れになるのではないかと語っている。「発達障害に代わって何が流行し始めているのでしょうか」という問いに「それはまだわからない。だいたい、あとになってわかるんです。それをいち早く捉えるのがわれわれセラピストの仕事ともいえますが」と答えている。セラピストは個人だけではなく、社会も相手にする仕事なのだ。

鷲田先生は対談で、最相さんのノンフィクションに対する姿勢を「見る人であり、アテンドするというか、マラソンで伴走者のように見ることとか、じっと横から見ていることとか、或いは伴走する、いろんな物の横についてる、黙って、しかもじっと待ってる」と評しておられる。この本ではそれどころではない。最相さんは、臨床心理学を学ぶ大学院にまで通われたのである。

実に多岐にわたる内容が込められている。ともすれば、ばらばらになってしまいそうだが、さすがは最相さん、じつに流れよく構成されている。いやはや、やっぱりレベルが違う。なにしろ、膨大な一次資料にあたっておられることがよくわかる。中井については本人に、河合については、その人をよく知る人に、さらに、多くの関係者へのインタビューがおこなわれている。

けっして淡々とした本ではない。最相さんの肉声が聞こえてくるような私ノンフィクションになっている。だからレビューのタイトルを「究極の私ノンフィクション」とした。なぜ「究極の」とつけたかは、『セラピスト』を読み終えた時、きっとあなたにもわかるはずだ。

# 『ぼくは数式で宇宙の美しさを伝えたい』

クリスティン・バーネット＝著
永峯涼＝訳

KADOKAWA
（角川文庫）

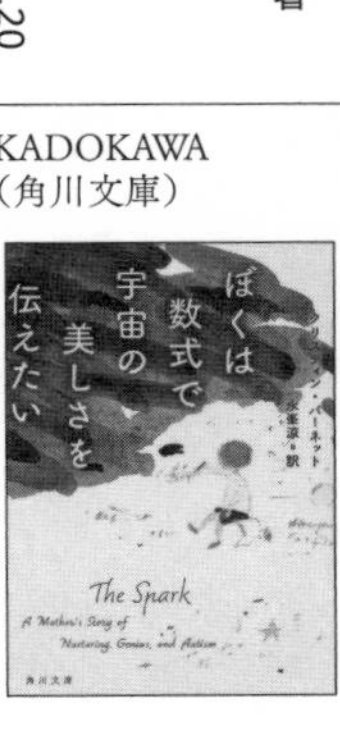


## 「好き」を育む家族の物語　刀根明日香

2014.3.20

表紙（単行本）には、マンハッタンのクライスラービルを、窓に手をあてて眺めている少年がいる。しかし、よく見ると彼の右手にはマジックが握られ、窓ガラスには数式がびっしりだ。野球帽を逆さにかぶった少年の名前はジェイコブ・バーネット。ジェイコブ君は8歳で大学レベルの数学、天文学、物理学のコースを受講し、9歳で大学に入学した、言わば天才少年である。窓ガラスの数式は、相対性理論にでも取り組んでいるのだろうか。

彼は2歳のとき重度の自閉症と診断された。本書は、自閉症と診断された日から現在までのジェイコブ君を追っている。しかし本書は、ジェイコブ君の数奇な人生を強調するのではなく、ジェイコブ君と共に自閉症と闘った、家族や友達の話が中心となっている。

著者は、ジェイコブ君の母親であるクリスティンさんだ。彼女の才能、それは子供の関心や愛着を生かして伸ばしていくことである。彼女が、ジェイコブ君の才能を引き出さなければ、「アインシュタインと並ぶ」と称されるほどの才能は永遠に埋もれたままだったかもしれない。

では、どのように才能を引き出したのか。私は本書の読みどころはここだと思う。クリスティンさんがもっとも重要視するのは、子どもたちが自分らしくいられる場所、時間を大切にすることだ。例えば、自閉症児の中には体を締め付けられるのが好きな子もいて、ジェイコブ君も然りである。彼がセラピーを受けるときには、天井からハンモックを改造したものを吊るし、彼が適度に締め付けられ、落ち着けるような居場所を作った。また、ジェイコブ君が長いプログラムを我慢しなければならないとき、あらかじめ「終わったら好きなこと何でもしていいよ」と声をかけたりもする。

自閉症児が大人になったとき、彼らの思い出となるものは何だろうか。何時間もセラピー詰めにされていては、子どものときに誰もが体験するプールやアウトドアの思い出を一生失ってしまうこととなる。クリスティンさんは自分が祖父にしてもらった森での様々な経験を思い出し、ジェイコブ君にも子どもならではの時間をプレゼントする。例えば、夜、少し田舎に入って芝生に寝転び、星を見上げる。この経験がジェイコブ君を宇宙物理学者へと導いたのかもしれない。親子の時間、ジェイコブ君の好奇心、大人になって思い出す芝生の感触、クリスティンさんがジェイコブ君に与えたものはすべてが尊い。

さらに、クリスティンさんが影響を与えたのは、ジェイコブ君だけではない。他の自閉症児のために、自身が運営する保育所に夜間コースを設け、そこは自閉症児の家族にとっての駆け込み寺のような役目を果たした。そして、そこに通った自閉症児たちが、それまで何年かけてもできなかったことを数ヶ月で成し遂げるなど、目をみはるほどの成果をあげていく。そのコツは、「その子が好きなこと」を無限大に広げていくことだった。

例えばジェロード君は、2歳で自閉症と診断され、ずっと言葉を話していない。母親は目を真っ赤に腫らし、「もうできることは何もないって、そう言われました」と話す。そんなジェロード君のために、クリスティンさんは何百ものアルファベット・カードを床に山盛りにした。それらのカードは、よくあるキャラクターものではなく、白に黒字、大きさは少し小さめというシックなもの。ジェロード君を子ども扱いしないという尊重を示したのだ。そんなカードを前にジェロード君は目を輝かす。そしてそのカードを使って母親と二人で作った文章をジェロード君はゆっくりと発音した。

「I love you Mom」

私は思わず泣きそうになった。

このように、クリスティンさんの創意工夫に私は何度も目頭が熱くなった。何よりすごいのは、彼女が自分自身を強く信じていたことだ。専門家の意見よりも自分の直感を信じる強さ。ジェイコブ君の自閉症用のプログラムを止めたのも、小学校を辞めさせて大学に通わせる決心したのも、クリスティンさん自身が決断したのだ。前例がないなかで一歩を踏み出したクリスティンさんの勇気は、同じように自閉症の子どもを持つ母親をどれだけ励ましたことだろう。母親でない私も、多いに勇気づけられた。本書は特殊な状況にある特別な家族の話ではない。自分にとって大切な人を信じ、その人のために闘っている者たちをめぐる、普遍的な物語なのだ。

## 『大村智　2億人を病魔から守った化学者』

馬場錬成＝著

中央公論新社

### 祝！　ノーベル医学生理学賞

仲野徹

2015.10.16

この本は出版当時にＨＯＮＺデビューでとりあげた思い出の本だ。大村先生のノーベル生理学・医学賞ご受賞を機に改めて書き直そうとも思ったが、初読の時の驚きを伝えたほうがよかろうと考えを改めた。以下は、先生がここまで有名になる前に書いたレビューである。

子ども向け伝記本では、問答無用・説明不要の偉人であれば、そのタイトルに「野口英世」とか「キュリー夫人」とかいうのがありだけど、大人向けの伝記本で氏名そのものがメインタイトルというのは珍しい。この堂々たる男らしいタイトルを新聞広告で見つけたとき、おもわずしびれた。しかし「大村智」という名前を知っている日本人がどれくらいいるのだろう。大胆すぎる。

サブタイトルは「２億人を病魔から守った化学者」。え、ほんまか？　ほんまやったら、もっと有名でないとおかしいやないか？　と訝る人がほとんどかもしれない。が、本当なのである。ただし、おそらく、日本人で救われた人は非常に少ないはずだ。この大村先生が開発されたのは、「オンコセルカ症」という、アフリカ・中南米で蔓延している寄生虫感染症に対するお薬なのである。お医者さんでさえ大村智の名前を知っている人もそう多くはないだろう。

面白い伝記というのは、すごい不運やスキャンダルがなければあかんのである。私がこれまで読んだなかで最低の伝記は、ずいぶんと前、まだ女性問題スキャンダルに堕ちる前のタイガーウッズの伝記である。銀の匙をくわえて生まれてきたような輩が、銀の匙で金鉱をさわやかに掘り進めるような話は、つまらんというよりも不快なのである。ウッズ君も、スキャンダルを乗り越えて初めて伝記にふさわしい偉人になれるだろうから、私の期待にそえるよう、性欲をしぼってがんばってくれたまえ。

話がそれた。『大村智』である。残念なことに、大村先生の伝記は、基本的に上り調子一本である。農家の長男に生まれ、地元の山梨大学を出て、東京で定時制高校の教員になる。なりたくてなった定時制高校の教員ではなかったが、ひたむきに学ぶ学生の態度に教えられて、昼間に大学で研究を始めた。将来について相談した先生が、結果的に、ものすごく正しいとしかいいようのない示唆を与えてくれた。定時制教員をしながら東京理科大学の大学院に進学し、昼は研究に没頭するようになる。

教員を辞して北里研究所に就職し、つぎつぎと独自の研究を展開していく。詳細は本をお読みいただきたいが、特筆すべき点が二つある。一つは、自らが稼いだお金、ロイヤリティーなどで、自らの研究費をまかない続けたことである。企業の研究所以外の研究者はほとんどが税金からの研究費に頼っている。それを考えると例外的というよりも、ほとんど想像すらできないくらいすごいことだ。

もう一つは、川奈ゴルフ場の近くで発見された放線菌から発見されたエバーメクチン（およびその誘導体であるイベルメクチン）の信じられない効果。どんなにいいお薬があったとしても、アフリカで特効薬として使うのはきわめてむずかしい。経済的な状態、健康への関心の低さ、医療の充実度などから、注射による投薬を続けることはほぼ不可能であり、経口投与ですら相当にむずかしいとされている。ところがイベルメクチンというお薬は、年に一回の投与、それも経口投与で著効を示すのである。そのおかげで、2億人近くの人がオンコセルカ症から守られ、年間4万人以上を失明から防いでいると推定されている。その上、耐性寄生虫が出現していないという、魔法のようなお薬なのだ。

いやはやすごい。単に業績がすごいだけではない。スキーで鍛え上げたスポーツマンで、若い人の指導にも心をくだき、研究所の運営にも辣腕を発揮する。そして美術にも造詣が深く、設立に関与した北里メディカルセンターは絵画であふれている。これを現代のスーパーマンと呼ばずしてなんと呼べばいいのだろう。平成の北里柴三郎と呼んでもいいかもしれない。って、どっちやねん……。

幸運にめぐまれたのは事実であるかもしれないが、全体としては、自力で自分の道を切り開いてこられた、という印象が極めて強い。山梨大学出身なので大成は難しかろうという周囲の反対を押し切って研究職についたのもそうである。また、留学先も「給料が少ないからには、きっと何か別のいいところがあるに違いない」といった、逆をはるような独特の判断で決めたというのもおもしろい。そして、これらの独創的な判断の総和が「大村智」になったのだ。

ここまでいくと、たとえどん底に落ちずとも、スキャンダルにまみれたりせずとも、ストーリーとしておもろいのだから許そうではないか。読み進めるほどに、どんどんと素直になり、最後には気をつけ状態になって、はいはいとありがたくお話を聞きたくなってしまったほどである。まいりました。これほど読後感の爽やかな伝記はそうありません。みんな読もう！　そして「大村智」という本書のタイトルが、「誰やこれ?」といった違和感なく受け入れられる明日を築こう！

ここまでが、その時のレビューだ。いまや大村智の名は日本でも最も有名な科学者の名前の一つになった。こうなってほしいと思っていたことが現実化したようで、むちゃくちゃうれしい。

## 『テロメア・エフェクト 健康長寿のための最強プログラム』

エリザベス・ブラックバーン、エリッサ・エペル＝著
森内薫＝訳

NHK出版

### 細胞レベルから健康になる

澤畑塁

2017.3.2

「同じ年齢なのにどうしてこうも違うのか」と思うことが少なくない。たとえば同じ60歳でも、Aさんは背筋がピンとしていて、肌には張りがあり、病気などどこ吹く風。それに対してBさんは、腰が曲がっていて、肌にはシミやたるみが目立ち、多くの慢性的な疾患に悩まされている。

　ふたりの違いに大きく関係しているのが、「細胞の老化」だ。わたしたちの体を構成する細胞は、分裂を繰り返し、日々新しいものに置き換わっている。だが、そうした細胞の分裂にも限界がある。そして、細胞が分裂・再生できなくなると、当の細胞は老化してしまい、体の組織も老化を始める。先の例のように、Bさんが早くから老けこみ、早くから多くの疾患に苦しんでいるのは、その細胞がすでに老化しているからだ、とそういうわけである。

　しかしそれならば、細胞の老化に「早い／遅い」があるのはどうしてなのだろう。そこで重要になるのが、本書の主人公ともいうべき「テロメア」である。テロメアとはどんなもので、細胞の老化とどう関係しているのか。また、テロメアとわたしたちの健康を維持するにはどうしたらよいのか。本書はそれらの点を一般読者に向けてわかりやすく説明していく。

　わたしたちの体の細胞には細胞核があり、細胞核の奥深くには染色体がある。そして、その染色体

の末端にあるのがテロメアだ。具体的に言うと、それは非コードDNAの反復配列（ヒトの場合はTTAGGG）から成っており、その長さにはそれぞれ違いがある。では、そのテロメアがどうして重要なのか。それは、テロメアの長短が細胞の老化スピードを決定するからである。細胞が分裂するたびにテロメアは短くなる。そして、テロメアがあまりに短くなると、細胞は分裂をやめてしまうのだ。

著者らはテロメアの機能を「靴紐のキャップ」に喩えている。靴紐の両端についているプラスチックキャップは、靴紐がバラバラになるのを防いでいる。それと同じように、テロメアはいわば染色体の保護キャップをなしている。染色体はわたしたちの大事な遺伝情報を運んでいるが、その遺伝物質がとくに細胞分裂の際に壊れてしまうのをテロメアが防いでいるのである。そしてすでに触れたように、テロメアが極端に短くなると、テロメアは染色体をうまく守ることができなくなり、細胞分裂を停止させるサインが出される、というわけだ。

以上のようにして、テロメアは細胞の健康、ひいてはわたしたちの健康に深く関わっている。その事実がすでにして驚くべきものであるが、しかし、テロメアに関してはもうひとつ驚くべき事実がある。じつはわたしたちの生活のあり方次第で、テロメアが長くなることもあるというのである。

テロメアが短くなると、細胞の老化が早くから始まり、わたしたちの健康寿命（健康なまま生活できる期間）もそれだけ短くなる。反対に、テロメアを長くすることができれば、細胞の老化を遅らせ、より長い健康寿命を実現することも可能である。そして実際、細胞のなかにはテロメアを伸長させる酵素が存在する。それが、ブラックバーンと教え子のキャロル・グライダーが発見した、テロメアの修復を行うテロメラーゼという酵素である。

テロメアは短くなることもあれば、テロメラーゼによって伸長されることもある。では、テロメラーゼを十分に活性化させ、テロメアの長さを維持するには、いったいどうしたらよいのか。

そこで著者らが提唱するのが、テロメラーゼの自然な産生を促すこと、とりわけそのために生活習慣を改善することである。じつは、わたしたちの日常生活のあり方によって、テロメアは短くもなれば長くもなる。その一例が、ストレスへの反応の仕方だ。人に過剰なストレスがかかると、その人のテロメアが短縮してしまうことが実験結果からわかっている。だがそれと同時に、これまた実験結果からわかっているように、「打たれ強い思考」を身につけるなどして、ストレスへうまく対処できるようになれば、テロメラーゼを増加させることもできるのである。

そしてほかにも、運動、睡眠、食事といった生活のあり方を整えることによって、同様の効果が得られることが判明している。だから、著者たちが言うように、テロメアと自らの健康を維持する術は「あなたの手の中にある」。著者らはこの点を強調して次のように語る。

「人が生活の中でどんな出来事を経験するか、そしてその出来事にどう反応するかによって、テロメアの長さには変化が生じる可能性がある。いいかえれば、私たちは自分で自分の老い方を変えることができる。いちばん根源的な細胞のレベルでそれが可能なのだ」

というのが、本書のおもな内容とメッセージである。ところで、その内容からして「実用書」として扱われることの多い本書であるが、わたし個人としては、むしろサイエンス好きの読者に本書をおすすめしたい。個人的には、最初の90ページだけでも本書を読む価値は十分にあると思う。

健康なままより長く生きるためにはどうしたらよいのか。その点をしっかり考えるための科学的な知識とヒントが本書には詰まっている。多くの人にとって学ぶところの大きい1冊であろう。

# 『生命科学クライシス 新薬開発の危ない現場』

リチャード・ハリス＝著
寺町朋子＝訳

白揚社

## 着実に進むために、急がば回れ

峰尾健一

2019.3.22

「科学が正道を踏み外すさまざまなパターン」について迫る1冊だ。生命科学の歩みは決して止まってはいないが、無駄な努力のせいで進展は遅れている。単に時間や税金を無駄にしているだけでなく、人を欺く基礎研究の研究結果が、病気の治療法の探索を実際に遅らせているのだ。「人を欺く」と聞いてまず思い浮かぶのは研究不正の問題だが、ないものを「ある」ように見せるため故意に手を加えるような、明白なケース以外にも問題はあふれている。

科学ジャーナリストである著者が本書で焦点を当てるのは「再現性」の問題だ。不正とはまた別の、実験手法や結果の解釈の厳密さに問題があるケースが取り上げられる。実験の設計自体に不備があったり、データの解析が間違っていたり、得られたデータに都合よくなるような仮説を後づけしたり。そんなプロセスから生まれた論文が雑誌で発表され、鵜呑みにした研究者たちによって時には何千回と引用されることもある。再現性がないと後で判明しても、結果をベースにした研究がすでに動いており、多大な労力と資金がつぎ込まれている。（これも運よく後から気づいた場合の話だが）

まず驚きなのが、再現性を損なう落とし穴の多さだ。実験動物の適切な数を選ぶ、どの結果を採用するかを決める、最終的に結果を解析する。いずれの段階にも、さまざまな不確実性が入りこむ。生物医学分野の論文を調べたところ、235種類のバイアスが挙げられるとの調査も2010年に出ている。たいてい意図的ではなく、無意識のうちにバイアスに陥っているケースも少なくない。

2008年、非営利組織・ALS治療開発研究所が臨床試験の基になった研究を調べた。ALS研究の失敗率の高さは研究者の間でよく知られていたが、誰もその理由はよく知らなかった。調査の結果わかったのは、動物実験にひどい欠陥があったこと。多くの研究が、用いたマウスの数が少なすぎるために間違った結果にたどり着いていたのだ。十分な数のマウスを用いてあらためて実験したところ、どの薬もマウスで有望な結果を示さなかった。動物実験の段階で欠陥があると、それ以降のステップに費やした労力と資金が無駄になってしまう恐ろしい例だ。

マウスの取り扱いひとつとっても、結果を狂わせる要素は数多く存在する。マウスの雄と雌ではALSの発症率が異なるため雌雄のバランスに注意しなければならないし、すべてのマウスが遺伝的に同様かどうかも確認が必要だ。ケージを棚の一番下から一番上に移すだけでもマウスは恐怖心を募らせ、ストレスを感じて免疫力が弱まることもある。研究する上で本来は基本的な話であってほしいが、こうした配慮はしばしば抜け落ちていた。

実験データの取り扱いの問題にも触れられている。データの収集・解析を行うたびに生じる誤差や、機器によって生じたノイズの部分を生物学的な差異として見てしまう「バッチ効果」の話は素人目に見てもアウトだ。「統計的有意」の意味を都合よく解釈してp値が0・05という基準を満たすための実験デザインをしたり、ちょうどいい値が出た時点で実験を止めたり、出た値に当てはまるような仮説を後付けで設定したりといったことも書かれている。事態を重くみたアメリカ統計学会が、p値にまつわる問題について2016年に声明を出しているほどだ。ごく一部に限られた話とは思えない。

他にも、動物実験のそもそもの信頼性、細胞や抗体といった研究ツールを取り扱う際の落とし穴の多さ、作業の標準化の不徹底、ビッグデータに翻弄される様子など、広範な視点について膨大な事例をもとに切り込んでいる。「科学の進歩に失敗はつきもの」といった話とは次元が違うことは読めばすぐにわかるだろう。「防ぎうる失敗」があまりにも多いこと、それこそが問題なのだ。

本書に出てくる多くの「落ち度」について科学者をただ責めるだけでは、事の本質は見えてこない。背景にある構造の欠陥と、そこから生まれるインセンティブにこそ問題の核心があると著者は言う。

あまりにも多くの科学者があまりにも少ない研究資金を得ようと争い、あまりにも多くのポスドクがあまりにも少ない教授職を得ようと競い合っている。この2つの事実が根底にある。

拙速でも次々と論文を出す研究室の方が、より慎重な研究室より早く影響力を拡大させていくことを示したシミュレーション結果や、他所に出し抜かれるのを恐れてデータを共有したがらない（再現を試みることすらできない）研究者の姿を見ると、個人の問題では片付けられないことがよくわかる。前半で触れた、多くのALS研究でマウスの数が少なかったケースの裏には、研究室が持っている金額によってサンプルサイズ（動物数）が決まる（その数が厳密性に影響する）という事情が存在する。

科学誌によって形成される評価システムの影響も大きい。インパクトファクター（商業上の目的のためにつくられた雑誌の格付け）は研究の質を示す代用指標としても利用されることが少なくないが、スコアが高い雑誌に載ることがその研究の厳密さを保証するとは限らない。格付けの低い雑誌の方が査読がより丁寧だと話す研究者もいる。インパクトファクターの高い雑誌に載ることは研究者の将来にもプラスなため、キャリアの問題も絡むのは言うまでもない。科学者が基準を上げ、それに従うインセンティブを作り出すためには、科学研究の社会的な状況が変わる必要があると著者は語る。

多岐にわたる問題が構造の欠陥に収斂していく終盤のパートを読むと、研究費の確保やポスドクのキャリア問題といった聞き馴染みのある話題と再現性の問題が、分かちがたく結び付いていることに気付かされる。つまるところこの問題は、社会が科学研究の世界に対してとってきたスタンスの写し鏡でもあるのだ。

日本の状況については、大阪大学蛋白質研究所の篠原彰教授による解説でフォローされている。「厳密な研究を行なうための責任ある『具体的な』行動を教える教育が皆無」なのが現状だという。念押ししておきたいのは、問題点と変わらない力の込め方で、前向きな動きについても触れられていること。他の研究室の結果を再現することに特化し、その分野の信頼性を底上げしようと活動する研究機関。試験中に得られた結果をもとに、途中でアプローチを柔軟に変えていく適応的な試験デザインを模索する研究者ネットワーク。時に従来のやり方よりも予算が出づらいなどのハンデを背負いながら、厳密性確保のために奔走する人々の姿も本書は伝えてくれる。

著者は「直感とはまるで相容れないように思えるかもしれないアイデア」として、「医療の進展を加速させるためには、実際には生物医学研究のペースを落とすべき」とも語る。取り組むプロジェクトの数を減らして、より注意深く研究することがかえって科学の進歩につながる。科学研究への期待値を「下げる」ことで結果的に好循環が生まれる。治療法の早期確立を願う患者や周囲の人々には複雑かもしれないが、「迅速」と「拙速」を区別する重要性を本書は教えてくれた。

メディアや教育といった立場でこの分野に関わる人にはぜひ読んでほしい。着実な前進のために望ましい研究のあり方とは何なのか。背後の構造をいかに改めるか。次々と発表される研究成果を私たちはどう受け止めればいいのか。再現性という視点から、そのヒントが見えてくる。

## 『エンド・オブ・ライフ』

佐々涼子＝著

集英社インターナショナル

### 皆ひとしく、その時に向かっている

吉村博光　2020.2.9

早速、昨日泣きながら読んだ本書の素晴らしさを多くの人に伝えようと、パソコンを立ち上げた。原稿というのはいずれ書き終える時がくる。今回は、その最後の一文をどんな気持ちで書き終えるだろう。笑顔と拍手で終えられるだろうか。それは、今をどう生きるか（どう書くか）、にかかっている。

そう考えると、今この瞬間の中にも、生と死があることに気づく。この本は終末医療を扱ったノンフィクションだが、私が本書を全ての人にお薦めしたい理由はそこにある。ここに書かれた複数の「死」に触れることで、読者一人一人の「生」の密度はより濃いものになるに違いない。誰しも、死に向かっていることは、同じなのだから。

生と死を扱った本は他にいくらでもある。しかし、これほどまでに身近でありながら、かつズシリとした重みのある本を私は他に知らない。それは、本書の題材が現在進行形の在宅終末医療の現場だからということもある。でももう一つ、取材対象者によるところが大きいと思う。

本書に登場する森山文則は、京都にある渡辺西賀茂診療所の訪問看護師だ。数年間で２００人以上を看取ってきたという。プロローグは、２０１８年８月に彼の身体に起きた、小さな異変から始まる。

そして、生存率の低いすい臓原発のがん（ステージⅣ）に侵されていることが、読者に明かされる。

同年9月。旧知の間柄だった著者のもとに、彼の同僚からその報せが届いた。すぐに京都に向かい、3人で車に乗りこんだ。天気の話など、ぎこちない会話がしばらく続く。同僚もなかなか切り出せない。結局、著者のほうから病気の話を切り出した。その時の森山の反応は、次のようなものだったという。

「彼はすでに自分が終末期に近づきつつあることを、わかっているはずだ。しかし、彼の口からはこんな言葉が漏れた。

『僕は生きることを考えてます』」（本書「二〇一六年現在」より）

これまで訪問看護師としての姿しか見てこなかった著者にとっては、意外なものだったようだ。そしてその時、森山は「患者さんたちが、僕に教えてくれた」といったという。その言葉に導かれるように、著者の脳裏には、京都の家々を回った訪問看護の取材の記憶がよみがえってきたという。

死が迫った患者の願いで、知多半島まで潮干狩りに行ったこと。終末期の患者さんのお宅で開かれたハープコンサート。がんに侵された若い母親とその子供たちと一緒に夢の国（ディズニーランド）を訪れたこと。気の強い老婦人の願いを叶えるために、生きたドジョウを探し回ったこと……。

終末期の方々の力強い生き様を読んで、私の涙腺は何度も崩壊した。それだけではない。彼らは、死してなお贈り物を遺していくというのだ。ひとしく「死」という運命を抱えている我々にとって、それは、何よりの救いではないか。本書のテーマである「理想の死」の大きなようすがといえるだろう。

元気だった頃の森山が看護した患者さんの姿と、病状が進行していく2018年～2019年の森山の姿が、本書では交互に描かれる。そこに、著者の家族の在宅看護が入ってくる。章の間から浮かび上がってくるのは、終末期の患者であっても名前をもった一人の人間だ、という事実だ。そこには、果たしたい夢や届けたい思いが必ずある。

私たちは決して、「患者」という一枚のレッテルだけを貼るようなことをしてはならないのだ。著者は、多くの死に立ち会うことで自らが学んだものについて、次のように述懐している。

「気を抜いている場合ではない。貪欲にしたいことをしなければ。迷いながらでも、自分の足の向く方へと一歩を踏み出さねば。（中略）そうやって最後の瞬間まで、誠実に生きていこうとすること。それが終末期を過ごす人たちが教えてくれた理想の『生き方』だ。少なくとも私は彼らから『生』について学んだ」（本書「あとがき」より）

私が本書を読んで感じたことと、著者の言葉が重なった。「生と死」に対する著者の深い造詣。それを表現するための、適切な言葉選びや優れた構成。そして、著者が森山と出逢えた奇跡。本書は、その全てが織り成した傑作である。

さぁ、最後の一文を書く時がきた。本書の看取りのエピソードの一つを紹介したい。最後の力で家族とディズニーランドに行く夢を果たし、危篤状態で一人一人に声をかけ続けた若いお母さんが、息を引きとった時のことだ。そこにいた人たちから、思いもかけず、拍手が起きたという。

果たして私たちは、このような「死」を迎えられるような「生」をおくれているだろうか。私たちは、この人生が他の誰かのものではなく自分自身のものだということを、もっと強く自覚する必要があるのかもしれない。

# 『人類学とは何か』

分けられない人間性に取組む学問として　山本尚毅

ティム・インゴルド＝著
奥野克巳、宮崎幸子＝訳

2020.5.29

亜紀書房

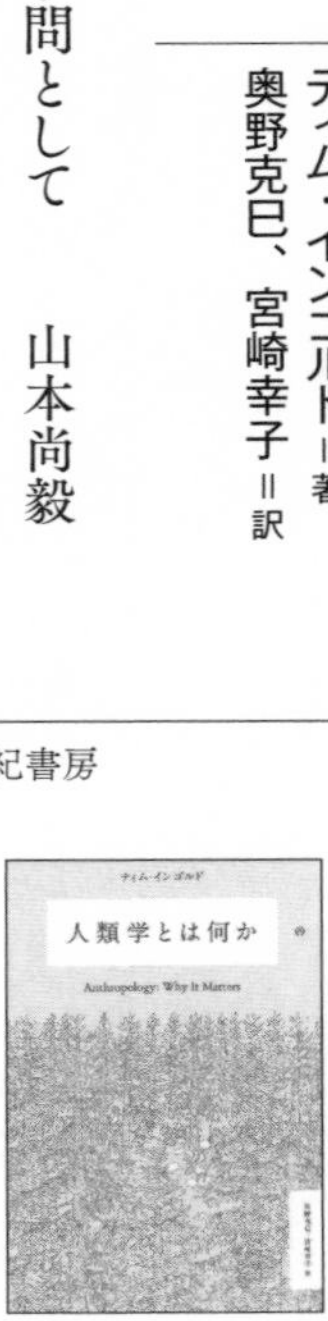


人類学者が各々のフィールドで獲得した情報を綴った本は不思議と驚きの源泉である。世界にはまだまだ知らないことがあるのだと喜びを感じることができ、人類が辿ってきた進化の道筋への想像力を豊かにする。暗黙の前提を明るみにし、常識だと信じていた基礎をぐらつかせる。

人類学者がいなければ、聞かれることもなく、知られることもなかったフィールドの人々の知恵を集めてきたのが、フィールドで何年もの間、生活を共にし、研究する参与観察という手法である。その観察で得た人々について書き上げたものが民族誌である。しかし、これらの手法は科学の世界では、客観性に欠けると、人類学の脆さとして批判の対象となってきた。

どうすれば、もっと客観性を高め、従来の科学では取り扱えなかった知識を補充し、科学に貢献できるだろうか。本書の著者インゴルドはそのような優等生的な発想では考えない。科学のあり方そのものに批判の矛先を向けつつも、まずは自分自身が40年以上学び、教えてきた人類学のあり方を問い直す。

民族誌を書くために情報を集める方法が参与観察である。そう信じられていた人類学の常識を疑う。

参与観察は民族誌を書くために人々についてデータを収集することではなく（何かを論証するための証拠を集めるのではなく）、人々と生活しながら共に学ぶこと、それが参与観察であると主張する。師は調査対象の人々、弟子は人類学者、徒弟制度に似た間柄になり、生活に没入する。弟子が師匠と生活を共にし、一つ一つの行動や言葉を真剣に受け取り学んでいくように、フィールドの人々と共に学ぶのである。

「他者を真剣に受け取ること」を人類学の第一の原則にすえ、ここから人類学がどのように未来を切り拓いていけるのか、人類学はどうあるべきなのか、その論を開いていく。フィールドでの経験や思索の断片がちりばめられ、話は大きく広がっていくいっぽうである。そのため、読中感は正直なところよくない。凸凹道でハンドルを左右に豪快に振り回す車の助手席に座って車酔いするような感じだ。しかし、読後感は素晴らしい。30ページにもわたる解説が充実していることもあるだろう。散らばっていた知識を咀嚼し言葉を変えて流れを整え、5つの章をコンパクトに解説する。こちらは舗装された道路での安全運転である。

話を本書の内容に戻そう。神経科学者が脳を、心理学者が心を、経済学者は市場を、解析できるという具合に、人類学は文化的なものや社会的なものを説き明かす高尚な力があるとこれまで考えられてきた。しかし、他者を真剣に受け取ることから始める人類学は、他者にラベルを貼り、「了解済み」として片付け、知識を生産することではないと主張する。世界は研究対象ではなく、研究の環境であり、客観的な知識を求めているのではなく、知恵を得ることを望んでいる。そして、新たな人類学によって得られた知恵が、科学によって大量に生産された知識を活かすと信念を語る。

「知識が溢れているのに、それが知恵に結びつかない時代は、実際これまでの歴史にはなかった。

（中略）そのバランスを回復すること、つまり科学によって伝えられる知識に、経験と想像力の溶け合った知恵を調和させることが人類学の仕事であると、私は信じている」

科学によって細分化された知識を、知恵をもって統合することを使命とする。あらゆるところで、分断が生じている時代に、統合を唱えるインゴルドの人類学はとても魅力的に映る。しかし、ことは簡単に進まないようで、大きな障壁は人類学の誤解や人類学者へのステレオタイプである。その詳細は本書や詳細な解説に譲ることとするが、インゴルドがまなざしを向ける壁を乗り越えた先の人類学の未来を紹介したい。

アートと科学の今日的な合流をする場所に人類学の未来を見出し、そこで科学することの別の方法を探究する。自然科学に憧れ、実証主義を唱えた社会科学から一歩距離をおいた居場所である。観察から学び、物事の内側からそれを知るために皮膚のしたに入り込む生の技法を用い、あるがままのものを描いて分析することだけに結びつくのではなく、実験的でもあり、思弁を積極的に取り入れる。

そして、描く未来に欠かせないのは、抱えている問題や属性で人を定義することはせず、分けられない人間性を主題とすること。人々について研究するのではなく、人々とともに研究すること。言い換えるならば、対象への知識を希求することではなく、気づかいの倫理を持ちながら。

# 『食べることと出すこと』

## 想像しようという努力、想像できるという傲慢

麻木久仁子

頭木弘樹＝著

2020.9.24

医学書院

病気、それも大きな病気を経験した人の多くは「食べることの喜び」をしみじみと感じる瞬間を経験したはずだ。手術をすれば何日も食事が許されないことがある。慢性の病なら様々な食事制限もある……。食べたいものを食べたい時に食べられるというのは、実はとても贅沢なことだ。

が、「食べること」にまつわる様々な経験も、癒える病であれば、いつの間にか忘れていく。ときどき「あの時はつらかった」と思い出しつつ「暴飲暴食は避けよう」というほどの教訓を得て。しかし一旦患ったら、そんな生易しいことではすまない病気もある。

「潰瘍性大腸炎」は、そんな病の一つだ。この病名は、つい最近安倍前総理の退陣の理由として、ニュースなどで見た方も多いと思う。

頭木弘樹さんも潰瘍性大腸炎の患者である。それも重度の。日本では最も患者数の多い指定難病でその数は20万人以上。その名の通り大腸の粘膜に炎症が起こり、潰瘍ができる。潰瘍ができる範囲は「直腸のみ」あるいは「大腸の半分まで」から「大腸全体」に及ぶこともあり人によって違う。さらに重症度は患部の範囲だけで決まるわけではない。著者の場合は、「再燃寛解型」と呼ばれる寛解と

再燃をくり返すもので、薬を減らすと再燃してしまい、長い寛解期を得ることはできなかったという。

まだ二十歳の大学生の時に発症した著者は、否応なく「食べること」の困難さと24時間365日休みなく立ち向かわなくてはならなくなった。本書に詳しく描かれているその実態は「壮絶」の一言だ。できる限り大腸の負担を減らすために、食べてはいけないものがたくさんある。まず脂肪がダメ、ということは霜降り肉とかマグロとかブリとかもダメ。食物繊維もダメ、なのでゴボウとかレンコンとかもダメ。キノコ類も全てダメ。イカやタコもダメ。刺激物もダメなので香辛料、どころかコーヒーや紅茶もダメ、アルコールもダメ、甘いものもダメ。なんと果物もダメ。酸味や甘味がつよいと刺激になるらしいが、驚いたのはイチゴがダメ。種が取り除けないからだそうだ。一体何を食べればいいんだろうという厳しさだ。大腸に負担をかけないような食物を選び、負担をかけないような少ない量を食べる。だから「高タンパク、高ミネラル、高ビタミン、高カロリー、低脂肪、低残渣《ざんさ》」のものを食べなさいということだ。が、高カロリーのものは往々にして高脂肪だし、高ミネラル高ビタミンの野菜や果物などは高残渣＝食物繊維が多い。どこまで食べたら「再燃」するのか、個人差が大きいこともあって、最後は一口一口食べながら見極めていくしかないのだそうだ。食べることに失敗したら、即下痢、下手をしたら再燃、なのである。

長年こうした日々を送りながら、頭木さんの感覚は研ぎ澄まされていく。「警戒心」は他のことにも広がっていくのだ。「外から内に入れる、すべてのものに。（中略）危険が強く意識され、受け入れがたくなってくる。つまり、食べづらさは、生きづらさにつながっていくのだ」。

そんな視点から「食べることと出すこと」に向き合う頭木さんの考察は、やがて、病であろうとなかろうと、極めれば「食べて出す一本の管である人間」が、食べるという行為にどんな意味をもたせているのか、出すという行為が人の心にどんな支配を及ぼしているのかへと向かっていく。

特に何を意識することもなく「もりもり食べられる」ことが社会に適応する上でいかに強い力となるか。それと裏腹に、「食べない」あるいは「食べられない」人がコミュニティでいかに居心地の悪い思いをしているか。

たしかに「同じ釜の飯を食う」ということで絆が強まるという考え方は根を張っている。が、そうした「食は絆」という考えには実は暴力性も潜んでいるのだということを、頭木さんは浮かび上がらせる。同じ釜の飯を食べたくても食べられない立場から、「同じ釜の飯を食べないと本当の人間関係を築けない」と思い込んでいる（思い込まされている）我々の、実のところ本当に相手と向かい合うことを体良く省略し、ついてこられない人はあっさり排除する欺瞞を見ぬいてくるのだ。

ともに同じものを食べる「共食」を否定するのではない。が、そこにビルトインされている「同じものを食べれば誰とでも仲良くなれると言い切る傲慢さ。無神経さ。そうでない人は排除するその暴力性」に気づくほうが、むしろ本当の「共食」なのかもしれないのだ。

先日こんなことがあった。

うちにはよく娘の友人たちが遊びに来る。そんな時にはたくさん料理をしてもてなす。若い人たちと一緒にご飯を食べるのは私自身が楽しいからだ。

「さあ、食べて！　これも食べて！　もう一つ食べて！　もう一口どう？」

ある日娘にぴしゃりと言われた。「ママ、それ食べハラだから」。

曰く、みんな自分のお腹と相談して食べたいものを食べられる分食べている。みんな楽しんで喜んで食べてるから、それ以上何も言わなくて大丈夫です、とのことだった。

本書を読んでいて、娘のいうことがよくわかった気がした。たしかに。これがアルコールだったらそんなことはしないのに、食事なら、なんで「お勧めしていい」と思ったんだろうか私は。ここにもまた、暴力性が潜んでいる。支配の構造が潜んでいる。

下痢を経験したことのない人はいないだろう。が、重度の潰瘍性大腸炎の下痢は想像をはるかに超えるものだ。なのに、我々はなまじ下痢の経験があるがゆえに、その厳しさへの想像力を欠く。その厳しい実態をつぶさに語りつつ、我々人間の社会が「出す」ということに貼り付けた「恥」の概念が、どのように「支配」の力へと転換されるかを考察している。スムーズに、苦もなく「出す」ことが出来るということから疎外された孤独の深さについても。

いずれにしても本書は、単に「難病患者の苦労話」ではない。当事者として丁寧に事実を積み上げてこそ見えてきた、私たちの社会のあり方への、大事な視点の提示である。

私自身、いままで無自覚に放ってきた言葉の数々について、一旦、立ち止まって考えざるをえないなと感じている。病は気からよ！　元気出しましょう！　病気と闘うのではなく、うまく付き合いましょう！　家族で食卓を囲みましょう！　苦しいのはあなただけではありません！　諦めずに頑張れば、夢は叶う！……。

本書のなかで、私がいちばん揺さぶられた一言。

「世の中には、『想像できる』と思っている人がいるのだ」

あまりにも想像力の欠けた近頃の社会である。それに対して「想像力を働かせろ」という反論は、ある。が、「想像しようという努力」と、「想像できるという傲慢」とは、これもまた紙一重。

いやはや。本書ほど自省を迫ってくる一冊はないのである。

# 3

【ベスト・ノンフィクション・レビュー】

# 生物・自然

# 『動物が幸せを感じるとき
## 新しい動物行動学でわかるアニマル・マインド』

テンプル・グランディン、キャサリン・ジョンソン＝著
中尾ゆかり＝訳

NHK出版

## リアルで自在な動物行動学入門

土屋敦　2012.1.23

著者は高機能自閉症であり、動物の気持ちがわかる、という特異な才能を持つ動物学者だ。本書と前著『動物感覚』はベストセラーとなり、一昨年には、彼女を取り上げたテレビ映画が作られ、エミー賞でテレビ映画部門の作品賞を受賞するなど、大きな話題となった。

本書のタイトルを見たとき、前著ほどの面白さはないような気もしたのだが（ちなみに原著のタイトルを訳すと『動物がわれわれを人間にした』。邦題は英国版『動物を幸せにする』に近い）、実際に読み始めると驚きがいっぱいで、また、この手の翻訳書としてはとにかく読みやすい。

例えば冒頭の「犬」の章。まず野生のオオカミは群れで生活しない、という近年の研究が示される。オオカミと言えば、もっとも強い「アルファ」を中心とした群れじゃないの？　オオカミの群れの「アルファ」となって暮らすショーン・エリスは？　イエローストーンに放たれたオオカミの群れ、ドルイド一族のドキュメンタリーはなんだったの？　と疑問が湧き上がる。

この研究によれば、オオカミが群れを作るのは人工的に飼育されたときのみで、イエローストーンでも、当初、その人工的な群れの形が維持されていたに過ぎない。実際のオオカミは小さな家族単位で行動し、兄弟たちも互いの優位性を争うことはなく、父親が家長的なリーダーであるわけでもない。

そんな最新の研究を犬に当てはめれば、飼い主が犬に対して群れの長、アルファになれ、というアメリカ流の犬の飼い方も誤りとなる。しかし、実際にこのしつけ法は機能している。著者によれば、人間は群れにおける優位性を教えているつもりでも、実際には犬の「忍耐力」を鍛えているのだという。犬はオオカミの「幼形成熟」である。すなわち、成長しても子どものまま。社交的で好奇心旺盛、遊びが大好きだ。その代わり、忍耐力や服従心は持ちあわせていないゆえ、教えてやる必要がある。

ちなみに、最近の研究では、犬の外見はその形質をよく反映しているそうだ。オオカミに近い外見の犬ほど、オオカミに近い性質を持っている。逆に小型犬種は、より幼い子どものような性質を持つ。キャバリアやトイプードルを赤ちゃんのように扱うのは、実はとても正しいやり方なのだ。

著者によれば、犬の攻撃性には二種類あって、ひとつは恐怖から来るもの。こちらはさして問題ないが、不安障害に起因する優位性攻撃は危険だという。オオカミは臆病な生きものだ。実は臆病さは遺伝上の優性形質である。臆病であることは、平和を保ち、種を繁栄させるために非常に重要なのだが、純血種の犬はそれを持ち合わせていないことも多い。優位性攻撃をする犬のふるまいは、強迫性障害に似ているという。加えて攻撃的な犬の尿を調べたところ、その多くからグルタミン、タウリン、アラニンなどの代謝異常が見つかっているそうだ。

ちなみに犬を飼う際、非常に実用的な子犬の選び方が本書には載っている。まず子犬を仰向けにして胸に手を載せる。子犬はやがて自分で起きようとするが、子犬が起き上がれない程度に力をかける。そのときの振る舞いで攻撃性や不安性がわかるという。

さて、ついつい犬のことばかり書いてしまったが、もちろん猫についてや、牛、豚、鶏などの畜産動物についても詳しく書かれており、それぞれ興味深い。そのなかでも野生動物について書かれた章は、彼女の考え方と魅力がよく出ている。

彼女は、サヴァン（特定の分野で常人離れした天才性を発揮する人）だが、いうまでもなくそれだけで学者にはなれない。彼女がすごいのは、彼女自身の表現で言うところの「裏口」から研究者の道に入り、研究を重ね、論文を書き、業績を上げたまっとうな科学者であり、同時にリアルに動物の感覚がわかる天才で、また動物を愛しながらも、企業や畜産業界と提携し、牛や豚を不安や恐怖、パニックに陥らせない「と畜システム」の開発にかかわる現実主義者である、ということだ。

彼女は、同じ「裏口」から研究者となったチンパンジー研究の世界的権威ジェーン・グドールが発見した、人類だけのものとされた道具使用をチンパンジーも行うこと、チンパンジーが人間以上に記憶力があること（松沢哲郎）、さらにはユーラシアカケスに「将来を見越して計画を立てる能力」やエピソード記憶があること（ニコラ・クレイトン）などの研究成果を紹介する。

いずれも人間を万物の長と考える尊大さに起因する思い込みや予断を覆す発見だ。そして、この3人の研究者がいずれも研究室だけでなくフィールド研究を熱心に行なっていたことを強調する。最近の動物学の研究は、個体数の幾何級数的増加、指数モデル、餌密度別の捕食者の反応曲線などの数理モデルを使ったものが非常に多いそうだ。それはそれで興味深いが、多くの研究者がフィールドに出て野生動物を実際に観察しないことを嘆くのだ。

観察を忘れたのは、研究者たちだけではない。最近の動物愛護運動についても、次のように語る。

「世の中は変わった。動物を救いたい人は、かつては動物の行動を勉強した。今日では、法律の学校に行く。（中略）何もかもが法律家の手にかかったら、ほんものの動物の姿を見失ってしまう」。

アメリカ動物愛護協会はアメリカ国内の馬の処分施設をすべて閉鎖させたが、その結果、アメリカの馬たちは長く苦しい旅路の末、メキシコで首の後ろを突き刺される、という残虐で苦痛を伴う方法で殺されることになったという。また、狩猟と営利目的の野生動物の飼育を禁止して以降、アフリカでは、国立公園以外での大型野生動物は6、7割も減ったそうだ。「人間の本性に反する法律を制定しても何にもならない」と彼女は言う。

「人は抽象化されるほど過激になる」と彼女は書いているが、まさに箴言だろう。著者は、畜産動物がなるべく苦痛のない環境で過ごし、なるべくストレスなく殺されるための畜産システムを作った。そのことでおそらく彼女は過激な動物愛護活動家にかなり攻撃されたのではないか、と想像する。

しかし、彼女は活動家たちを強く非難したりはしない。大会社を鋼鉄、活動家を熱にたとえ、熱で柔らかくなった鋼鉄を、ちょっと曲げて改革にとりかかることができるという。実に柔軟で現実に即した考え方である。

著者は、「抽象化」の反対は、「複雑系を適切に管理する」ことだという。そのことを端的に表しているのは、彼女が教え子たちに語る、「動物は意外なことをするものだ」というシンプルな言葉だ。

これはそのまま、「世界は意外なことに満ちている」と言い換えることもできると思う。予断や思想、偏見に左右されない自在な精神と常に現実を見たうえでの臨機応変な行動。なんとまっとうな人なんだろう、と感心してしまう。そして彼女はこんなふうにも言っている。「自閉症の子は『自分だけの狭い世界で生きている』と言われるが、今日では、むしろ、ふつうの人のほうが、言葉と意見という自分だけの狭い世界で生きているように思う」。

彼女の言うとおりだ。私も本書を手がかりに自分の「言葉と意見」の世界から飛び出したいと思う。

## 『慟哭の谷
北海道三毛別・史上最悪のヒグマ襲撃事件』

木村盛武＝著

# 惨劇から100年、読み継がれる一級史料

塩田春香

2015.8.10

文藝春秋
（文春文庫）

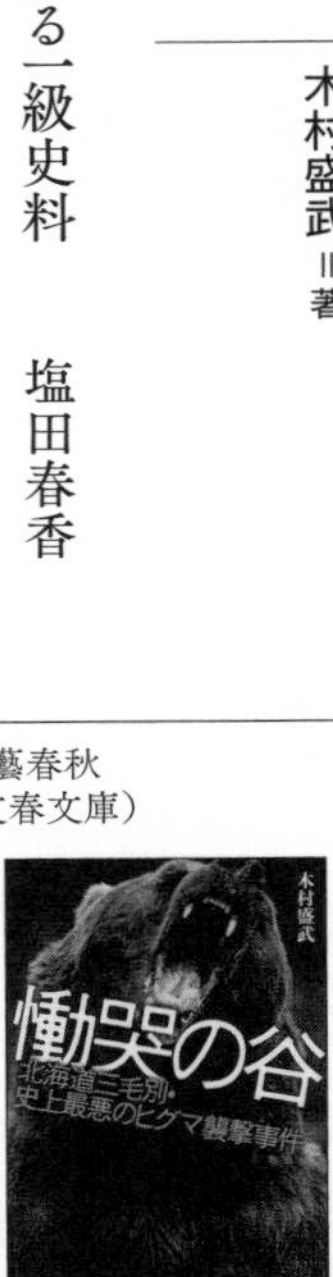


史上最悪の獣害として知られる「北海道三毛別《さんけべつ》ヒグマ襲撃事件」。死者8人を出したこの惨劇が起きたのは、大正4（1915）年。時は第一次世界大戦下、この地に入植していた人々を恐怖のどん底にたたき落としたのは、体重300キロをゆうに超す巨大な人喰いヒグマであった。

本書は営林署に勤務していた著者が、事件後46年目に当地区の担当になったことをきっかけに、生存者や遺族、討伐隊に参加した人たちから入念な聞き取り調査を行った記録である。本書の内容は、吉村昭によって『羆嵐』として小説化されている。

12月——野山一面が雪に覆われ、ヒグマは森で冬の眠りについている……はずだった。最初の犠牲者が出たのは、開拓部落の太田家。寄宿していた男が家に戻ると、男の子が座ったまま眠っている。呼びかけても返事がないので肩を揺すったとき、男の子は喉の一部を鋭くえぐられ、こと切れているのに気がついた。一緒に留守番していたはずの、太田の妻もいない。現場は血の海、窓枠には頭髪が束になって絡みついていた。そして翌日、山中で捜索隊が見つけたのは、膝下と頭蓋骨だけになった妻の遺体であった。

しかし、悲劇は始まりにすぎなかった。その晩、太田家で行われた通夜。参列者に清酒がふるまわれていたとき——家の壁を打ち破って、再びあの巨大なヒグマが現れたのである。

本書では、ヒグマを理解するために、要所要所でその習性も紹介している。クマはいちど自分が手に入れた「獲物」に、異様なまでに執着する動物なのだ。ヒグマにとっては、妻の遺体を人間に「横取りされた」。だから「取り返しに来た」。

１９７０年に福岡大学ワンゲル部３人が亡くなった日高山系でのヒグマ事故も、ヒグマが手をつけた食糧入りのリュックを取り返したことが、その後の執拗な襲撃の誘い水になったといわれている。このヒグマは体長１５０センチ程度という記録もある、小柄な個体であった。それでも、大学生の若者たちが敵わないのだ。三毛別を震撼させた巨大ヒグマの恐怖たるや、はかりしれないものがある。

太田家を襲い「魔獣」と呼ばれた巨大ヒグマは、今度は川下の明景家に現れる。ここでは臨月の妊婦と胎児を含む５人（後遺症で亡くなった子どもを含めると６人）が、命を落とした。ヒグマが家になだれ込んで人々を襲う１時間あまりの記述は生々しすぎて、読んでいて気分が悪くなりかけた。じつは、妊婦が食害される場面は『羆嵐』にも出てくるが、本書よりもぐっと控えられたものになっているのだ。小説であればより扇情的に書きたてそうな気もするが、実在する亡くなった人やその遺族の尊厳を重んじて、吉村氏はあえて残虐すぎる現実を省いたのではないかと想像してしまう。

実際、著者がこのとき亡くなった女性の娘さんを取材に行くと、怒鳴らんばかりに追い出されたそうだ。このエピソードは、事件が関係者の心にも深い爪跡を残していたことを物語る。それでも後に協力してもらえたのは、歴史に埋もれかけた事件の真相究明と記録として残すことの大切さを酌んでもらえた証なのだろう。

さらに本書には、先出の福岡大生や写真家の星野道夫さんが襲われた事故などもまとめられている。なかでも、著者自身が北千島で命拾いをした出来事は、実体験ならではの衝撃がある。昭和13（1938）年、サケの遡上を追っていた著者とその友人は、ヒグマに襲われた直後の無残な遺体に遭遇する。そしてその後、じつは自分たち自身もヒグマに狙われていたことを知ったのだ。著者にとってはこの体験が、ヒグマを強く意識するきっかけになったそうだ。

じつは私も、たいへん恥ずかしい話なのだが、サケの遡上を見に行ってあやうくヒグマに遭遇しかけた経験がある。橋の上から知り合いが呼び戻してくれなかったら――今思い出しても、ぞっとする。しかしもし攻撃されていたとしても、十分な対策をとらずにうっかり彼らのテリトリーに踏み込んで驚かせてしまった私の不注意である。彼らは普通に、自然のなかで生きているだけなのだ。下手をすればヒグマを射殺の憂き目に合わせてしまったかもしれない、とてつもなく苦い経験だった。

ヒグマは、本来は臆病な生き物である。肉食獣というイメージが強いが、栄養源の多くはドングリや葉っぱなどの植物に頼っている。三毛別事件のような例外はあるものの、本来は見境なく人を襲う凶暴な動物ではない。しかしひとたび接し方を誤ると、人が「魔獣」に育ててしまう。観光客が与えた餌や放置したごみで人馴れしてしまったヒグマが、市街地に出て射殺されるという痛ましいことも起きている。深く考えずに与えた餌が、ヒグマを殺してしまうのだ。

互いのために大切なのは、無用な接触を事前に避けることと、生態を知ること。三毛別事件から100年目にあたり、単行本として読み継がれてきた本書は編みなおされて文庫化された。「より多くの読者の方にヒグマの生態を正しく理解していただき、ヒグマと人間とのよりよい形での共存を目指す一助になれば」という著者の願いが、本書には込められている。

## 『冒険歌手　珍・世界最悪の旅』

峠恵子＝著

**1行先もわからない。これ以上ありえない冒険なんて、ありえない！**　塩田春香

2015.11.12

山と渓谷社

シンガー・ソングライターの峠恵子さんは、家族にも友人にも仕事にも恵まれて、何一つ悩みのない人生を送っていた。ところがある日、心の中に恐怖が生まれる。

「このままでいいわけがない」

苦労を知らない、という自分の弱点に不安を抱えて悶々としていた峠さん。偶然目にした雑誌の小さな記事が、彼女の人生を一変させた。

「日本ニューギニア探検隊　２００１　隊員募集」――それは「ヨットで太平洋を渡り、ニューギニア島の川をボートで遡上し、オセアニア最高峰カルステンツ・ピラミッド北壁の新ルートをロック・クライミングで世界初開拓する！」という、命の危険を伴う本格的な探検だった。

ヨットの操舵はもちろん登山経験もほとんどなかった峠さん。「人生がひっくり返るような苦労をしてみるのだ！」と決意して、探検隊に応募する。そしてスポ根ドラマばりのトレーニングを始める――かと思いきや、この参加動機を記した短いプロローグのあと、本文１ページ目にはいきなり油壺を出港してしまうのである。展開、早っ！

探検隊は3人（早々に脱落した1人を除く）。藤原一孝隊長は数々の初登攀《とうはん》記録を持つなど、冒険スキルは一流。一方で新宿高層ビルの外壁を素手で登って世間を騒がせたこともあり、火事ですべてを失ってこの探検に挑んだ、一癖も二癖もある人物だ。あとは峠さんと、大学生のユースケ隊員。

さあ、さわやかなセイリングの始まり……という期待は見事に裏切られ、出港するなり、本書は船酔いによるゲロとおしっこの記述にまみれ始める。（そしてこの2つは、通奏低音のように本書の最後までつきまとうのである）

さらには、やっと小笠原にたどり着きそう！　というところで、まさかの海上保安庁に救助されるはめに。まだ本文が始まって10ページである。この本、366ページもあるのに、である。

そして七転八倒の末、1か月半ほどでニューギニアにたどり着くのだが、「マンベラモ川を遡上しカルステンツ登攀」という計画が、現地の治安問題で迷走。誘拐される危険をおして、現地ガイドを雇い、一行はボートで川を遡上。ここでも「あの問題」が著者を悩ませる。

「おしっこも一苦労。（中略）私はスピードを緩めてもらって、ボートにしがみつきながら下半身を川に突っ込んでやっていた。（中略）この川にピラニアがいないのは幸いだった」

しかしその次のページで、「突然、ワニ出現」。

ピラニアいなくても、ワニいるじゃん、ワニ、ワニ!!　と読みながら心で絶叫。同じページで蚊の大群に襲撃され、2ページ進むと今度は丸木ボートに乗った現地人たちに弓矢で襲われて危機一髪。ノンフィクションのはずなのに、1行先すらまったくよめない！

ナンセンス・ギャグ漫画をはるかに超える衝撃の現実は続く。ジャングルで出会った、みぞおちに大きな傷のあるおじいちゃん。昔の戦で矢が刺さった痕だという。

「その当時の戦では、逃げ遅れた者は敵に殺されて食べられた。ということは、彼らはいわゆる『人食い部族』！（中略）『人間のどこがおいしかったんですか』と聞くと『くちびるだ』との答え。歯ごたえはたまらなく、みんなで取り合いになったそうだ」

ぎゃあぁぁーっ!!　もう、川口浩探検隊も真っ青である。

だが、珍道中はこれでもまだ序の口。さまざまな部族、めずらしい食べ物、想像を絶する虫の大群……ジャングルでの未知との遭遇からは、探検の興奮が生き生きと伝わってくる。（けど、できれば体験したくないことも、多い）

ところで、肝心の山はどうなったのか？　その命からがらの顚末はぜひ本書を読んでみてほしいのだが、この日本ニューギニア探検隊、途中で「旧日本兵の遺骨収集」を行ったあと、なぜか唐突に「絶滅したタスマニアン・タイガー（フクロオオカミ）捜索隊」になってしまった。

植村直己さんなどからイメージされる「ストイックに目標を達成する探検」とは、あまりにもかけ離れている。違う。違いすぎる。なんかおかしいけど、それでいいのか？

結果、大学生のユースケ隊員が愛想をつかして、一人飛行機で帰国。じつは彼こそ、ある著名な作家の若き日の姿であったのだが、本書によれば、あまりに黒歴史だったのか、氏のプロフィールからこの旅のことは省かれていた、らしい。（本書巻末には、峠さんとの対談が掲載されている）

じつは本書は絶版になっていた『ニューギニア水平垂直航海記』（２００４年）に加筆され再び日の目を見たもので、元の本も椎名誠氏や高野秀行氏（本書では解説を担当）らに絶賛されていた。しかし今回加筆された後日談を読むと、なんと帰国してからのほうが著者の人生は波瀾万丈だったのだ。『ニューギニア水平垂直航海記』は、晴れやかに油壺へ帰港せんというところで終わっていた。が、この直後にとんだアクシデントに見舞われたうえに、とんでもない人物が隊長を出迎えに訪れる。保証しよう、どんなに想像力豊かな小説家だろうと、絶対にこんな展開は思いつかない！

ここまでネタをてんこ盛りに披露してしまうと、「あらすじがわかっちゃったし、本は読まなくてもいいや！」と思う人もいるかもしれない。でもそんな心配は一切ご無用！ ここで紹介できたことなど、本書のごくごく一部なのだから。

運よく生還できたからよかったものの、国際問題にもなりかねない行き当たりばったりの行動に、共感できない読者もいるはずだ。かく言う私も発売前から予約してレビューを書こうと待ち構えていたのに、読んでみたら強烈すぎてショックで絶句。いまだに消化不良で、2か月も放置してしまったことを、ここに告白しておく。

ただ……峠さんは望み通り、探検で「人生がひっくり返るような苦労」ができた。だからこそ、その後の「まさかの、あんなこと（本書参照）」や「信じられない、こんなこと（本書参照）」まで乗り越えることができたのだ。

「事実は小説よりも奇なり」――小説でもありえない、1行先もわからない。それが、冒険ノンフィクションの醍醐味だとしたら。これ以上「ありえない」冒険なんて、ありえない！ と、つくづく思う次第である。

# 『鳥類学者だからって、鳥が好きだと思うなよ。』

川上和人＝著

## 受け身であること、それは最高のエンターテインメントである

内藤順

2017.4.19

新潮社
（新潮文庫）

無駄に面白い——これ以上の贅沢が考えられるだろうか？　単に鳥類学の普及が目的というだけであれば、ここまで面白くする必要はなかったはずだ。著者の川上和人氏は、森林総合研究所で研究に勤しむ鳥類学者。前著『鳥類学者　無謀にも恐竜を語る』の完成度の高さから考えると、それを上回るものが世に出ることなど想像できるわけもなかった。しかし本書は、より一層パワーアップして帰ってきた印象を受ける。何がパワーアップしているかというと、それは「役に立たない度」だ。

研究に明け暮れる日常を徒然なるままに書き起こし、ある日忽然と調査地が消えてしまったり、耳の中に蛾が入り込んでしまったり、吸血生物と格闘したりもする。そんな多種多様なエピソードが、通常なら研究上の大きな目的を達成する過程の中で、スパイスのようにまぶされるものだが、本書はこの周辺エピソードこそがメイン・ディッシュだ。余談だけを読み進めていれば、知らず知らずのうちに鳥の知識もインプットされてくることだろう。

まず「はじめに」の以下の部分を読めば、それだけで笑う準備が出来てしまうはずだ。

「おそらく、一般に名前が知られている鳥類学者は、ジェームズ・ボンドぐらいであろう。英国秘密

情報部勤務に同姓同名がいるが、彼の名は実在の鳥類学者から命名されたのだ。隠密であるスパイに知名度で負けているというのは、実に由々しき事態である。スパイの名前が有名ということも、英国秘密情報部としては由々しき事態である」

それ以降どんなに真面目なことが書かれていようと、文体だけで笑えてくる。まるで魔法にでもかけられてしまったかのようだ。面白い研究者とは、研究の対象に没入するあまり一般人では考えられないような行動をとり、それがそのまま天然キャラへと転じるケースが多い。しかし我らが川上和人は、ひと味違う。一般人と同化したような目線で、計算し尽くされたかのようにボケ倒し、しかもほどよく抑制が利いている。つまりは、確信犯的常人離れだ。

壮大なスケール感を等身大の目線で眺める、そのギャップにどうしようもないくらいのおかしさが生まれ、しかも同じページ内で2度、3度にわたり畳み掛けてくるからタチが悪い。ボケ方のパターンは少なくとも7種類くらいはあるだろうか。念のために今一度付け加えておくが、本書は正真正銘のサイエンス・ノンフィクションだ。

絶海の無人島、過酷な調査の合間にベースキャンプで繰り広げられる、つかの間にひと時に見せる調査隊一行の人間模様など、まさに抱腹絶倒だ。

そうかと思えば、野生動物に回転運動が採用されなかった理由を一節まるごとぶち抜きで考え出したり、森永チョコボールのキョロちゃんの考察に単行本で8ページもの分量を割いたりする。

そんなスベり知らずの著者だが、研究の合間には公園でベロンベロンに酔っぱらったあげく、入口のチェーンに足を引っ掛け、空中領域で大スベりする。また、国際会議などに出席することも多いというが、むろん英会話は大の苦手だ。

だが、外来生物問題や生態系保全の問題を語るときは絶対に茶化さない。これも印象的な一面だ。「外来生物問題がまだ社会に浸透していなかった時代には、勧善懲悪を喧伝することも必要だった。しかし、社会的に議論が成熟し問題が十分に認識されてきた現代において、善悪二元論的図式を強調するのは一歩間違うと外来種容認につながる諸刃の剣だ。認識の高度化に合わせ、問題の本質についての普及を一歩進める時期に来ていると言えよう」

この他にも、東京都を代表する「都民の鳥」はユリカモメでなくメグロであるべきとか、最近ウグイスと仲が悪いとか、カタツムリは鳥に乗って移動分散できるとか、おそらく一生披露する機会もないと思われる知識ばかりが大空を舞う鳥のように脳内を駆け巡っていく。

そして最も考えさせられるのが、最終章で語られる自身のスタンスと天職について。

「舌先三寸と八方美人を駆使して、私は受け身の達人になることに決めた。新たな仕事を引き受ければ、それだけ経験値が上がる。経験値が上がればまた別の依頼が舞い込んでくる。世の中は積極性至上主義がまかり通り、『将来の夢』を描けない小学生は肩身の狭い思いをするが、受動性に後ろめたさを感じる必要は無い。これを処世術にうまく生きていくのも一つの見識である」

受け身の状態で流されるままに到達した場所が、もし心地良いと思えたなら、それが天職なのだという。受け身であること、それ自体を最高のエンターテインメントとして捉えているのだ。しかし著者はまだ、気付いていないのかもしれない。鳥類学者であることだけでなく、文筆家であることもまた、著者にとっての天職だったかもしれないことを。

# 『バッタを倒しにアフリカへ』

前野ウルド浩太郎＝著

光文社
（光文社新書）

2017.5.28

## 面白いっ！　だけじゃないんです、泣けるんです！

小松聰子

面白い本というのは何パターンかあると思う。ひとつは目を通すだけで笑えるもの、電車の中で広げたら最後あふれる笑みを回収しきれずに不審者としてツーホーされるタイプだ。『鳥類学者だからって、鳥が好きだと思うなよ。』はこれだと思う。それから、読み始めてしばらく眉間にシワが寄ってるけど読めば読むほどスルメのごとく味わいが深まるもの、難しい系の本に多い。そして本書のように笑いの中に涙がいっぱいで島倉千代子の如く人生色々を紙の上で堪能し尽くせるタイプだ。

そう、本書は実は泣ける本だったのだ。

そもそも本書を手に取ったのは、著者前野ウルド浩太郎氏のバッタコスプレ姿の表紙にズギュンと撃ち抜かれたからだ。ただのバッタではない。バッタのくせに虫取り網を持って鋭い目つきでこちらを睨んでいるのだ。その緑色の姿に私の親指が勝手にポチッとリンクをクリックしていたのだった。

まえがきはいきなりこんな調子で始まる。「100万人の群衆の中から、この本の著者を簡単に見つけ出す方法がある」。

さすが生物学者は違う。個体（著者）の識別方法から伝授してくれるのだ。既に判明している事柄とまだよく分からない事柄をきちんと仕分けするのは研究の基本のキなのだろう。まずは自分とそれ以外を識別できるようにしたところで話が始まるなぞパンチが効いている。このお方は恐らくただのバッタ男ではないのだ。恐らく（再）これから抱腹絶倒のスペクタクルが始まるのだ‼

そう思って私はドキドキしながらページをめくる。するとどうだろう、面白いのに読めば読むほど目から水があふれそうになるではないか。おかしい。この本は笑うための本ではなかったのか？　あんなバッタコスプレ姿で泣かせにかかろうというのか。

なぜ胸熱目から水ジャージャーになるのか、ページをめくりながら考えた。人が目から水を流すのは、自分の心のコップの容量を超える何かが注がれた時だ。本書では何がそうさせるのだろう？

それは著者前野ウルド浩太郎氏のバッタにかける誠実さと必死さとしか考えられない。ミドルネームのウルドは、彼がバッタのフィールドワークを行うために単身渡航したモーリタニアのバッタ研究所のババ所長から授かったもので、「だれそれの子孫」の意味があるのだという。いくら世話になった人から貰った名前とは言え、本名として名乗るというのはそうそう出来ない（戸籍は変えてないとのことではあるが）。著者は所長への心の底からの忠誠心を見せるためにやってのけたのだ。

著者は博士号を取ったものの、正規の研究職に就いていないいわゆるポスドクの立場でモーリタニアに向かった。そこでバッチリ研究してその成果を引っさげて職を得ようと目論んでいたのだ。

しかし、研究対象のサバクトビバッタは現れない。バッタが現れなければ論文は書けない。書けなければ職にありつけない。ありつけなければ大好きな大好きなバッタの研究とお別れしなければならない。資金はどんどん目減りしていく。日本から持ち込んだ大事な麺つゆのストックもどんどん消費されていく……。もう、泣きたい。いつの間にか私は著者に同化していた。モーリタニアの砂漠の真ん中で途方にくれながらバッタを探していた（的な妄想に陥っていた）。

ババ所長はそんな著者をこう励ます。「お前は無収入になっても何も心配する必要はない。研究所は引き続きサポートするし、私は必ずお前が成功すると確信している。ただちょっと時間がかかっているだけだ」。

ああ、もう。これが泣かずにいられようか。ババ所長、大好きです。一生ついて行きます!!

そして物語は最大の泣きポイントを迎える。資金も底が見えてきた頃、著者は研究を続ける為に京大の白眉プロジェクトという若手研究者育成プログラムに応募する。選考最後の総長とのマンツーマン面接、松本総長は彼にこう語りかけた。

〝XXXXXX。〟（注：ガチのクライマックスなので伏字にしました）

電車の中でまたまた目がシバシバする。だめだ、私の目の堤防は決壊だよ。丸々2年も砂漠に暮らしてバッタを追い続けたことをこんな風に認めて貰ったら泣くしかない（いやだからあなたじゃなくて著者だからね、言われたのは。同化するにも程がある）。ババ所長のみならず京大総長までも!!

そして30倍以上の狭き門をくぐり抜け、プロジェクトに採用される。再びバッタの研究を続ける道が拓けたのだ。

本書の後半、著者は念願のサバクトビバッタの大群に出会うことができた。そしてさらに子供の頃からの夢だった全身緑色の服を纏ってバッタにその身を捧げる儀式をしめやかに執り行う。

笑いの中に涙があるのではない、涙だらけだからこそ笑いが引き立つのですね、と裏表紙の緑色の全身タイツ男（つまり著者）に私は語りかけたのだった。

# 『動物になって生きてみた』

チャールズ・フォスター＝著
西田美緒子＝訳
河出書房新社

とてつもなく変態で、ありえないほど文章がうまい――

2017.9.5

冬木糸一

どうやったら、我々人間は動物に近づき、その感覚や意識の流れをもっとよく理解できるようになるのだろう。動物の脳を研究したり、方法はいろいろあるが、もっとも直感的といえるのは「実体験」だ。

たとえばアナグマのように巣穴で眠り、獲物を物色する。たとえばカワウソのように水辺に住んで魚やザリガニを食べて生き、ツバメのように空を飛び、糞を撒き散らす。そうやって動物たちと同じように生きたら、彼らがみている世界を追体験できるのではないだろうか？

そんな、言っていることはわからないでもないが自分でやろうとは思わないことをまともにやってしまった変態が、本書の著者であり、２０１６年のイグノーベル賞の生物学賞を受賞したチャールズ・フォスターである。変態とは言い過ぎで、著者に対する敬意を欠いているのではないか？　と思うかもしれないが、この記事を読み進めてもらえればその事実が把握いただけると思う。

人間とキツネなど他の動物たちとの間には境界があると著者はいう。それは当然だ。我々はキツネと子どもを作ることはできないし、カワウソを学校に通わせることはできない。しかし、著者はその境界は〝曖昧だ〟といってのける（そうとは思えないが……）「種の境界というものは、錯覚とまでは言えないにしてもたしかに曖昧で、ときには穴だらけでもある。進化生物学者やシャーマンに尋ねてみればわかる」――この時点ですでに相当おかしいが、著者は、その曖昧な境界という概念を証明すると言わんばかりに、そこを乗り越えようとしてみせる。要は「動物になって生きてみよう」ということである。著者は本書の中で、アナグマ、カワウソ、キツネ、アカシカ、アマツバメになりきって生きようとし、その視点からみた景色を描いてみせる。僕は正直言って、最初「そうはいうても、どうせ四足歩行で一週間過ごしてみたり、一泊二日ぐらいで山の中で過ごしたりするだけでしょ」とナメていたのだが、この「生きてみた」の徹底ぶりが尋常ではない。

たとえばアナグマとして生きる章では、まず巣穴を本格的に掘り始めるところからはじめ、何日も（少なくとも一週間ではない）そこで泊まり込み、ミミズを生で食い、四つん這いのまま川まで下り、ペロペロと水を舐める。雨が降っても家に戻らず、川や地面に落ちていて食べられそうなものは何でも食っている。カタバミ、野ニラ、道路でぺちゃんこになっていたリス……。

カワウソになりきった章では、ウェットスーツに身を包み毎日川にもぐって餌を探しながら日々を過ごす。スゴイのは一週間とかではなくて、冬から夏から幾つもの季節を経てやりつづけることで、恐ろしいのは冬がきてからだ。カワウソは問題ないが、人間には水温が単純にキツイ。それでも著者は果敢に挑戦してみせる。だが、さすがに冬の川は無理だったようだ。「とどまろうとした。ほんとうにやってみた。でも実際は形だけの、そうするふりだった」。

さらに、キツネにもなってみせる。キツネはカワウソよりもまだマシなような気もするが、ある意味ではこっちのほうが過酷な生活といえるかもしれない。都会のキツネとして生きるために、著者はネズミを追って街を這いずり回る。それの何がきついって、都会だから人の目があるのだ。「心配して近くに集まって来た不安げな人たちに、自分のことをとりとめもなく説明しようとする。警察官が到着する前に逃げ出す」。

本書にはこうした、読んでいておかしくなりそうなエピソードがテンコ盛りだが、それだけではない。地べたを這いずり回ることでしか得られない体験談は、文学から哲学まで無数の視点を引用し、それがまったく嫌味ではない（ギャグになっている）語りを筆頭とした圧倒的な文章力で描き出されており、驚くほどクリアに〝地べたからの視点〟を伝えてくれる。

さらに、単に「生きてみた」だけではなく、そっくりの生活をするためにも各動物の生理学的な知見が随所に述べられており、そこを読むだけで各動物らがぐっと身近に感じられるようになる。キツネであれば、単なる野生のキツネの生態だけではなく〝都会で〟生きるキツネが直面する困難（その多くが車に跳ねられ、重症を負った状態で生きているなど）を教えてくれるのだ。

果たして著者はどこまで動物たちとの境界をなくすことができるのだろうか？　本当に異なる種族の声を聞くことができるようになったのか？　そのチャレンジを通してみえてくるのは各動物の特性だけではなく、〝人間はどこまでやれるのか〟という人間性そのものでもある。こんな変態はそうそう出てくるものではないし、その変態がこれほどまでにおもしろい文章を書く事は、もはやありえないといってもいい。ぜひ読んでこの奇跡を一緒に目の当たりにして欲しい。

# 『極夜行』

## 暗闇という根源的未知に命を懸けた大探検記

角幡唯介＝著

文藝春秋

仲野徹
2018.3.27

探検家・角幡唯介が、「そのときまでに得られた思考や認識をすべて注ぎ込み、それまでの自分自身を旅というかたちで問う」た大探検記である。準備に四年をかけ、四ヶ月以上の間、真冬の北極圏を一人で歩く探検。それは極夜の暗闇の中である。極夜、聞き慣れない言葉であるが、白夜の逆といえばわかりやすい。太陽が顔を出さない暗闇の中を行こうというのである。

地味といえば地味である。なにしろ暗闇だ。探検記とはいえ、ビジュアル的に面白くなさそうだ。じつは、本を読む前にはそう思っていた。しかし、読み進めるにつれ、それは、延々と続く暗闇というものをイメージできていなかったがための誤解であったことを思い知らされていく。

角幡によると、未知には表面的未知と根源的未知がある。たとえば現代における未踏峰の登頂は表面的未知だという。登山という行為が確立されたジャンルであること、そして、未踏峰とはいえ、その周辺はすべて既知に取り囲まれていること、がその理由である。確かにそうだ。それに対して、次の理由から、極夜を一人で行くのは根源的な未知であるという。

「その行為をとりまく全体状況そのもの、世界そのものが未知であることをいう。自然環境も状況も方法論も洞察の対象もすべてが開かれていない、その位相空間そのものが未知な場合だ。つまり私たちが普段暮らしているシステムの外側にある世界」――そのような「人間社会のシステムの外側に出る活動」に自らを置く「勝負を懸けた旅」の全記録である。面白くないはずがない。

GPSを持たずに行くというのも、人間社会のシステムから抜け出るためだ。角幡のナビゲーションシステムは、コンパスと天測――月と星の動き――のみである。正確な天測をおこなうには六分儀が必要だ。それは命綱ともいうべききわめて大事な道具なので、特別に開発してもらって持参した。しかし、なんと、旅の序盤に遭遇した猛烈な嵐で失ってしまう。以後、頼りになるのは地図とコンパス、そして、天体の目測のみである。予定以上に壮絶な状況を余儀なくされたのだ。

重い荷物を積んだ橇《そり》を二台引っ張っていく。助けになるのは愛犬・ウヤミリックだ。犬は、橇引きだけではなく、極夜の白熊対策としても絶対に必要なのである。それに、暗闇での孤独の中、話し相手、より正確には話しかける相手、としても重要な存在だ。

探検についての考察は、先に紹介した文章にもあるとおり、相当に哲学的だ。それに、角幡の思考は詩的でもある。考える時間はくさるほどある。見えるものは星ばかり。ベガは美しくも恐ろしい女王、カペラは政治権力者である男の王。そして、北極星＝ポラリス神は「時間と空間を超えた天球の軸であり、生と死の無常を超越した永遠の存在であり、神なのであった」など、頭の中で銀河絵物語が展開される。

「闇によって視覚情報が奪われることで、己の存在基盤が揺るがされる感じ。（中略）ここにこそ極夜世界の本質はあるのかもしれない」

極夜では、距離の感覚も、地面が登っているのか下っているのかも、よくわからないという。人間社会のシステムの中で視覚がいかに重要な位置を占めているのか、我々は気づいていないのだろう。そんな中、月は別格の存在だ。極夜の中、視覚を支えるのは月とヘッドライトの光しかないのだから、当然である。その月の光に照らされ、楽園のように見える世界があった。しかし、みかけだけの楽園をさまよい、その現実の厳しさを体験し、大事な月にも毒づく。

この本が素晴らしく面白いのは、哲学的、詩的であると同時に、独特のユーモアあふれる内容が盛り込まれ、それらが三位一体になっているところだ。

いちばん笑えたのは、犬の人糞好きについてのくだりである。知らなかったが、犬は人糞が大好きらしい。もちろんウヤミリックも例外ではない。極寒の中、ホカホカの食べ物なのだから、出たての人糞は特に好物らしい。新鮮な人糞を食べさせようとした角幡は、ウヤミリックの前で糞をひいる。待ちきれないウヤミリックは角幡の菊門をめざし……。この話はここまででやめておく。

猛烈な嵐にあい六分儀をなくしながらも、地図とコンパスだけで、神業のようにデポ地——食料や燃料を前もって蓄えておいた場所——に到着する。その時、角幡は思った。「今回の俺は冴えている。」と。しかし、そこからは「極夜が俺を殺しにかかっている」としか思えない過酷な状況が待ち受けていた。探検とは、人間社会のシステムから脱するだけではなく、命を懸けた闘いに挑むということでもあるのだ。

犬は、橇引き、白熊番だけでなく、いざとなった時には食料にもなる。食料が尽きかけた時、角幡は、自分の糞をうれしそうに食べたウヤミリックをどうしたのか。そして、ラスト、村を出発してから78日目、四ヶ月ぶりに太陽を見た角幡は何を思ったか。それは読んでのお楽しみだ。角幡にとっての最高傑作であるだけではなく、現代の探検記としても最高の一冊であると断言したい。

# 『恐竜の世界史 負け犬が覇者となり、絶滅するまで』

スティーブ・ブルサッテ＝著
黒川耕大＝訳／土屋健＝監修

2019.8.12

みすず書房

## 失われた世界の新たな歴史　澤畑塁

そこに描かれている恐竜の姿に圧倒されつつ、胸をワクワクさせてページを繰った子どもの頃。そのワクワク感を思い起こさせてくれるような快著である。

２０１０年代に描かれる恐竜は、かつてわたしたちが見聞きした恐竜とはまるで異なっている。というのも、恐竜にまつわる研究がこの20年ほどで著しく進展し、恐竜のイメージが大きく書き換えられたからだ。驚くなかれ、たとえば新種の恐竜は、平均して週に一度のペースで発見されているのだという。本書は、そうした研究の進展を背景にして、気鋭の若手研究者が新たな視点から「恐竜の世界史」を再現しようとしたものである。

よく知られているように、恐竜は三畳紀、ジュラ紀、白亜紀といった地質年代を生きていた。だがじつは、従来のイメージとは異なり、恐竜はすぐさま生物界の覇者にのしあがったわけではない。三畳紀（とくにそのうちの２億３０００万年前～２億１０００万年前）の恐竜は、それほど大型化しておらず、その生息数も生息域も限られていた。言ってみれば、彼らは「負け犬」であり、「ずっと日陰暮らしを強いられていたのだ」。

転機が訪れたのは２億１０００万年前。史上最大規模の火山噴火が発生し、それが引き金となって、急激な気候変動と生物の大量絶滅（三畳紀末の大量絶滅）が生じる。恐竜がどのようにしてその災厄を切り抜けたのかはよくわからない。だが、その災厄が恐竜にとってターニングポイントとなったのはたしかだ。彼らの宿敵であった偽鰐類（ワニ系統の主竜類）などは、そのほとんどの種が姿を消していた。そうして生じた空所に進出し、恐竜はその生息域や種数を拡大させていくのである。

こうして真の恐竜時代が幕を開ける。ジュラ紀とそれに続く白亜紀が恐竜の天下であったことは、わたしたちの誰もが知っているとおりだ。ジュラ紀（2億100万年前〜1億4500万年前）には、大型竜脚類のブラキオサウルスが悠然たる姿でその地を見下ろしていた。また白亜紀（1億4500万年前〜6600万年前）には、ティラノサウルスが暴君として君臨し、移動するトリケラトプスの群れが大地を揺らした。

ところで、それら有名どころの恐竜に関しても、この何年かで新たな事実が浮かび上がってきている。ティラノサウルス・レックス（T・レックス）を例にとってみよう。かつてその恐竜は直立し、尾を引きずって歩く鈍重な生物として描かれていた。だがいまは違う。それはいくぶん前傾姿勢をとりつつ、尻尾でうまくバランスをとりながら、器用かつダイナミックに前進していく。そして、その首と背中には羽毛が生えている。

それだけではない。最近の研究では、T・レックスが群れで狩りをしていた可能性や、その知能がチンパンジー並みであった可能性が指摘されている。アルバートサウルスやタルボサウルスは、複数個体の化石が同一の場所で発見されていて、まず間違いなく群れで行動していたと考えられている。とすれば、それらと近縁なT・レックスも同様だろう、というわけだ。

また、CTスキャンの技術を用いて、その頭骨から脳の3次元モデルを作成した結果、T・レックスの脳は相当に大きいことがわかってきた。脳の大きさを体の大きさと比較して算出する脳化指数（EQ）は、なんと2・0〜2・4。その数字は、ヒト（7・5）やイルカ（4・0〜4・5）には及ばないものの、チンパンジー（2・2〜2・5）にほぼ等しく、イヌやネコ（1・0〜1・2）を凌駕する。どうやら、最強／最凶の恐竜は、強靭な肉体を持っていただけでなく、賢い脳も備えていたようだ。

というようにして、本書は恐竜の新たなイメージと新たな歴史を提示していく。クライマックスは、6600万年前の出来事を描いた第9章。そこで著者は、恐竜の視点をとりながら、そのとき何が起きたのかを詳細かつ具体的に描写している。その描写は臨場感にあふれていて、生々しくすらあり、恐竜ファンでなくとも喝采と悲鳴を同時にあげたくなることだろう。

本書をことさら魅力的なものにしている要素がもうひとつある。それは、恐竜のイメージを書き換えてきた研究者たちの活動が生き生きと紹介されていることだ。しかも、そこで登場する人物たちがじつに個性的で、じつに熱い。

大学院生という身分でありながら、三畳紀後期の恐竜観を一変させた「チンルの四天王」。「小作農出身教授」であり、中国を恐竜研究の世界的な拠点へと押し上げた呂君昌。そして極めつけは、著者のブルサッテ自身だ。15歳の頃、恐竜絶滅の原因に感銘を受け、あのウォルター・アルバレスにじかに電話をかけてしまったのだという。いやはや。

若かりし頃はジャーナリストも志していたという著者は、ライターとしての能力も秀逸。わたしもこれまで何冊か恐竜の本を読んできたが、そのなかでも本書はとびぬけてエキサイティングであると思う。いささか値の張る本ではあるが、読む価値は十分すぎるほどにある。

『大英自然史博物館珍鳥標本盗難事件
なぜ美しい羽は狙われたのか』

カーク・ウォレス・ジョンソン＝著／矢野真千子＝訳

化学同人

2019.9.14

## これが実話だなんて！

足立真穂

ロンドンの王立学院に通う20歳の音大生が、あの大英自然史博物館から、死んだ鳥の羽を盗んだ——なぜ、前途有望な若者が３００羽近い鳥の美しい羽根を？　世にも不可思議な盗難事件を追った犯罪ルポ。犯人は世界的に有名な音楽院に入学したフルート奏者だ。裕福な家庭で育った、整った品のいい顔立ちの20歳のアメリカ人青年が、世界に冠たる大英自然史博物館の分館に、夜間に忍び込み、約３００羽分の鳥の羽を盗んでスーツケースに詰め込み、誰に追われることもなく電車に乗って帰宅した。

これが事件の顛末だ。

ニューヨーク、マンハッタンから、10歳の頃、北方２００キロの街に移り住んだエドウィン・リストは、家の中で勉強したりフルートを演奏したり、弟と遊んだりするのが好きだった。両親はアイビーリーグ卒で、フリーランスで執筆業に携わり、子供たちには自宅教育を受けさせていた。エドウィンが蛇に興味を持ったと聞けば、アメリカ自然史博物館の爬虫両生類学者を生物学の家庭教師にするほどで、興味を持ったことに対しては支援を惜しまない、教育熱心で知的な両親だ。

そんなある日、父親が執筆のために見ていたフライフィッシングのビデオ映像にエドウィンは夢中になる。フライフィッシングは、フライと呼ばれる毛針で行う釣りのことで、イギリス貴族がはじめたスポーツだ。19世紀ごろにいまの形になり、現在では世界中に広がっている。フライにはさまざまなものがあり、虫や小魚を模したものから、そう、鳥の羽を使ったものまで幅広い。

鳥の羽がトラウト用毛針に姿を変える過程に夢中になった11歳の少年は、生まれて初めての毛針を作り始める。雑誌を買い、専門店に出かけて、ほかの製作者と知り合い、その技術は上達の一途をたどり、毛針製作の競技会を制覇するほどになる。家族の応援もあり、ついには、その世界で有名な製作者となっていく。その世界に年齢は関係ないのだ。

希少な鳥類の羽を使うフライ自体がステータスになる世界があり、そのフライをコレクションすることを夢見る人もいる。まったく未知の世界だが、19世紀の植民地時代以来、欧米では希少な鳥の羽で毛針をつくる愛好家の世界があるという。そして、インターネットはそのコミュニティを迅速につないでいく。もちろん現代では採集は禁止されているけれど、そんな珍しい希少な鳥ほど、その世界では価値があるのだ。入手は極めて困難だけれど、欲しい。その世界の頂を目指す毛針界の星、この青年が行きつく先は、さあ、どこだろう。

ロンドンから電車で45分ほど揺られた先、トリングにある分館は、鳥類のコレクションで名高く、専門とする研究者の来訪も多い。そもそもは、世界の富豪、ロスチャイルド家の直系、ウォルター・ロスチャイルドが21歳になった年、両親が、所有地に息子の成人のお祝いにとプレゼントした博物館だ。小動物の剝製を大工がつくるのを見て以来、7歳のころから博物館建設を夢見ながら、動物学に傾倒していったウォルターは、有名な『ドリトル先生』のモデルの一人だとも言われている。飼っているガラパゴスゾウガメに、馬に乗るかのようにまたがる写真が有名で、他にもアフリカから連れてきたシマウマの四頭立て馬車で寄宿舎に乗り込んだ、400人のプロを雇って標本を集めた、などなどその逸話には事欠かない。結局、借金まみれになって父親の逆鱗に触れることになるが、死後そのコレクションは大英博物館に寄贈され、巨大標本収蔵センター、ダーウィン・センターの基盤となる。2004年には、このトリングの私設博物館も大英自然史博物館に所属することになり、分館となった。

この博物館の収蔵は、あえて書いてみると、哺乳類の剝製2000、鳥類剝製標本2400、爬虫類の剝製680が展示されており、また研究標本として哺乳類の皮や頭骨1400、鳥類仮剝製30万、鳥類の卵20万、昆虫類225万、とすさまじい数を誇る。

余談だが、実は、私もこのトリングの博物館には行ったことがある。事件が起きたのは2009年6月、エドウィン・リストが逮捕されたのは2010年11月のことだ。私が出かけたのは2010年8月なので、犯人の輪郭が見えていた頃だろう。私自身は盗難事件のことを全く知らなかったのだが、一部の標本が整理中で見られないと言われてやきもきしたことを覚えている。

中には、本書でも触れられているが、アルフレッド・ラッセル・ウォレスがタグをつけた鳥の標本もあった。ダーウィンの進化論に貢献したとも言われる博物学者、生物学者のウォレスだ。こうなると当然プライスレスだ。だが、そういった鳥の羽ほど、エドウィンのような人間は欲しがる。ウォレスがタグをつけた、その学術的価値は彼らには意味がなく、毛針の材料として入手困難であればあるほどほしくなるのだ。

盗んだのは16の鳥類種に属する299点の標本。ウォレスのタグを外し、羽をむしりとり、ジップロックに入れて保存していた。一部は毛針にして、一部はそのままで、イーベイなどネット経由で販売していた。そして残りは……。

結局エドウィンは1年4か月後に逮捕される。たが、すべて罪を認め、親の雇った弁護士の活躍でアスペルガー症候群であるといった理由で執行猶予を得て、音楽院に戻った。事前にトリングに下見までする用意周到さだったのだが。

と、ここまでが前半なのだが、この風変わりな事件に興味を持ったのが、この本の著者だ。アメリカ軍撤退後に苦しむイラクからの難民を受け入れるＮＰＯ活動をしていたが、困難を極める難民救済活動に疲れた著者は、最初は好奇心から、事件を調べ始める。「なぜ博物館は同じ鳥類種の標本をいくつもお金をかけて収蔵しているのか」という素朴な疑問がおもしろい。博物館の学芸員の答えはこうだ。

人類は標本で明らかになった知識から恩恵を受けている。ウォレスやダーウィンが進化論を打ち立てられたのも、多くの標本があったからだ。

わかりやすい例では、この博物館の鳥卵を年代ごとに比較することで、ＤＤＴの農薬散布以来卵の殻が薄くなり、鳥の繁殖が危機に陥っていることが科学的にわかり、ＤＤＴは使用禁止となった。

そんな自然遺産としての価値と意味を聞いてさらにひとりで、調べ始めるのだ。

実はこの後がおもしろい。事件はすでに決着がついていた。だが、博物館の記録によれば、盗まれた２９９点のうち、エドウィンの自宅で回収されたのは１７４点（72点はタグが外されていた）、買い手が自主的に返してきたのは19点だけ。それなら、残りの鳥たちはどこに飛んで行ったのか、羽もないのに。著者は、鳥たちの行先を、ひとり丹念に追っていく。

博物館の意義、進化論の発見、動物学、愛好家がネットでつながる地下世界。そして人の良心とはなにか。ひとつの犯罪には、百の背景がある。なにげない窃盗事件からここまで掘り下げるその手腕に脱帽だ。

# 4

# 教養・雑学

【ベスト・ノンフィクション・レビュー】

『饗宴外交
ワインと料理で世界はまわる』
西川恵＝著
世界文化社

## メニューから浮かび上がるものは

土屋敦

2012.4.13

【料理】

清羹　海燕の巣　浅葱
甘鯛洋酒蒸　車海老湯煮
マッシュポテト牛酪焼
ソースシャンパン
羊腿肉蒸焼　クレソン
温野菜添　人参・パールオニヨン・芽甘藍・占地茸・エリンギ
ソースジュードムトン
サラダ　トマト　レタス　デトロイト　花椰菜
フレンチドレッシング
凍菓　富士山型アイスクリーム
フィンガービスケット
果物　メロン　苺

【飲物】
シャブリ　グラン・クリュ　ヴォデジール97年
シャトー・ラフィット・ロートシルト89年
シャンパン　ドン・ペリニョン96年

以上は昨年、国賓として来日したブータン国王夫妻に対して催された、宮中晩餐会のメニューである。清羹はコンソメスープ、牛酪はバター、パールオニヨンは白い小玉ねぎ、花椰菜はカリフラワー、芽甘藍は芽キャベツである。実は、デザートに富士山型アイスクリーム、果物としてメロンとイチゴが出るのは宮中晩餐会の定番だったりする。ワインはいずれも超有名どころで最高格付け。政府が他国の賓客を迎える際の饗宴でも、めったにないセレクトだ。

これを見て、日本がいかにブータン国王夫妻を厚遇したかがわかる、と考えるのは早計である。実は皇室には国の大小を問わず、国賓を最高のもてなしで迎える、という大原則があるのだ。ブータンやモロッコが、アメリカや中国とまったく同格に扱われる。その公平性は、ある意味賞賛されるべきだが、その背後には、皇室が徹底して政治から遠ざかろうとする強い意志がある（実際に皇室が政治的な外交を免れるのは不可能ではあるのだが……）。裏を返せば、本書の著者が言うように、食材やワインのセレクトから、調度品、席順、参加者の衣装に至るまで「饗宴はすぐれて政治である」のだ。

著者が、日本の饗宴の白眉だったと考えているのは、安倍寧氏と辻芳樹氏がタッグを組んだ2000年の九州・沖縄サミットの首脳晩餐会だ。著者の前著でも触れられていたが、この詳細については、ぜひとも本書を買って、著書自身が詳細に綴った文章で読んでいただきたい。一方、品数の多さやワインセレクトのちぐはぐさゆえ、著者が疑問符をつけたのが、洞爺湖サミットの社交晩餐会。このときはワインのセレクトにサミット事務局が口を出すなどしたのがその原因だ。沖縄サミットのように、素人の要求を跳ね返すような、一体感のあるプロフェッショナルのチームができあがっていなかったのだ。

このサミットのメニューは翌日の英国紙で批判を浴びる。アフリカの飢餓や食糧危機問題を論じる首脳たちがキャビアやウニに舌鼓を打つことに疑問を呈したのだ。このことも一因となったのか、近年の国際的な会合の食事会は豪奢な饗宴から、実質本位のシンプルな食事に移行しつつあるという。

以下は私個人の考えだが、日本が外国首脳をもてなす際、他国政府が要人に食事を出す場合に比べて、品数が多く、ワインも名の知れた定番ものが多いのは、自信のなさゆえの過剰さ、ではないか。アメリカ大統領は食事会で堂々とコーラを飲むし、ハンバーガーやホットドッグを供するのだから、日本政府も堂々と自国のごく当たり前の伝統食を外国要人に勧めてもいいと思う。加えて言えば、本来日本人は、シンプルさのなかに美しさを見出すことが得意である。外交上の食事におけるシンプルさへ向かう動きは、実は日本に有利なはずだ。「過剰な料理」を卒業して、シンプルの極みのような美しい食事を供するようにしたらどうだろうか。それを食べたいがために、各国首脳がこぞって日本に来たがるかもしれない、などと考えてしまうのだが……。

## 『世界が認めたニッポンの居眠り 通勤電車のウトウトにも意味があった!』

ブリギッテ・シテーガ＝著
畔上司＝訳

CCCメディアハウス

### ギンギン！ って言われたい

高村和久

2013.7.19

この本を読み始めたのは、朝早く出社する日だった。日頃と違って、すいている車両。ちょうど1つ空いていた席に座り、本を開いた。今日はラッキーだ。著者は、ウィーン大学の日本学研究所で睡眠の研究をした後、ケンブリッジ大学東アジア研究所の先生になった人だ。居眠りは、日本特有のものだという。

「ヨーロッパでも通勤客や長距離旅行者が車内で眠ることはあるが、座っていようと立っていようと勤労者がこんなに頻繁に、こんなに多くの場所で、しかもありとあらゆる姿勢で眠っている国を私は今まで旅したこともないし、そうしたことを耳にしたこともない」

ふと見ると、対面の席に座っている7人のうち5人が寝ている。朝早いこともあるが、たしかに思い思いの格好で寝ている。残りの2人はスマホを見ている。立っている数人のうち1人も寝ている。本書の表紙を見る。「通勤電車のウトウトにも意味があった!」本書のオビを見る。「なぜ日本人は降車駅に着くと、突然ニョキっと起きあがるのか?」この本を読めばわかるとでもいうのか？　というか、「ニョキっと起きあがる」という表現が斬新だ。「っ」が小さいひらがなのあたりに日本人の細やかな心遣いが感じられる。

ふと気になって横を見ると、こちら側の席も、私以外は全員寝ている。1人は本を読みながら寝ている。私は、『世界が認めたニッポンの居眠り』を読んでいる。前を見ると、起きていた2人が今は寝ている。スマホを見ながら寝ている。今、私以外、全員寝ている。私は『世界が認めたニッポンの居眠り』を読んでいる。これがノンフィクションのすごさなのか。私は、静かに本を閉じ、そして寝たのだ。

いやいや、このままでは日記になってしまう。紹介しなければならない、世界が、何を認めたのかを。本書がドイツ語で出版されてから、著者は多くのテレビやラジオ番組に呼ばれ、新聞や雑誌にも取り上げられた。

「本書によって『イネムリ』という言葉がドイツ語圏で普及したことは確かです。おそらく『イネムリ』は、『サムライ』や『ツナミ』ほどではないにしろ、かなりよく知られた日本語だと思います。とはいえ、多くの人は『日本式うたた寝』として、ちょっとオシャレな感じで使っているようですが」

サムライと比較されるとはかなりの認知度である。そんなにすごいのか。オシャレな「日本式うたた寝」というのも気になる。いつだったかアメリカでカツ丼を頼んだら、チキン・オア・ビーフ？と聞かれたことを思い出す。もしかして、今、ドイツの居眠りはすごいことになっているのではないか？　あの時はビーフのかつ丼にブロッコリーが乗ったのだ。そしてかなり美味しかった。ドイツの日本式うたた寝が『ジョジョの奇妙な冒険』みたいに進化していても全然おかしくない。ゴゴゴゴゴ……。

いやいやいや、ゴゴゴではなかった。これだけは、書いておかねばならない。「イネムリ」ブームは、著者としては意図せざる成果であり、本書の本質は文化人類学であることを。本書は日本の睡眠文化を平安時代の夜這いや江戸時代の不定時法まで遡り、返す刀で昭和30年代から今までをインタビュー調査し、日本人の私の目からもウロコがハラハラと落ちる内容がたくさん書かれていることを。電車でのイネムリのみならず、会社、学校、国会、さまざまな場所での居眠りについて社会学的な考察をしていることを。各国の睡眠文化を「単相睡眠文化圏」「シエスタ文化圏」「多相睡眠文化圏」にタイプ分けし、さらに、多相睡眠文化圏についてはモノクロニック文化（物事を1つずつ順番に処理する）とポリクロニック文化（物事を同時に進行する）に分類し、多相睡眠・ポリクロニック文化の高効率性について考察していることを。これだけは、書いておかねばならない。エチオピアのアリ族では、歓談中に思わず寝入ってしまった人が全員から「ギンギン！　ギンギン！（まぶたを閉じるの意）」とはやしたてられ、当人は「私は寝ていない」と否定するのがお約束なことを。

積極的に居眠りしたくなってくる事例も多い。サルバドール・ダリは片手にスプーンを持って居眠りし、スプーンが手から落ちて目覚めることを繰り返してインスピレーションを得たそうだ。CTを使った研究では、眠り込んだ途端に左脳は休息に入ったが、右脳は活発になった。居眠りのような超短眠によって、右脳による創造的な発想が可能になるという。20分程度の睡眠は脳のリフレッシュにもなるらしい。著者も、居眠りしながら研究していたのだろうか。

# 『本で床は抜けるのか』

西牟田靖＝著

本の雑誌社
（のち 中公文庫）

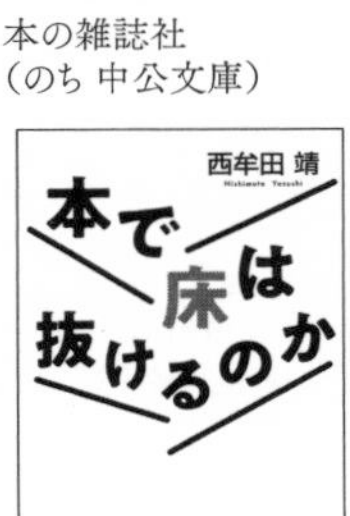


## いずれは我が身か？

峰尾健一

2015.3.19

「木造二階建てアパートの二階にある4畳半の部屋に仕事場を移したところ、畳がすべて本で埋まってしまった」。この一文から本書は始まる。移した蔵書の数は「少なくとも1000冊以上、2000冊以下」とのこと。ちなみに築年数は50年で、下見の段階で押し入れの床からはメリメリと板が裂ける音が。引っ越し終了後、自宅へ帰るバンの中で「もっと慎重に物件を選べば良かった」と後悔する著者。まあ思うところは色々あるが、とりあえず読み進めていくとする。

ひょっとすると床が抜けるのではないか。一抹の不安に襲われた著者はSNSに「現場」の写真を載せ、広く意見を求める。結論は出なかったが、この問題に興味を持った著者はさらに、「床抜け」経験者やその話を聞いた人はいないか情報を募った。すると、「2階の部屋の床は抜きました」「父の兄の嫁さんがぶち抜きました」などなど書き込みが相次ぐ。

著者はノンフィクションライターである。自分の部屋の顚末と他人の蔵書問題を取材した様子を書く連載がたちまちスタートした。不定期ながら足かけ2年以上にわたるその内容をまとめたのが本書だ。

実際に床が抜けたらどうなるのか。本書には色々なケースが出てくるが、中でも悲惨なものは本当に笑えない。

5000~6000冊を所有していた小山さん（仮名）。地震をきっかけに部屋の床が抜けた結果、何百万という弁済金を大家に支払って退去を余儀なくされたという。著者との電話でのやりとりを見るだけでも、そのショックは察するに余りある。とはいえそんな事故はそう頻繁に起こるものでもないので、床抜け話は全体の一部に過ぎない。本書の大部分を占めるのは、床抜けよりも前の段階（という言い方も変だが）、蔵書に関するあれこれである。

本との格闘という意味でいえば、ズバ抜けているのが2008年に亡くなった評論家の草森紳一だ。その生活環境は、まさに異空間。「2DKに約3万冊」、「まったく本が置かれていない場所は浴室のみ」、「カニ歩きでしか移動できない」と言われても、文章としては分かるが、頭の中で像が結ばれない。そんな状況のため、亡くなった時にもひと騒動あったそうだ。「部屋には所せましと本が積み重ねられており、遺体はその合間に横たわっていた。あまりの本の多さに、安否を確認しに訪れた編集者でさえ、初日は姿を見つけることができなかった（『読売新聞』2008年7月30日付）。本好き冥利に尽きる、すさまじい死に方である。

本書はこうした蔵書に関する逸話が盛りだくさんで、単純に読み物として面白い。立花隆や井上ひさしなど10万、20万という規格外の蔵書を持つ巨人たちや、18万冊ものマンガを所蔵する「館」など、そのスケールには圧倒されるばかりだ。

結局ぶっとんだ話ばかりなのかと思いきや、そんなことはない。蔵書問題に苦しむ本好きにとって、身近な話もしっかり書かれている。

例えば「電子化するか否か」問題。蔵書のほとんどをデータ化または処分したノンフィクション作家の武田徹や『困ってるひと』著者の大野更紗といった作家に加え、自炊業者にまで取材の手を広げて、電子化の長短を探っていく。

自炊や電子書籍を合わせて数千冊をデータ化した電子化の大先輩たちも、紙の方が読みやすいという意見で一致していたのは印象的だった。他にも「背表紙が見えないと読まなくなる」「洋書は辞書を使えるぶん電子が良い」「電子化や処分は一気にやり過ぎると後悔する」など経験に裏打ちされた教訓もちりばめられているので、蔵書スペースに頭を悩ます人にとって参考になる部分は少なくないだろう。

各方面への取材を通して床抜け問題や蔵書問題を幅広く考えてきた著者だが、その身に突然危機が訪れる。積み重なった本の山よりも先に、夫婦関係が崩壊してしまったのだ。床抜けや倒れてくる本の山など色々な危機が描かれる本書だが、正直この最終章の部分が一番リアルでスリリングだ。家庭を持つ人にとっては、「家族の理解」こそが蔵書問題の要諦なのかもしれない。僕も将来が少し不安になった。一部始終はぜひ本書を読んで確かめてほしい。

手に負えなくなった蔵書の山。人によって規模は違えど、どんな山も何らかの物語をまとっている。それは持ち主の歩んできた知的探求の道程であると同時に、増殖する本と限られたスペースとの間で繰り返された格闘の軌跡でもある。

本書に詰まった幾通りもの蔵書物語には、夢や哀しみや諦めがつきまとっている。それらを読んでいくうちに、自分自身の物語にも自然と思いが馳せられるはずだ。比較するのもおこがましいが、自分も積読タワーに居場所を奪われる1人として、そこに向き合う勇気をもらった気がする。

# 『謎のアジア納豆 そして帰ってきた〈日本納豆〉』

高野秀行＝著

新潮社（新潮文庫）

## 豆から生まれたメンタリティ

内藤順

2016.5.3

ある時をきっかけに、食べ物のイメージがガラリと変わることがある。個人的に最も驚いたのは、はじめて四川料理の店で辛い麻婆豆腐を食べた時のことだ。俺は今まで何をやっていたのだろうかという激しい後悔と同時に、麻婆豆腐というものへの理解が革命的に変わっていくことを実感した。

高野秀行にとっては、それが納豆であったのだろう。ある時、ミャンマー北部のカチン州で食べた、日本のものと全く変わらない納豆卵かけご飯。しかも現地の人たちは納豆のことを、業界人ばりに「トナオ」と呼んでいるではないか。さらにその後、タイ、ネパール、インド、ブータンといった他のアジア諸国においても、納豆もしくは納豆もどきの食べ物と何度となく遭遇することになる。

本書は「納豆の起源と変遷を解き明かす」というテーマを目的に、アジアの奥地から日本の東北地方、はたまた固定観念の外側までを探検した一冊である。納豆を見れば、民族の歴史や文化が分かり、さらには文明論にまで行き着くことを、自らの取材力、構想力でもって証明してみせた。

高野のアプローチのユニークさは、納豆単体ではなく、それを取り巻く人間に対してベクトルが向けられている点にある。納豆を包む人、加工する人、調理する人、食べる人、その様々なプロセスにおける一つ一つが人間の欲望の発露であった。

納豆と聞けば日本人の多くは、ほかほかご飯の上に糸を引きながら乗せられた大粒の納豆を思い浮かべることだろう。しかし、それは多種多様な納豆の一つの側面でしかない。アジア各地の納豆は乾燥させてせんべい状にしたり、カレーに入れてみたり、味噌のようにしてもち米につけたり、麺類に入れたりすることもある。

なぜ、このような多様性が生み出されたのか？　その答えは、納豆を食べる民族がすべからく山の民であったことに起因する。東は中国湖南省から西はネパール東部に広がるエリアは、標高５００メートルくらいの森林性の山岳地帯やその盆地に住む民族ばかり。肉や魚、塩や油が手に入りにくい場所なので、納豆は貴重なタンパク源にして旨味調味料であったのだという。まさに「食の地政学」的な観点から、その本質が「保存」にあることを導き出すのだ。

我々が知らなかったのは、外国の納豆ばかりではない。肝心の日本納豆でさえ、歴史を遡っていくと様々な発見がある。例えば、日本人が納豆をご飯にかけるようになったのは、江戸時代の幕末以降になってからであり、それ以前はもっぱら納豆汁として食べるのが常であったという。アジアの現在と日本の過去、時間と空間を照合しながら、辺境食＝納豆の正体へ迫っていく。

この高野の素晴らしいソリューションを見るにつけ、もしも彼がビジネスマンだったらと思わずにはいられない。小ユニットでアジャイルに動ける俊敏性、とにかく実践してみるプロトタイプ主義、異なるジャンルのプロフェッショナルとでもすぐにコラボレーションできるスキルの高さ。

多くのビジネスマンは特定の課題を設定したらできるだけ情報を集め、全体像を整理し、大まかな仮説を構築したうえで、現地へ向かうだろう。しかし高野がそのようなステップを踏んだフシはない。というより、十分に集められるような情報など、ネット上には存在しなかったのだ。現地へ向かってからの取材相手も、ミャンマーで行きつけの料理屋の女将、体調が悪い時に空港で話しかけてくれた美少女、偶然にも市場で納豆を売っていた95歳のお婆ちゃん等々。にもかかわらず、必ず探しているものを見つけてのけ、成果を出す。つまり高野の行動パターンは、現代のビジネスマンが高度情報社会を生き抜くために必要とされる要素と、見事なまでに符号するのだ。

探す、待つ、駆け寄る、見つける。そのプロセスの描かれ方は、生放送のライブ映像を見ているような没入感があり、読者の目線を逸らさない。やがて読者の感情移入マシーンと化した高野は、納豆民族の間に共通するメンタリティの存在を発見する。

見下された側にしか、見えぬものがあった。納豆民族はアジア大陸では常に国内マイノリティにして辺境の民である。海や大河に近い平野部で文明が発達し、納豆を食べているような内陸の民族には同化されていくか、もしくは周縁化されるかの運命が待ち受けているのだ。

幸か不幸か、匂いが臭く、見栄えも良くない納豆は、マジョリティに興味を示されることすらなかった。それゆえ人々は「しょせん、納豆だし」と軽く見ることが多く、よそ者に対してもどこか羞恥心を抱いていた可能性は否定できない。だが同時に、彼らは納豆に対して、身内のような親近感も抱いていた。その強すぎるインサイダー意識が、うちの納豆は一番おいしい、うちの納豆こそ本物という意識——つまりは「手前味噌」ならぬ「手前納豆」感覚へとつながっていったのである。

アジア各地に散らばる納豆民族、それぞれが鎖国状態であったのだ。それゆえに独自性をもって花開いた納豆文化、その一つ一つの鎖を解き放ち、高野は納豆文化圏を夢想する。このペリー来航のような開国要求をしなやかにやってのけるところが、本書の最大のカタルシスと言えるだろう。

#『翻訳できない世界のことば』

エラ・フランシス・サンダース＝著／前田まゆみ＝訳

創元社

## 「欲しかった言葉」ときっと出会える

アーヤ藍　2016.5.23

心に湧いてくる感情にぴったり合う言葉が見つけられない……。言葉で表現しようとすると、ひどくまどろっこしくなってしまう……。誰しも一度はそんな経験をしたことがあるのではないだろうか。私たちは言葉があることで、思考することができ、他者と「目に見えないもの」を共有することができる。一方、言葉によって私たちの思考は規定され、その範疇をはみだす部分については、表現するのをあきらめざるをえない場合もある。

だが、そんな「日本語では表現できなかったもの」を的確に表す言葉や、意識すらしたことがなかった概念を示す言葉に、外国語を学ぶなかで出会うことも少なくない。

本書は、世界の様々な国に暮らした経験をもつ著者が、「他の国のことばではそのニュアンスをうまく表現できない、翻訳できないことばたち」を世界中から集めてまとめた一冊だ。

たとえば、何かを数えるときの「単位」。長さの単位にはメートルの他にマイルやフィートが、重さにはグラム以外にポンドやオンスなど、様々な計量の単位が存在することは誰しもよく知っているだろう。だが、本書に出てくる「単位」はきっと初見にちがいない。

フィンランド語の「poronkusema（ポロンクセマ）」は「トナカイが休憩なしで、疲れず移動できる距離」を意味する。大半の日本人にとってはまったく見当がつかないだろうが、約7・5キロメートルを指すらしい。トナカイが生息する地方では、とても便利な言い回しなのだとか……。

一方、マレー語の「pisang zapra（ピサンザプラ）」の意味は、なんと「バナナを食べるときの所要時間」だ。「人によってもバナナの大きさによっても違うでしょ！」とつっこみたくなるが、マレー人の間では、「このくらいの時間……」と共通の時間感覚がきっと存在するのだろう。

これら2つの単位のどちらも、それぞれの国で人々の身近にあるものが測量の基準になっているが、同じく身近にあるものから生まれている言葉にノルウェー語の「pålegg（ポーレッグ）」がある。これは「パンにのせて食べるもの、何でも全部」を指す。チーズやお肉、レタスなどの食事系の食材も、ピーナツ・バターやジャムなどの甘いペーストも、普通であればバラバラのジャンルに分けられるはずのものたちがすべて、この「ポーレッグ」一言に内包される。言葉の寛容性に驚くとともに、ノルウェー人のパンへの愛情がじわじわと伝わってくる。

他にも「え！」「それをたった一言で表す言葉があるの⁉」と思うような言葉がある。

ドイツ語の「Drachenfutter（ドラッヘンフッター）」は直訳すると「龍のえさ」だが、転じて「夫が、悪いふるまいを妻に許してもらうために贈るプレゼント」を意味する。この「ドラッヘンフッター」とぴったり置き換えられる日本語の単語は思い浮かばないが、妻を怖がる夫たちも、妻のご機嫌をとるために贈り物をする習慣も、国を越えて共通しているのではないだろうか。それにしても妻を「龍」にたとえてしまうとは……逆に怒りを買わないのかと思わず心配になる。

同じくドイツ語の「Kummerspeck（クンマーシュペック）」は、私が「この言葉、使える！」と思った言葉のひとつだ。直訳すると「悲しいベーコン」。その真意は「食べすぎがつづいて太ること」

だ。「よくある！」と思わず私も前のめりになってしまったが、まさかたった一言であの状況を言い表してくれるとは、なんて便利なのだろう。個人的には、ベーコンはあまり食べないため、「悲しいケーキ」かもしれないが……。

ここで紹介しすぎてしまうと、本書での言葉との出会いの感動が減ってしまうため、このあたりで控えておきたいと思うが、他に紹介されている言葉のなかには「愛」に関する言葉が少なくない。やはり「愛」の表現は万国共通で必要とされるもののようだ。

また、本書では日本語の単語もいくつか紹介されている。私たちが当たり前のように使っている言葉が日本独自の表現なのだという気づきも新鮮だ。なお、そのなかのひとつは、本好きであれば絶対に使ったことがあるはずの言葉。本書で見つけて、この言葉がない世界を想像してみてほしい。きっともどかしい気持ちに駆り立てられるはずだ。

# 『狂うひと 「死の棘」の妻・島尾ミホ』

梯久美子＝著

新潮社
（新潮文庫）

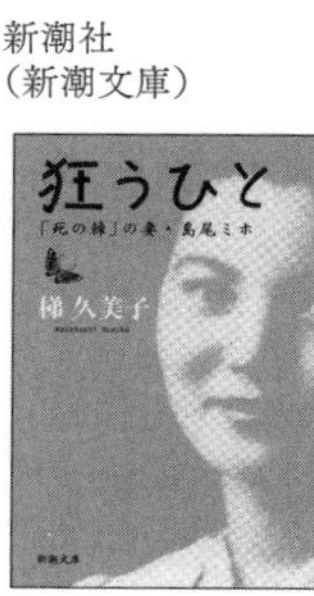


## あの事件の真相が語られる!?

東えりか　2016.11.16

島尾敏雄『死の棘』を読んだのは、大学生のときだ。当時、虚実入り混じったスキャンダラスな私小説として評判になっており、興味本位で手に取ったのだと思う。濃密な描写に引きずられるように読みふけり、この作品から「男女の愛」について一つの定見を得たように思ったのだ。

ただ、そのときは〝私〟とはいえ、小説だと思っていた。事実は事実のままだが、かなりの創作が入った美化された物語。読者のほとんどがそう思っただろうし、この作品を論じた評論家たちも、それを念頭にいれて語っていたと思う。だが『狂うひと』という作品はそのすべての概念をひっくりかえしてしまった。

ノンフィクション作家の梯久美子が『死の棘』のヒロイン、島尾ミホに興味を持ったのは浜辺に立つ一人の老女、ミホの写真を見たことによる。彼女もまた作家であると知り『海辺の生と死』『祭り裏』の二作を読んで、会いたいと連絡を取ったという。

インタビューをしたのは、平成17年から翌年にかけてのことだ。ミホはこのとき86歳。夫で『死の棘』の著者である島尾敏雄とは19年前に死別していた。人前ではつねに喪服で通したというミホは、梯のインタビューもチュールのついた小さな黒い帽子に黒いワンピース、真珠のネックレスという姿だった。

4回目の取材の折、ミホは『死の棘』の冒頭部分、彼女が精神の均衡を失った事件の真相を語りはじめる。小説の中で執拗に繰り返される夫への詰問と束縛。その始まりがなんであったかを、小説ではなく当人が告白しているのだ。梯は懸命にノートに書きとる。彼女の半生を書きたいと申し込み、協力を快諾したミホだが、このインタビューを最後に、取材は突然中止された。

『死の棘』という作品は、第二次世界大戦末期、奄美群島の加計呂麻島に特攻艇「震洋」部隊の隊長としてやってきた敏雄と代用教員だったミホが愛し合い、出撃の直前に終戦を迎え、結婚し、子どもを儲けながら、夫の浮気で妻が正気を失った後の壮絶な生活を描いている。日本文学大賞、読売文学賞、芸術選奨を受賞した島尾敏雄の代表作である。死の崖っぷちから幸せの絶頂へ、その後どん底に落ちていく夫婦の姿のすさまじさは、いまだに多くの読者を魅了している。

一度は評伝を諦めた梯だが、ミホの死後、夫妻の長男で写真家の島尾伸三氏の了承を得て取材を再開する。きれいごとにせず、見た通り、考えた通りに書いてほしいという返事をもらい、奄美に残された島尾家での遺稿・遺品整理に参加した。

ミホが精神科病棟で暮らしていた時期の日記には、血判入りの誓約書が挟まっていた。島尾の日記にも出てくるものだ。顔面に足蹴りを喰らい、至上命令として「敏雄は事の如何を問わずミホの命令に一生涯服従す。如何なることがあっても厳守する、但し病気のことに関しては医師に相談する」という紙を壁に貼っていたという。島尾の遺品にはミホの説明書きが多くついていた。後に書き入れたのであろうが、その時ミホはどんな顔をしていたのか。

島尾夫妻が最後まで隠そうとした事実もまた発見された。ミホが心を病む原因となった敏雄の日記は破棄されたと思われていたが、古い紙箱に無造作に入れられた紙片が見つかる。写真で見るとなにか禍々《まがまが》しいものが取り憑いているようだ。

梯は11年の歳月をかけ、残されていた膨大な資料を詳細に検討し、敏雄とミホが残した作品や手紙などと突合せ、『死の棘』には何が描かれていたか。二人の間にはどのような信頼と裏切りがあったのかを具体的に積み上げていく。

それは今までの文学評論とは全く違う、生々しく愚かな人間を辿る旅になった。初めて公開される資料や写真には『死の棘』でさえ穏やかだと思える妄執が渦巻いていた。

最後の一行を読んだとき、私は比喩でもなんでもなく、椅子の上で凍りついた。評伝作品の大傑作であると断言する。

# 『「日本の伝統」の正体』

藤井青銅＝著

柏書房
（のち 新潮文庫）

## 言葉の魔力に振り回されないために

西野智紀 2018.1.3

周りのみんながやっているから、乗り遅れないように私もやる——誰しも一度はこうした経験をしたことがあるのではないか。仲間外れは怖いものだ。多少ヘンな流行であっても、ついつい乗ってしまうのが人間の性である。だが、そうして広まったブームも、時間が経つにつれて一つの風習・行事として根付く場合がある。「伝統」だなんて言葉がついていれば、説得力倍増だ。「古くから伝わるものなんだ、絶やしちゃいけない」という義務感すら覚えさせられる。

著者はここで疑問を抱く。その伝統、本当に古くからあるのか？　だいたい「古くから」「昔から」とは一体いつごろのことなのか？　いつからなら「伝統」と呼べるのか？　本書はそうしたモヤモヤを感じる日本の伝統の数々を検証する一冊である。著者は１９７９年に「星新一ショートショート・コンテスト」入賞を機に数多くのラジオ番組制作に関わってきた名放送作家。脚本家・作家としても活躍し、日本史についての著作も数冊発表している。

目から鱗の逸話ばかりでどこから読んでも楽しいが、日本の伝統に最も馴染み深くなると思われる年末年始や季節の変わり目の行事から見ていこう。

たとえば正月。無病息災などを祈念するため、初詣に行かれる方は多いだろう。この風習、なんとなく大昔からあるような感じがするが、実は誕生は明治中期である。

1872年、東海道線が開通し、川崎大師へのアクセスが容易になる。川崎大師は江戸から見て恵方にあたり、行楽も兼ねて参詣に行く人が急増し、特に1月21日の縁日(初大師)は大盛況となった。とはいえ、恵方は5年に1回しか来ない。当たり前だが鉄道会社としては毎年来てくれたほうが儲かる。そこで、大晦日から寺社に籠って元日を迎える「年籠り」、年明けはじめての縁日に参詣する「初縁日」、居住地から見て恵方にある寺社を参詣する「恵方詣り」といった古来からの行事を組み合わせ、縁日も恵方も関係ない「初詣」をつくりあげ宣伝文句としたわけだ。

もう少し正月つながりでいくと、「重箱のおせち」もかなり新しい伝統だ。おせちは「お節」と書き、祝いの席の料理として奈良時代から存在したが、正月のおせちを重箱に詰めるようになったのは幕末から明治にかけてで、戦後、デパートの販売戦略によって定着した。

恵方や食べ物、商売努力の話で思い出されるのが、恵方巻だ。恵方とはもともと陰陽道の言葉で、『蜻蛉日記』(975年)にも出てくるくらい古いが、恵方巻自体は20年程度の歴史しかない。「節分に恵方を向いて巻き寿司を食べる」風習は戦前から戦後にかけて大阪の寿司・海苔業界が大宣伝したことによって関西の一部地域には広まっていたが、これを1989年にセブンイレブンが取り入れて大ヒットを記録。98年には「恵方巻」という名で全国展開され、他のコンビニ各社もぞくぞく参入し、現在に至っている。

販売戦略が奏功するだけでなく、伝統として定着できたら、商売人としてはこの上ない喜びだ。だが、そもそも存在しなかった(創作の疑いがある)風習が権威とともに前面に押し出されてくると、さすがに違和感は拭えない。昨今疑惑を集めている「江戸しぐさ」などはその典型例だ。

言葉の組み合わせで迫力が増した例は他にもある。京都という由緒ある場所を利用した「平安神宮」や、「讃岐うどん」「越前竹人形」のような旧国名を冠したものがそうだ。「平安神宮」は１８９５年に平安遷都１１００年を記念して創建された神社である。また、香川の地で古くからうどんが食べられていたのは事実だが、「讃岐うどん」という言葉自体は60年代の誕生で、「越前竹人形」は水上勉が１９６３年に発表した小説『越前竹人形』が初出だ。

新しい伝統は他にもいろいろなところに存在する。いかにも日本っぽい白菜は１８７５年に中国から伝わったものだし、桜・ソメイヨシノは明治生まれ。なにかと話題となる日本の国技・相撲は、興行としては４００年ほどの歴史はあるものの、「国技」と呼ばれだしたのは１９０９年の国技館誕生からである（ちなみに、日本には法令で国技と定められた競技はない）。

こうして見てくると、日本の伝統とされるものは、明治以降の発明である場合が多い。１００年近く続いていれば伝統と呼んでもいいんじゃ、という向きもいるだろう。断っておくと、本書はべつに伝統そのものを否定しているわけではない。著者は「伝統があって、人間がある」のではなく、「人間があって、伝統がある」と述べる。伝統だから大切にするのはわかるが、伝統だから従わなければならないなんてことはない。重要なのは、言葉のマジックの認識だ。権威付けやらビジネスやら、様々な思惑が伝統を形作ってきたのもまた事実なのである。

このご時世、疑問を持ったり、フェイクか否か選別したりするのは難しい。が、由来や歴史を調べるのは、人間のおかしみを感じられて、存外面白いものだ。本書はその端緒となる火を灯す一冊である。なお、ちょっと厳めしいタイトルだが、文章はエッセイ風味の優しいノリなのでご安心を。

# 『本を売る技術』

矢部潤子＝著

本の雑誌社

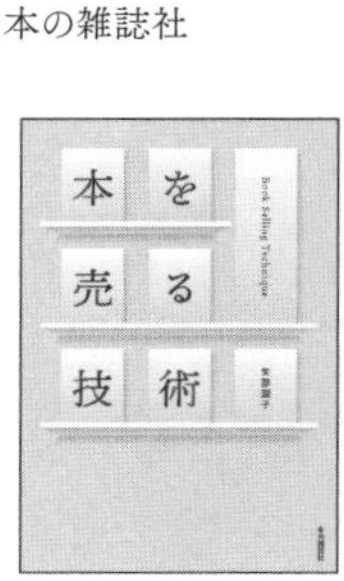


## 本屋における暗黙知がこの1冊に！

田中大輔　2020.1.29

書店員の仕事にはマニュアルがなく、口伝や仕事は盗んで覚えるしかないと言われてきた。そんな中『本を売る技術』という本を買ってみたところ、本書には自分が書店員だったときに口伝で教わったことや、誰からも教わることなく、トライ&エラーを繰り返して、最適解だと思ってやっていた技術が書かれていた。本書を読み終えたとき、書店員になったときに、この本があれば、あんなに苦労しなくても済んだのに！　という思いが強く残った。

書店を辞めてから5年が経ち、だんだん書店員時代の記憶もうすれつつある。自分が当時見聞きした、暗黙知のようなものが、本書には論理的にまとめられていた。ここまで書店員の仕事を論理的に書いてある本はいままで見たことがない。とりあえず全書店員は本書を教科書として読んだらいいと思う。

著者の矢部潤子さんは芳林堂書店からパルコブックセンターを経て、リブロ池袋本店などで36年間、書店員として活躍をされていた方だという。パルコブックセンター渋谷店では、立ち止まらないと有名だったそうだ。とにかく売場を動き回り、品出しや棚整理、売れ行きを確認していたので、出版社の営業の人は著者と並走しながら話をしたとか。

本書を読むと矢部さんがものすごく論理的に売場づくりをしていたということがわかる。いままでも書店員が書いた本をいくつも読んできたが、ここまで実践的で、再現可能な形で書かれた本はなかったように思う。この本を読んで、書かれていることを愚直に実践するだけで、間違いなくいっぱしの書店員にはなれるだろう。いや、むしろこの本に書かれていることをみな実行できる書店員がいたら、その人は超一流の書店員だといっても過言ではない。

とはいえ本書に書かれていることをすべて鵜呑みにするのではなく、自分の頭で考えて取捨選択をする必要はある。立地によっても仕事のやり方は変わってくるし、店（チェーン）によって考え方が違うからだ。個人的には書店員時代にたくさんの仕掛け販売をしてきたので、本書のなかに書かれている「仕掛けて売るって今日入った子でもできると思います」という話にはまったく同意できない。この辺りは考え方の違いなので、深く掘り下げないほうが良い。

この本に書かれているような書店の基本ともいえることを、常にきちんとできているお店というのは、あまり多くない気がする。自分が書店員だったときも、こういった基本的なことをおろそかにする人達を多く見てきた。加えて近頃は自分が働いていた時よりも、人員が削減されていて、少ない人員で店を回していることが多く、細かなところまで手が回らないお店が多いのも確かだ。しかし本書にはそういうときに、どういう手順で改善していけばいいかも書かれているので、それを参考にしてできるところから改善していけば、よりよい書店が作れるはずだ。

私は基本的なことが大事だと思っていたので、本書に書かれているようなことは普段からやっていたう。ちなみに私が書店員のときに常に意識してやっていたことを列挙すると、必ず出勤している日はすべての本に触れていた（自分が棚の担当を持っていた時はその棚の商品全部）。開店前には必ず面合わせ（本を棚の前に出すこと）をし、棚と平積みのほこりは掃除する。平積みの高さは基本的に同じ高さにそろえておいた。1日でどれがどれだけ売れたかが一目瞭然になるからだ。

売場は常にきれいであるべきだと思っていたので、平積み、棚さしにかかわらず、スリップや帯のずれは必ず直していた。また棚に本をさすときは、スリップを最後のページ2枚目くらいのところにさしなおしていた。これはお客さんが立ち読みをした際にスリップが邪魔にならないようにするためだったと認識している。

また棚さしをする際には面合わせも同時にやっていた。そうすることで品出し（棚さし）が終わったころには、面合わせがすべて完了して棚がとてもきれいな状態になるのだ。平積みの本を出すときは冊数によって、本をひっくり返して本の傾きをなくすこともしていた。どれも似たようなことだが本書には図入りで書かれているので、詳しくはそちらを参照してください。

また品出しのときに商品を出す順に本を手に持つなど、日々改善をしてなるべく作業時間を短縮するようにしていたのだが、本書ではそれがさも当たり前のこととして書かれている。それを最初から知っていれば、もっと別の仕事に時間がとれたのに……。と思っても後の祭りである。

そのほか、平台における商品の優先順位のつけ方なども本書には載っている。こういうことを書店員ではない人が知ると、書店に行った際に、どの商品が推されているのかがわかるようになって、書店に行くことがよりおもしろくなるのではないだろうか。また本書を読むと、書店がどういう意図で商品を展開しているのかが、より明確にわかるようになるだろう。さらに書店ってそんなところまで考えて商品を並べているのか！　と感心すること間違いなしだ。

## 『最期の言葉の村へ 消滅危機言語タヤップを話す人々との30年』

ドン・クリック＝著
上京恵＝訳

原書房

### 言語とともに消え去っていくものたち

澤畑塁　2020.2.10

タヤップ語。それは、パプアニューギニアの熱帯雨林の奥深くにある小さな村で話されている言語である。そして、その言語はいままさにこの世界から消え去ろうとしている。

「言語はなぜ消滅してしまうのか」。１９８０年代、当時大学院生だった本書の著者は、その謎を明らかにしたいと切望し、単身で熱帯雨林の奥地に潜り込む。当時、どんな地図にも載っておらず、そこを訪れた白人もほとんどいなかった、湿地の村ガプン。その村では、非常に古い歴史を有した言語が、ごくわずかな村人たちによって話されていた。本書は、その言語と村人たちの行く末を30年にわたって追跡した研究書であり、ルポルタージュである。

先に明かしてしまうと、本書のおもしろさは次の2点にある。ひとつは、言語研究の本来的な務めとして、ひとつの言語の消滅過程をしっかり記録していること。そしてもうひとつは、奥地での仰天話あり、九死に一生のエピソードありで、一級のエンターテインメントに仕上がっていることだ。

では、言語はなぜ消滅してしまうのか。それは単純に、「人々が話さなくなるからだ」と著者は指摘する。言語の消滅は、（たとえば生物種の絶滅と比べられるような）自然現象なのではない。そうではなく、それは、人々がどの言語を選択し使用するかという「きわめて社会的な現象」なのである。

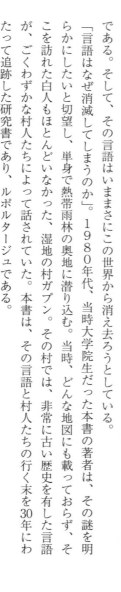

パプアニューギニアは言語的に非常に多様な地域で、現在でも1000を超える言語が存在する。だが、その数の大半を占める少数言語が、いまや消滅の危機にある。そのおもな原因は公用語トク・ピシンの浸透であり、さらに言えば、西洋由来の文物とキリスト教の普及である。

典型的なパターンはこうだ。ガプンの場合もそうであったように、パプアニューギニア各地の村から短期契約労働者として男たちが他所に集められる。数年後、契約労働を終えた男たちは帰郷し、その際に村へ持ち帰ったのが、西洋由来の文物（たとえば工場製の布）であり、新たな言語トク・ピシンであった。かねてより「変化」を心待ちにしている村人たちにとって、それらはことさら輝かしく映ったことだろう。「それは貴重な財産、別世界への鍵だった」。そうやって、辺境の村の住人たちが新たな言語に惹き寄せられていくことになる。

以降、ガプンのような村でトク・ピシンが次第に優勢になっていくさまを、著者は丹念に記述している。そして、そうした記述のなかでもとりわけ興味深いのは、なにより若者が土着言語を話さなくなるという事実と、その理由である。

ガプンの若者たちはなぜタヤップ語を話さなくなったのか。その理由のひとつは、こう表現してよければ、「親や老人たちが鬱陶しい」からである。じつは若者たちはタヤップ語を理解できないわけではないし、それを話せないわけでもない。ただ、彼らがタヤップ語を使うと、周りの年配者から痛烈なツッコミや非難を浴びせられる。「それは正しい表現ではない」、「その場合はこう言うんだ。そんなことも知らんのか！」と。そうやって恥をかかされることにうんざりして、若者たちはタヤップ語を口にしなくなってしまうというのだ。著者はこんな結論を引き出している。

「若者のタヤップ語を子細に観察する中で、言語の消滅という考え方自体が誤った認識であることがわかった。言語はぱっと消えるのではない。あるとき存在したものが次の瞬間にはなくなっている、というわけではない。言語は徐々に溶解する。痩せ細っていき、やがてなくなるのである」

さて、すでに述べたように、一級のエンターテインメントとしても堪能できるというのが、本書のもうひとつの魅力である。そこで以下では、本書のなかでもとりわけ痛快な記述を拾ってみよう。

ガプンのような村に滞在するなら、食事がひとつの大きな試練となることは、想像にかたくないだろう。著者が「茹でたチャエリツカツクリの卵」に初めて挑んだときのこと。現地でご馳走とされるものにありつけることに、著者の胸は踊る。ただし、予期しない問題がひとつあった。卵は偶然見つかるので、卵のなかの存在がさまざまな発達段階にあることだ。そのシーンを著者はこう振り返る。

「私は愕然とした。洗面器いっぱいのピンクの粘液の中央に卵が置かれている。少女の母親が親切にも割ってくれた殻の内側から私を見つめているのは、完全な形の大きな目だった。その目を見おろしたとき——というより、その目が私を見上げたとき——映画『サイコ』のシャワーシーンのバックに流れる甲高いバイオリンの音を聞いた気がした」

著者はつねにあの手この手で読者を楽しませてくれる。そして最後には、「言語が消滅するとき、実際には何が消えるのか」という大きな問題に挑んでいる。その回答もじつにこの著者らしいものであり、本人がそれほど感傷的でないだけに、読んでいるこちら側が感傷的になってしまうほどだ。

軽快な文章ゆえ、本書は読み終えるのにもそんなに時間がかからないだろう。ぜひ、著者とともに熱帯雨林の奥地に潜り込み、幼虫入りゼリーや闇夜の強盗殺人、そしてひとつの言語の消滅過程を目撃してほしいと思う。

## 『クリーンミート 培養肉が世界を変える』

ポール・シャピロ＝著
ユヴァル・ノア・ハラリ＝序文
鈴木素子＝訳
日経BP

### パンデミック防止の救世主!?

久保洋介

2020.4.15

従来は、新テクノロジーや食糧問題という切り口で語られがちの「クリーンミート」だが、今後、コロナウイルス後の世界ではウイルスフリーの肉という切り口でも一躍注目を浴びそうだ。

植物性たんぱく質由来の肉が流行りだしているが、更にその先のSFの世界を追求する人たちがいる。研究室で培養できるため「培養肉」と呼ばれたり、細菌や脂肪などの不純物が少ないことなどから「クリーンミート」と呼ばれたりすることもある肉を扱う人々だ。「培養された肉」と聞くと嫌悪感を抱く人もいるだろうが、「培養肉を食べようと思いますか?」というアンケートに回答した肉食大国アメリカの大学生61%が「たぶん」または「確実に」と回答している。潮目は変わりつつある。

実際、この技術が商業的に確立したら、畜産・食肉業界は大きなパラダイムチェンジを起こすだろう。なんたって食肉用の家畜動物が必要なくなるのだ。15億頭もの家畜化された牛の数（この50年で3倍以上増えた）は急激に減り、餌である穀物の需要も激減だ。20世紀初頭、移動手段が馬・牛だった時代から車の時代へと大転換が起こったように、畜産・食糧業界も社会的な大変換が起こりうる。

それだけではなく、「クリーンミート」は、現代社会喫緊の課題である地球温暖化や感染症パンデミックへの解決策ともいわれている。畜産業の温室効果ガス排出量は全世界排出量の15%ほどとも言われており、車などの交通運輸産業と同程度である。増えすぎた家畜牛・豚の数を50年前に戻すことは、温室効果ガスの排出量削減に大きく効果を発揮する。また、家畜を媒介して出回る新型ウイルスの発現や感染拡大を大きく低減させることもできる。まさに一石三鳥のテクノロジーだ。「クリーンミート」を実現させるための最大課題はコストであり、そのコスト削減やビジネス実現に向けて奮闘する起業家や研究者を追ったのが本書だ。鶏卵不使用のマヨネーズを開発する「イートジャスト」社（旧ハンプトンクリーク）、世界発の培養ミートボールを発表した「メンフィスミート」社（現アップサイドフーズ社）、クリーンミート系ベンチャーへの積極的な投資をする香港の大富豪・李嘉誠など、個性的な人物がクリーンミート実現に奔走する。

あるものは地道に王道である培養牛肉の開発を推進し、あるものは鶏肉へチャレンジし、あるものはより早く商業化が目指せる人工皮製品の開発にビジネスの重心をうつす。本書で描かれているのは、今後画期的な産業となるかもしれないクリーンミート界の黎明期の様子であり、さながら２０００年代のＧＡＦＡのようだ。みな無邪気に開発にいそしんでいる。

登場者の多くは一攫千金を狙うガメツイ顔をしたツワモノではなく、どちらかというと優しい雰囲気の若者とおじさん達である。大概は動物好きで、動物愛からクリーンミートへの取り組みをスタートしている人が多い。人の好い雰囲気が滲み出る新時代の起業家たちだ。

２０１３年にはハンバーグ1個で30万ドルものコストだったクリーンミートは、２０１６年時点でミートボール1個が１２００ドルに低下、メンフィスミートは２０２1年末までにはさらに低下した価格で商業生産を目指すという。今後の技術発展から目が離せない。畜産・食糧関係者はもちろん、動物愛護、排出権取引、ウイルス対策などに興味ある人にぜひ読んでもらいたい一冊だ。

## 『取材・執筆・推敲 書く人の教科書』

古賀史健＝著

ダイヤモンド社

### 「書く」ために必要なこと　足立真穂

2021.4.14

あの超絶ベストセラー『嫌われる勇気』の古賀史健さんの新刊だ。３年間かかりっきりだったとも聞く内容は、タイトル通りの「取材」「執筆」「推敲」という対象に、真正面から取り組んでいる。現物を手にすると、書籍でよくある四六版のサイズよりも大ぶりだ。カバーには、シンプルにタイトルや著者名がポンと載せてあり、滑らかに４７７ページが連なる。ページ数でいうとなかなかのヘビー級だが、読みやすい文字組となっており、文体は、小説の世界で言うなら村上春樹をイメージさせるような、さらりと、それでいてあっという間に読み手の体に染み込んでくるものだ。

『嫌われる勇気』がどれくらい売れたかというと、２２８万部、韓国や台湾など海外を含めると世界累計５００万部とか。発売６年が経った２０２０年７月時点の記事で見た数字なので、今はもっと増えているだろうか、もはや天井知らず。それ以前から、本読みなら、古賀さんの本にはきっとどこかで触れているに違いない。他にも『幸せになる勇気』（岸見一郎氏との共著）、『20歳の自分に受けさせたい文章講義』、インタビュー集に『16歳の教科書』シリーズ、構成を担当した本に『ゼロ』（堀江貴文著）などがある。本書の帯には「編著書累計93冊、１１００万部」を数えるとある。列挙するだけでいとまが無いぞ。同時に数字の多寡というより、「多くの人に読まれる本」を継続的に書いていらしたことが、これでわかる。

そんな古賀さんが、余すところなく「取材」「執筆」「推敲」について綴ったのが本書となる。「もしもぼくが『ライターの学校』をつくるとしたら、こんな教科書がほしい」と書いている通りだ。「ライター」という言葉やその役割については、前書きのような「ガイダンス」の「ライターとはなにか」に始まり、本書の隅々にも、背景を含めて説明が尽くされている。これを書いている私は、本業が編集という稼業で、古賀さんの仕事に近いところにいるといえばいる。それもあり、同業の友人たちがSNSで「付箋だらけ」「感想を書きたくなる」と書くのを横目にしつつ、貪るように読んだ。

目次内容としては、大きくは〈取材〉〈執筆〉〈推敲〉の三部構成だ。

〈取材〉は、「すべては『読む』からはじまる」「なにを訊き、どう聴くのか」「調べること、考えること」。

〈執筆〉は「文章の基本構造」「構成をどう考えるか」「原稿のスタイルを知る」「原稿をつくる」。

〈推敲〉は「推敲という名の取材」「原稿を『書き上げる』ために」。

といった章立てで、細かいテーマが小見出しとなり、その中に含まれる。

〈執筆〉のところには、技術的な方法論と呼べるものも記載されている。例えば、巷の文章読本ではよく紹介される、「起承転結」を「起転承結」にしていく、日本語ならではの工夫。章の構成を百貨店のフロアにたとえる「章構成のデパート理論」。具体的な「文章力の筋力トレーニング」までもある。

数ある中でも、唸らされたのは第7章の「原稿をつくる」の原稿に必要な要素の3つ、「リズム」「レトリック」「ストーリー」のうちの「リズム」についてだ。原稿を書き、文章の文字面（もじづら、と私の周囲では呼んでいるのだが、通じるのだろうか。例えば見開きでページ全体を見渡した時の雰囲気のようなものだ）を眺めてから「見た目の読みやすさ」を徹底するのは結構な手間がいる。そんな読み手の目を心地よくするための、微に入り細を穿つ工夫が紹介されていくので、膝を打ちまくりながら読むことになった。句読点の打ち方や、そう、改行のタイミングだよね、漢字とひらがな・カタカナのバランスだよね！　という具合である。独特のオリジナルな造語がいくつも出てくるのは、考え抜いたら既存の言葉が当てはまらず、自分で言葉を作るしかなかったのだろう。

具体的な技術面だけではない。「ライター」という立場って、思う存分に、見て、聞いて、考えて、伝える、それをやり抜くことができる素晴らしい仕事なんだよ、という大きなメッセージに、終始この本は満ちている。だから教科書なのだ、とそこに共感した。

ものを書く際に道具、ときに武器と言っていいかもしれない語彙をいかに持つか。それは日々の観察からしか生まれない。人物なり何か対象に出会えた時の、自分の喜怒哀楽を自分の中で消化し、その発見した感情をなにかしらの経路で選んだ言葉に翻訳してから、そのまま自分の中に留めておく。取材相手に実際に会ったら、引き出しからスッとそれを出していくためだ。その感情の翻訳作業を丹念に、まずは一番の対象である「自分」を観察し、習慣的に行うのだ。いくつもの表現の経路を準備しておくというその生き方にこそ、「ライター」である意義があると、ここでは繰り返されている。

そうそう、途中に黄色い紙が挟まっていて、眺めてあれこれ考えるのが楽しい付録のよう。これで遊ぶのもまた楽しからずや。実際に並べてあれこれ思索するのはエンターテイメント性もあり、ここで紹介するとキリがないのでやめておくが、なにが入っているかは手に取ってぜひ眺めてみてほしい。

文章を書くという、誰もが日々行う行為のためになにが必要かを突き詰めた一冊。これって、結局は「生きる」ということかもしれない。そんなことを思いながら、本を閉じた。

# 5
## 【ベスト・ノンフィクション・レビュー】
# アート・スポーツ

# 『木村政彦はなぜ力道山を殺さなかったのか（上・下）』

増田俊也＝著

新潮社
（新潮文庫）

## 最強の柔道家に迫る最強の伝記

村上浩

2011.10.12

木村政彦の名前を格闘技ファン以外に知っている人はほとんどいないのではないか。長い間その名前は忘れられていたのだが、この男は「木村の前に木村なく、木村の後に木村なし」と言われた柔道史上最強の人物である。

木村はロシア革命の起こった１９１７年生まれであり、その全盛期は戦前である。当時の試合映像も残されておらず、その強さの全容を知ることは容易ではない。年々更新される陸上の世界記録を見れば一目瞭然であるように、あらゆる競技においてトレーニング方法は日進月歩で改善されており、アスリートにとって致命的に重要な栄養状態は戦前と現在では雲泥の差だ。それでも多くの柔道家が「最強は木村政彦だ」と断言するそれほどの男が最近まで忘れられていたのはなぜか。「負けたら腹を切る」と切腹の練習までしていた男が、プロレスラーの力道山に負けてしまったのはなぜか。そして、自らを屈辱のどん底へ叩き落した力道山を殺さなかったのはなぜか。

これらの問いに答えるためには１０００点を超える資料、一流格闘家達へのインタビュー、柔道の起源と歴史への探求、２段組で７００Ｐを超えるボリュームが必要だった（単行本）。格闘技好きならインタビューされている格闘家の名前を聞くだけで胸が高まるはずだ。著者の柔道部の後輩中井祐樹に始まり、世界のＴＫ髙阪剛、バカサバイバー青木真也、そしてあのヒクソン・グレイシーまで登場する。

木村政彦の強さが信じられない人は、先ず木村の写真を見て欲しい。１７０センチと当時でも格闘家としては決して高いとは言えない身長の木村の肉体には誰もが目をみはるはずだ。本書で披露されている数々の怪力エピソードが常人離れし過ぎていて、その真偽を疑いたくなるかもしれないが、この身体には有無を言わさぬ説得力がある。何しろ突き出した両手の上に１００キロのバーベルを乗せて手の先と胸元の間でゴロゴロと転がしたり、道場の暑さにまいっている師匠を畳の縁を持ってあおいだり、80キロのベンチプレスを1時間やり続けたというのだ。このような怪力伝説もさることながら、木村の練習や勝負にかける執念はもはや人のものとは思えない。強豪大学柔道部の道場に一人で乗り込んだ木村は40~50人を得意の大外刈りで投げまくり、多くの人間を脳震盪《のうしんとう》で立てなくしてしまった。このとき38度以上の熱があったというのだからもうどこに驚けばいいのかわからない。

このとんでもない練習を支えたのは勝ちに対する執念だ。練習で膝をつかされた相手（投げられたわけではない）のことが頭を離れず眠れなくなってしまった木村は、刃物を持ってその相手を刺し殺してしまいそうになり、ぎりぎりで思いとどまったこともあるそうだ。何から何まで規格外。こういう男にこそ「最強」の名は相応しい。

この柔道史上における最高傑作には偉大な師匠がいる。最強木村もこの師匠の前でだけはいつまでも緊張しており、その命令には絶対服従だった。何しろこの師匠の名前は牛島辰熊だ。牛で、辰で、そんでもって熊なのだ。怖くないはずがない、強くないはずがない。その日本人離れした彫の深い顔からも凄みが伝わってくる。明治神宮大会三連覇に加え全日本選士権二連覇で柔道日本一に五度も輝いている「鬼」と呼ばれた男であり、その伝説のスケールの大きさは木村に勝るとも劣らない。木村にも言えることだが、この時代の柔道日本一は現在の柔道日本一とは重みが異なる。競技人口からして格段に違うのだ。ただし、柔道界最強の男として君臨していた牛島も天覧試合だけは優勝することができなかった。

強さを追い求める姿勢は牛島と木村で同じだが、柔道以外での考え方は師弟で大きく異なっていた。柔道引退後は毎晩のように酒を飲み、女を買い、喧嘩をしていた木村とは異なり、牛島は戦時中には東條英機の暗殺を本気で企てるほどの厳格な愛国者だ。この最強師弟の絆も本書の見所の一つである。

木村政彦を語る上で欠かせない試合がブラジルで行われている。対戦相手の名前はエリオ・グレイシー。あのヒクソン・グレイシー、ホイス・グレイシーの父親である。エリオは兄のカルロスから柔道の指導を受けており、このカルロスに柔道を教えたのは日本人である。その日本人とは1914年にブラジルの地を踏むコンデ・コマこと前田光世。前田は当地で行われる異種格闘技戦であらゆる格闘家を打ち破っていた。身長164センチ、68キロの前田が大きな外国人を手玉に取れるほど当時の日本柔道はレベルが高かったのだ。この前田が地球の裏側で広めた柔術界最強の男エリオと日本が生んだ怪物木村の戦いが盛り上がらないはずがない。1951年10月23日マラカナンスタジアムに3～4万人も集めたこの試合の映像は今もYouTubeなどで確認できる。本書には一流の格闘家によるこの試合の解説があるのでぜひ動画と一緒に確認して欲しい。

エリオの息子ホイスは1993年に開催された何でもありの総合格闘技大会UFC第一回大会を圧倒的強さで優勝している。体重制限なし、判定なし、何でもありの試合で体重80キロそこそこの男が優勝したことに世界中が驚いたが、試合後開かれた会見でグレイシー一族がマサヒコ・キムラの名前を挙げたことで、日本の関係者はもう一度驚いた。日本人らしきその男の名前を格闘技関係者すら知らなかったのだ。木村政彦の名前はそれほど忘れられていた。

ブラジルでの死闘の後木村はプロレスの道を進んでいくことになるのだが、その道の先にはもう一人の怪物力道山が待っていた。２人の怪物の運命は１９５４年12月22日蔵前国技館、まだ2局しかないテレビ両局での同時生中継、視聴率１００％の全国民注目の中で交錯する。この1戦こそが著者にこの大作を書かせることになったきっかけである。本書には著者の木村政彦の強さへの強烈な想いが溢れている。著者は木村政彦こそが最強であると一分の迷いもなく信じている。信じているからこそ徹底的に確かめなければならなかった。なぜ最強のはずの木村政彦が負けたのか。この一戦を巡っては様々な言説が流布しているが、その全てを一次資料に当たって確かめていく。

木村政彦の魅力はその強さだけではない。圧倒的な強さ以外にも人を惹きつけて止まない何かが木村にはあった。子供のようにいたずらをする姿、外では自由に遊びながらも一途に妻を愛し続ける姿、師匠からこそこそ逃げ隠れする姿、弟子に全身全霊で向き合う姿、人間離れした強さを持つ木村の誰よりも人間らしい姿のどれもが魅力的だ。生前の木村を知る人たちはインタビューの後で、「木村先生の話をしたら、木村先生に会いたくなった」と語ったそうだ。

本書を読めば、木村政彦が史上最強の柔道家であることがよくわかる。木村政彦がなぜこれほど人を惹きつけるのかがよくわかる。そして、あなたも木村政彦に会いたくなる。

# 『アイ・ウェイウェイは語る』

ハンス・ウルリッヒ・オブリスト＝著
坪内祐三＝文／尾方邦雄＝訳
みすず書房

## ウォールを超えた思想

新井文月

2011.12.7

アイ・ウェイウェイの名前はそこまで日本では浸透していないだろう。艾未未、日本語読み（がいびび）中国読みで（アイ・ウェイウェイ）という彼は現代美術家・キュレーター・建築家・詩人・都市計画家であり、父であるアイ・チンは１９３０年代のパリでアートを学んだ詩人である。父アイ・チンはランボーやボードレールといった詩人の影響を受け、中国に帰国した後は最高の現代詩人と称されるようになったが、モダニストとして共産党からの矛先が向くことになる。文化大革命の時代、アイ・チンは反革命主義、反人民の烙印を押され、人口２００人の僻地に送られ公衆便所の掃除夫となる。

中国のインターネットは今でも巨大なファイアウォールが存在しており、外からも中からも日本のような普通のアクセスができない。ウェブ上にも万里の長城（グレートウォール）が存在し、それが国土を定義しているように、ネット上でも他の国から中国を防衛している。ファイアウォールを巡る攻防は、政府側と人民側の双方の強い関心ネタとなっている。

そうした政治的背景の中、本書ではアイ・ウェイウェイがどう表現者として活動してきたのかを解説している。また本書のインタビュアーであるハンス・ウルリッヒの指摘もさる事ながら、翻訳が秀逸だ。伝わりづらい芸術的感性を、的確でセンスある日本語に変換している。

本書にはアイ・ウェイウェイの興味深い発言が多数記載されているが、次の言葉には驚く。「１９７０年代の終わりは美術について本がほとんどなかった。国全体が一冊の本も持たないように定められていたからだ。なにか本があれば北京の極小芸術家サークルで、皆で回し読みした」。あらゆる本が規制されるなんて、ＨＯＮＺファンにとっては一大事である。現代美術面ではマルセル・デュシャンはもちろんバーネット・ニューマンの情報も中国には伝わっていなかった。ジャスパー・ジョーンズにいたっては、当時アメリカの国旗自体が禁止されていたので、理解できず捨てられたそうだ。「知識はキュビズムで止まっていた。現代美術でいえば、ピカソやマチスが最後のヒーローだった」と、アイ・ウェイウェイは語っている。

しかしその情報もない状態から、彼は１９７０年~80年代にかけ中国にダイナミックなアヴァンギャルドをもたらした。キュレーターでもある彼の手腕により、抑圧と困難の中で、哲学／芸術／思想運動で信じられない世代が形成される事となる。それは１９６０年代、アンディ・ウォーホルやヨーゼフ・ボイスなどによって欧米で生まれたムーブメントと同じである。

アイ・ウェイウェイはブログにて「われわれが暮らしているこの中国社会は、自己表現は奨励されないばかりか、周りにダメージを与えかねない。新聞に使われ掲載される言葉は、犯罪の証拠に使われかねないのだよ。中国の知識人たちが慎重になっている理由がこれだ」と発言した。ブログの内容はインタビューや文章、アートや文化や政治についての時評などだが、これらは中国全土の表現者達にとって、最も興味をそそる記事となった。現在ブログは停止させられ、記事は読めなくなっている。ちなみにアイ・ウェイウェイのTwitterフォロワー数は10万オーバーだ。（２０２１年6月現在、36・5

万）

インタビュアーの手腕が良いのか、読み進める上で何度も至極の言葉が登場する。気になる所に付箋を付けていたら、すごい数になってしまい、本が付箋でフサフサして恥ずかしいので減らした。

印象に残るのは次の言葉だ。「とてつもない努力や芸術や職人技を、役に立たないというか名前もないものに注ぎこむというのを、わたしはじつに面白いと思っている。それを名付けることはできない（中略）それは存在しないんだ」。肝心な作品は本書でも紹介されているが、他の資料でも調べてみる事をオススメする。建築だけ見ても、彼は建築家が生涯をかけて作る数よりも多くを9年で制作している。さらにアイ・ウェイウェイは建築について学んだ事がないそうだ。

アイ・ウェイウェイは見事、自由な思想でファイアウォールを超えた。思想の改革は親子2世代にわたる作家運動としてのもので、この心構えには感心する。そういえば表紙のアイ・ウェイウェイの面構えもどっしりしており闘う気迫十分だ。困難とは本来、その人が乗り越えられるレベルがくるのかもしれない。本書をこれから何度も読み直し、困難な状況を越えるヒントを得ていこうと思う。

**『争うは本意ならねど**
**日本サッカーを救った我那覇和樹と彼を支えた人々の美らゴール』**

木村元彦＝著

集英社インターナショナル（のち 集英社文庫）

## Ｊリーグ、ドーピング冤罪事件の真相

栗下直也　2012.1.10

我那覇和樹。サッカーに興味がある人ならば聞いたことがある名前だろう。２００６年、我那覇は輝いていた。サッカーＪ１リーグの川崎フロンターレに所属していた彼は、その年、リーグ戦32試合で52本のシュートを放ち、18得点を挙げた。ゴール数は日本人最多、シュート決定率は35％で外国人ストライカーも抑え、Ｊリーグ1位だった。活躍が認められ、沖縄生まれで初めての日本代表にも選出された。年齢も26歳。これから選手としてピークを迎える時期にあった。浮き沈みの激しいスポーツの世界とはいえ彼の半年先いや、1年先ですら悲観視する関係者はいなかったはずだ。

だが彼はその翌年、ドーピング疑惑をかけられた。出場停止処分をくだされ、レギュラーの座も奪われた。その後、ヴィッセル神戸を経て、今は３部リーグに当たるＪＦＬのＦＣ琉球に所属している。

本書を読むまで私も恥ずかしながら、「ドーピングのごたごたで一線から消えていった人」という認識を持っていた。世の中には異なる角度から見れば何通りもの解釈ができる事象も存在する。ただ、我那覇の件は著者が指摘するように「完全な真っ白」としかいいようがない。権力側の人間が、引くに引けず、白いものを黒くした印象しか受けない。そこには今や国民的人気スポーツになったサッカー界の旧態依然とした体質が透けて見える。

我那覇和樹のドーピング疑惑は07年の4月24日に「にんにく注射でパワー全開」というサンケイスポーツの一本の記事がきっかけだ。この記事がJリーグのドーピングコントロール（DC）委員会で問題となり、川崎フロンターレに通達され、出場自粛が我那覇に求められた。この記事が事実ならば、確かにドーピング禁止規定に抵触する。特に、Jリーグでは07年からJリーグのドーピング禁止規定が準拠しているWADA（世界アンチ・ドーピング機構）に倣って規定を改正。禁止薬物だけでなく禁止方法も含まれるようになった。健康体に打つにんにく注射をドーピングに含むことにした直後のため、J側が過剰に反応する理由もあった。

だが、実際、我那覇は「にんにく注射」などしていない。練習後、38度近い熱があり、感冒であったため、ビタミンB1を入れた生理食塩水を30分程度かけて点滴治療した。医学的知識が足りなければ健康体へのにんにく注射も医療行為としての点滴治療も、体内にビタミンを静脈注射する点は同じだけにわかりにくいかもしれない。Jリーグから通達を受けた川崎フロンターレのスタッフも、治療行為に当たったチームドクターに事情も聞かず、報道を肯定する報告のFAXを急かされるまま返してしまった。

だが、我那覇の件がドーピングにひっかかれば、世界中のサッカー選手がドーピング違反になりかねない。WADAを正しく理解していれば、単なる誤報とスタッフのミスで終わるはずの出来事だった。

我那覇もチームドクターも5月1日に開かれる処分を決定する事情聴取で真実を語れば疑いは完全にクリアになると考えていた。だが、二人を待ち受けていたのは、聴取とは名ばかりの結論ありきの詰問だった。結果、我那覇は6試合の出場停止処分となるが到底受け入れられる採決ではなかった。

そして、それは日本国内では決着がつかず（Jリーグ側が拒否）、海外のスポーツ仲裁裁判所（CAS）にまで舞台を移して繰り広げられた、冤罪を証明するための1年以上にわたる道のりの始まりでもあった。

本書の読みどころは、我那覇と我那覇に処置を施したドクターを支援する人々と、Jリーグ側のやりとりだ。著者は、本件に関わる会議や委員会の議事録や音声データを時系列に辿ることで、いかに裁いたJリーグ側が論理的に破綻した説明を繰り返したかを明らかにしている。

結論を書いてしまうと、出発点はJリーグ側がドーピング規定の元になるWADAを解釈ミスしていたことにあった。ただ、過ちが露呈しながらも詭弁に詭弁を重ね、逃げ続ける。ドクターからの質問状は怪文書扱いで裁定はやり直さない。本書でのやりとりを見る限り、引くに引けずに突っ走り、故意にドーピング違反に仕立てた疑いすら生じかねない。過ちを正当化するようなルールを策定することで過去を肯定するような動きすらも見せる。そして、その行動原理になっているのが、組織内の人間関係や学閥だ。日本の縮図がそこには透けて見えるだろう。

本件についてはJリーグとチームドクターたちの権力争いとの見方も一部ではあったらしい。実際、我那覇自身は最初の事情聴取後、沈黙を守る。Jリーグ側と意見を交わすのはJリーグ全チームのドクターたちだ。ドクターとJリーグ側の議事録などをひもとけば、適切な医療を選手に受けさせたい、我那覇の汚名を濯ぎたいという彼らの強い意志が伝わってくる。

我那覇自身は最終的に裁判に踏み切るが、葛藤も当然あったことがうかがえる。声高に叫ぶリスクもあったに違いない。周囲からは「もう忘れて前を向け」と諭されたこともあったという。だが、Jリーグと戦うドクターの一人から届いた一通の手紙で立ち上がる。本書のタイトルどおり「争うのは本意でなかった」我那覇だが、この手紙の数行が我那覇の覚悟を決める。

我那覇の行為に決して後ろ暗いところがないのは、損害賠償などを一切請求していない点からもうかがえる。Ｊリーグ側が国内での裁定を突っぱね、ＣＡＳに持ち込んだことで三千万以上の私財を投じることになったにもかかわらずだ。裁判でＪリーグ側はＣＡＳ史上、希に見る完敗をしたにもかかわらず、我那覇への謝罪は未だにない。

巻末には当時のＪリーグのチェアマンであった鬼武健二と我那覇のインタビューがそれぞれ収録されている。我々、読者としてはあの一年がなければという思いはあるが、我那覇の言葉からはそれを感じさせない。いや、表には出さず、ただひたすら前だけを見つめる。

我那覇は２０１０年Ｗ杯で沖縄初のＷ杯戦士にはなれなかった。もちろん、順調にいったところで選ばれなかった可能性も高いが、Ｊリーグという組織に運命を大きく揺さぶられたのは紛れもない事実だ。そして、今後、プレーでかつての輝きを取り戻せるかもわからない。だが、著者が指摘するように、孤独に耐え押しつぶされそうになりながらも、我那覇がＪリーグやアスリートを救ったことは間違いない。その功績はもしかしたら、Ｗ杯でゴールをあげることよりも大きいのかもしれない。

## 『情熱の階段　日本人闘牛士、たった一人の挑戦』

濃野平＝著

講談社

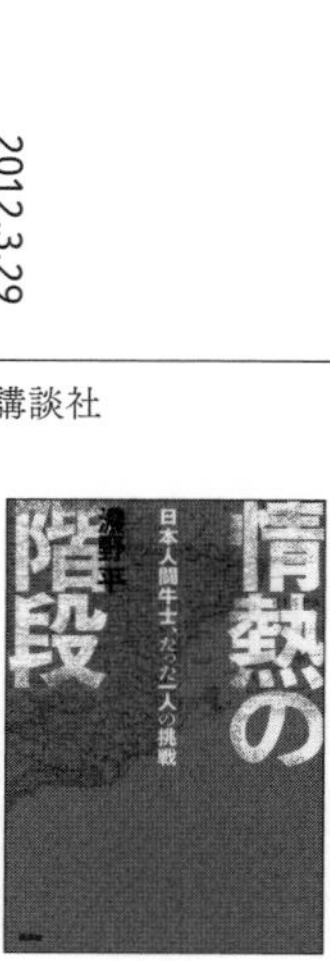


## それがゴールと決めたら

高村和久

2012.3.29

1997年1月、成田空港。ここに1人の28歳の男がいる。彼の名前は濃野平《のうのたいら》。出発前の混み合うロビーで、大勢の行き交う旅行者を眺めている。彼も日本を発つ目的があったが、他人に話せる自信がなかった。誰一人として、まじめに受けとってくれるとは思えなかった。家族や友人たちにさえ、数ヵ月ほどヨーロッパ旅行に行ってくると告げていた。要は、笑われるのが怖かった。いや、笑われるだけではなく、遂に頭がおかしくなったと悲しませることになるかもしれなかった。

彼の決意、それは、スペインに行って闘牛士になることだ。闘牛との出会いは20代前半のころだった。なにげなく見たバラエティ番組のわずかな時間で、その世界に魅了されたのだ。突飛なのは承知の上だ。スペインに、友人や知人などいない。スペイン語はまるでわからない。実際のところ、現地到着後にどこに行くのかもはっきり決めていなかった。唯一わかっていたことは、スペインで闘牛士になりたいのなら、そこに行かなければ何も始まらない、ということだけだった。

闘牛に関する情報は、当時の日本にはほとんどなかった。数少ない闘牛関係の本はほとんど絶版になっていて、閲覧するために国会図書館などに出向く必要があった。そうやって得た知識は憧れをさらに増幅させてくれたが、かなり長い年月の間、一人で迷っては自問自答を繰り返した。闘牛士は皆、子供のうちから訓練を始めるらしい。大の大人がいきなり始めて、できるようになるものだろうか。そもそも、外国人なんて相手にしてくれるのだろうか。そして何より、私に闘牛なんてできるのだろうか。うか。私などが、闘牛士になれるのだろうか？

しかし、全身全霊で打ち込んでも実現可能かどうかわからないからこそ、挑戦のしがいがあるのではないだろうか。

これまで、資金を貯めるため、築地のマグロ店「やま吉」で3年働いてきた。全く経験の無い場所で働くことで、物事に動じない、新しい環境に適応できる能力を養えたらと考えたのだ。魚河岸の朝は早い。始発電車に乗り、毎朝5時に入店した。朝一番の作業は、氷点下50度の冷蔵庫から指示されたマグロを出してくることだ。最初のうちは、お前にこの仕事が務まるのかとオーナーに危ぶまれたりもしたが、数ヵ月も経つと、この仕事に向いているのではないかと正規雇用を申し出てくれた。実は闘牛士を目指していて、スペインに行きたいと思っている、と伝えるとさすがに笑われた。最後には、近隣の店からも餞別を頂いた。

安い航空券で30時間かけて、ようやくマドリードに着いた。言葉の問題があって、バス乗り場を見つけるのも大変だ。闘牛士挑戦どころか観光旅行すらできないのでは、と到着早々不安になる。とにかく、どこかで闘牛を見たい。購入した闘牛雑誌をたよりに、長距離バスで街を巡った。2つめの街、ウエルバで、バーの店員が優しかった。この町で、何かがあるかもしれない。さっそく闘牛場に出向いた。もしも闘牛学校があるなら、闘牛場の近くに違いない。

そこには、闘牛士と牡牛の絵がかかっている店があった。ジャージの2人が会話している。直感的に、闘牛関係者かもしれないと思った。外国人が珍しいのか、こちらをちらちらと見ている。どうやって話しかければいいだろう? 辞書と会話集を片手に、近くの階段に座り込んだ。十段くらいで先が行き止まりになる、何のためにあるのかよくわからない階段だ。必要な単語をカタカナで紙にメモすると、覚悟を決めて話しかけた。

うさん臭そうな顔をされた。身振りで闘牛場に案内され、どこかに行ってしまった。しかたなく、サッカーをしていた若者に話しかけた。「闘牛士になるために来た」と言うと、驚かれ、笑われ、午後5時にまた来いと言われた。よろこんで出直してきたら、そこにはもう、誰もいない。先程の店に戻り、中に入っていくと、騒がしかった店がなぜか急に静かになった。店の主人に、必死に、5時集合と言われて行ってみたが誰もいなかった! と説明する。「そうか、でも週末だし、月曜まで誰も来ないよ。月曜の11時に来い。俺が、君をマエストロに紹介してやろう」。

なんて、ありがたいのだろう!

月曜、改めてバーの主人と闘牛場に入る。マエストロは厳しいしかめ面のまま、首を横にふるばかりだ。隣の長身の若者も同様だ。なぜ、こんなに静かになってしまうのか。知っている限りのスペイン語でアピールし続けると、やっとマエストロが口を開いたが、どうにも否定的だ。それくらいは雰囲気でわかる。他の男達も、なにやら急にまくしたて始めた。察するところ、どうやらこの町に闘牛学校はなく、セビリアまで行かなければならないらしい。

残念だが、ないものは仕方がない。御礼とお別れの挨拶をして、その場を離れた。期待していた分だけ失望も大きい。ウエルバを発つ前に、せめてビールでも飲んでいこう。

その時、背後で足音が、こちらに向かって近づいてきた。反射的に後ろを振り返ると、先程の長身の若者が息せき切って走ってきている。「セビリアに行くなよ! ここに残るんだ。このウエルバに！」

こうして、闘牛士の世界に入ることができたが、現実は厳しい。少ない門戸に志望者が殺到しており、妨害、裏切り、騙し合いは当たり前だ。また、闘牛はたった一度しか使えないため大変に貴重で、コネや資金がなければ、練習すらままならない。試合に出場するにもお金が必要だ。コネなし金なし高年齢のハンディを乗り越えるべく、月夜に牧場に侵入し、道端で死んだふり、血みどろでオレンジを収穫して資金を稼ぎ、ありとあらゆる努力をする。

そして、時が経ち、友人も徐々に辞めていき、いよいよ切羽詰まった時、彼は、最後の手段に出た。ムレタと剣とビルヘンのネックレスを身に纏い、後に世界で唯一の日本人闘牛士となる男が、最前席から、秘かに、砂場に飛び降りる。

## 『プロ野球を統計学と客観分析で考える セイバーメトリクス・リポート1』

岡田友輔、鳥越規央、道作、三宅博人、蛭川皓平、森嶋俊行、高多薪吾、Student＝著

水曜社

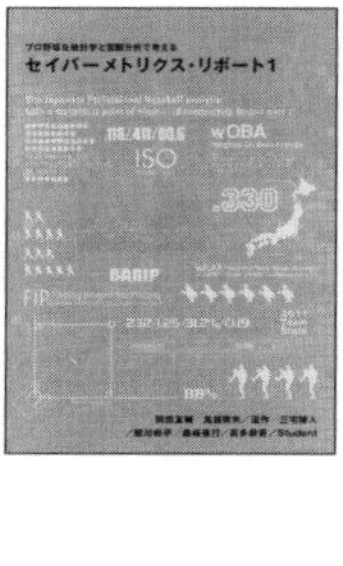


### 記録より記憶に残るコレ弊害？

鈴木葉月　2012.4.18

セイバーメトリクス（Sabermetrics）――野球についての客観的・統計的な研究。

ブラッド・ピット主演で映画化までされた『マネー・ボール』。貧乏球団アスレチックスが統計学的手法「セイバーメトリクス」を駆使し、プレーオフ常連の強豪チームにまで躍進したサクセス・ストーリーは、今や世間が知るところとなった。

ところ変わって日本プロ野球。本書はセイバーメトリクスを日本プロ野球に適用し、純粋に収集したデータを基に統計学と客観分析の見地から滔々と論じている。ここでの評価指標は数字がすべて。有名・無名は関係なし。名声・人気といったお飾りはきれいさっぱり取っ払い、徹頭徹尾、選手・監督・チームの実力を数字から読み解き、分析・考察を重ねていく。ときに痛快、ときにシニカルなその論調。草の根サイバーメトリシャンの舌鋒は鋭い。

本書の前半は「ゼネラルマネジャー視点で考える２０１２シーズンと将来」と銘打ったセ・パ両リーグ12球団の戦力分析。「［1］２０１２チーム編成」の表は秀逸で、縦軸に年齢・横軸にポジション（先発投手、リリーフ投手……右翼手、指名打者）をプロットすることで、各球団がどのポジションにどの年齢の選手を有し、統計的にA～Eランクで評価された選手にいくら年俸を払っているかが俯

瞰できるようになっている。

要するに、この表を眺めるだけで

・各球団で穴となる、もしくは競争優位を発揮できるポジションはどこか？

・各選手に実力相応の年俸を払っているのか？

・ポジションの世代交代が円滑に行われそうか？（移籍により早急な戦力獲得が必要か？）

などが、誰の目にも手に取るように分かってしまうのである。チーム編成表に続いては「［2］オフの動きと2012の戦い」「［3］将来展望」で戦力分析に移る。淡々とした語り口に情け容赦は一切ない。

パ・リーグは、楽天・ロッテを除く4球団の戦力は拮抗しているようだ。

昨年、日本一の栄冠を手にした福岡ソフトバンクホークス。杉内・和田・ホールトンの3枚を失い、先発投手陣の運用における余裕は減少。ただ、二塁手（本多雄一）・三塁手（松田宣浩）と20代でAランクを誇る2名のスター選手が全盛期を迎え、野手陣の攻撃力は西武と並びリーグ内で優位な立場を維持している。今後は二塁、三塁のマージンがあるうちに、いかに若手を育成するかが課題となる。

エース・ダルビッシュが抜けた日本ハムも、横浜を自由契約になったスレッジを、放出時よりも低い年俸で契約。ファームに25歳以下の選手を多く抱え、30歳を超えた選手に関してはしっかりとした利得を稼げる選手でなければ、すぐに放出し若手に切り替える準備を見せるなど、相変わらず〝したたか〟だ。埼玉西武も中村剛也・中島裕之・栗山巧の3選手の打撃は健在。オリックスも所属選手の多くがほぼピークの30歳前後で、今年はリーグ制覇を目指すべきシーズンとなる。

他方、セ・リーグはオフの補強や編成の将来像で明暗が分かれつつある。強力な投手陣を擁し守備的な戦いを継続できる中日ドラゴンズ、キャッチャーとしてNPB歴代でも五指に入る打撃力を持った阿部慎之介、長距離砲として全盛期に入ったと思われるセンターの長野久義、今後10年以上は利得が見込める24歳のショート坂本勇人の野手陣に、杉内・ホールトンを加え厚みを増した先発陣の読売ジャイアンツがリーグ制覇に名乗りを上げるだろう。

その他4球団――東京ヤクルトスワローズ・阪神タイガース・広島東洋カープ・横浜DeNAベイスターズ――については辛辣なコメントが続き、相当厳しい将来が待っていそうな気配である。概して、年齢の高い選手は過去の実績を見込んで年俸は高めだが、全盛期を過ぎると目覚ましい活躍は期待できず、球団経営を圧迫していることが見て取れる。健全な球団経営を目指すのであれば、若手・成長株の発掘・育成に着々と取り組むのが王道だろう。企業活動に置き換えれば、新卒採用と人材育成の重要さ、中途採用・給与システムの偏りによる弊害の縮図をここに見る心持ちがする。

本編後半の論評・分析論文の中でも「日本シリーズ〝投手酷使〟史」は何とも生々しい。手に汗握る投手戦も野球の見どころ。しかし、無理を強いる連投は確実に体を蝕む。特に、短期決戦の日本シリーズでは、勝負に固執するあまり重い負担がエースにのしかかる。

シリーズ史上の最多投球数は、大方の予想通り1958年の稲尾和久（西鉄）の578球。「神様、仏様、稲尾様」と謳われるように、全7試合のうち6試合（先発5試合・完投4試合）に登板、第3戦からの4連勝を飾り、奇跡の立役者となった。ちなみに稲尾は当時プロ4年目の21歳。このときの獅子奮迅の活躍は今でも語り草となっているが、その10年後、31歳となった稲尾は9勝11敗と成績を落とし、翌年ユニフォームを脱いでいる。

日本シリーズを大エースに託す起用はその後も続く。南海ホークスが初の日本一となった1959

年、杉浦忠は4連投4連勝という神業的な記録を打ち立てているが、その内幕は凄惨なものだ。第2戦、杉浦の右手中指にはすでに血マメができ、これを庇いながらの投球が続いていた。だが、1日空けて後楽園での第3戦にも杉浦は先発。試合中に血マメはとうとう潰れ、「血染めのボール」を受けていた捕手の野村克也が、心配してマウンドに駆けつけるほどだったという。

第4戦は雨で中止となり、血マメを潰した指に少し皮膜が張った杉浦の手の状態を見て、鶴岡監督が先発の決断を下したのは試合当日、遠征先の宿舎を出る直前のことだった。全力投球のできない杉浦は、コースをつくピッチングを余儀なくされたが、これが結果的に成功。3－0で巨人を完封し、大阪の球団に初の日本一をもたらした。

このシリーズで杉浦が投げた32投球回は、チーム全投球回の86・5％に相当する。1958年の稲尾（75・8％）を上回る歴代最高のパーセンテージだ。稲尾のときと同様、他の投手陣は全くと言っていいほど当てにされていなかった。しかし、こうした酷使がたたったのだろう。杉浦は後に血行障害を患う。これだけの大投手でありながら生涯記録では200勝に届いていない（通算187勝）。

時は流れ1990年代。分業制への理解も進んでいたというイメージも強いこの時代に、またしても驚くべき起用が起きた。1992年、日本シリーズ史上6番目に多い投球数を記録した、ヤクルトスワローズの岡林洋一の酷使である（投球数430、投球回30、登板・先発・完投ともに3試合）。現役時代は南海の正捕手として1959年に4連投4連勝した杉浦のボールを受けていた野村が、奇しくも今度は監督としてチームのエースに歴史的な酷使をさせることとなった。

鶴岡監督の二の舞を野村監督が演じようと意図したわけではあるまい。事実として、岡林は連投どころか救援登板すらしていない。1・4・7戦に先発し、登板間隔は移動日・中止日をはさんでいずれも中3日と最低限の休養は取らせている。しかし第1戦は12回161球、第7戦も10回160球といずれも延長戦を投げ切り、結果として酷使の域に達してしまったと言える（現役通算8年53勝）。

これに懲りたのか、野村監督は高津臣吾という稀代のクローザーを見出し、翌年のシリーズで雪辱を果たす。その後、2度の日本シリーズでは細かな継投策で投手の登板の負荷を軽減させながら、シリーズを有利に戦っている。

「先発完投」「150球の力投」といった、いかにも新聞の見出しを飾りそうなフレーズは耳に心地よく響くが、手放しで喜べる活躍とは言いがたい。そもそも、9回まで150球を要する投球は、素直に良い出来の内容とは言えないだろう。誰もがそれに気づきながら見過ごされ、近年では登板過多のツケが回ったのか、松坂世代の〝地盤沈下〟が起こっている。近年、こうした過去の反省がようやく生かされつつあるようだ。ダルビッシュや田中将大らの新しい世代は、適切な投球数で降板することが容認され、結果として2桁の完投数を記録しながらも150球以上投げる危険性を回避している。

この他、本書では、「送りバントは無駄死なのか?」「盗塁が得点、勝率に及ぼす影響」「『投手の力投』と『打線の援護』」といった、一般的にファンや解説者の間で語られている野球のセオリーやジンクスについても統計を用いた検証を行っている。一読の価値アリだ。

スポーツ、ビジネスに限らず、責任のある立場にある者はことあるごとに判断と結果を求められる。そのとき、誰しもが周囲の評判、過去の成功体験、慣習、目先の利益といった誘惑を退け、客観的事実や定量分析に基づき長期的視点に立った決断が下せるだろうか。

本書は「自戒の書」として、あらゆる分野のリーダーの手元に置く価値があると考える。時折これを見返し透徹した視点を磨く、そんな一冊が書棚にあっても良いのではないだろうか。

## 『「弱くても勝てます」』
### 開成高校野球部のセオリー

高橋秀実＝著
新潮社
（新潮文庫）

## 超進学校の「異常な」セオリー

土屋敦
2012.10.3

著者が今回取り上げるのは開成高校である。開成高校といえば、なんといっても「東京大学合格者数第一位」。生徒の4〜5割が東大に行く、「賢い学校」という印象がある。その野球部と聞けば、さぞかし弱いだろう、とまず想像してしまうのだが、東京都大会でベスト16まで勝ち進んだこともあるという。すごい。でも、なぜ？　と疑問も湧き上がる。

本書のタイトルおよびサブタイトルによれば、「弱くても勝てるセオリー」があるらしい。きっと体力や練習時間、設備などに劣る超進学校の面々が、数学や物理を応用し、頭脳プレーやら高度なサインプレーやらを駆使して勝ち上がってゆく、そんな本なのだろう、と想像したのだが、実際にページを開いたら、そんな安易な想像はまったく間違っていた……。

著者が開成高校の練習を見に行った際の最初の感想。「下手なのである。それも異常に」。

内野ゴロが野手の股の下を抜け、球拾いをしている選手の股も抜け、壁にぶつかるまで転がり続ける。フライの落下点を誤って後逸し、走塁すれば足がもつれそうになる。キャッチボールでさえエラーするので、いつ球が飛んでくるかわからず、「危なくて気を抜けない取材」だったという。

レフトを守る3年生は言う。「内野は打者に近い。近いとこわいです。外野なら遠くて安心なんです」。彼は硬い地面もこわいそうで、ヘッドスライディングができないという。

ショートを守る2年生が言う。「僕は球を投げるのは得意なんですが、捕るのが下手なんです」。著者が「苦手なんですね」と相槌を打つと、「いや、苦手じゃなくて下手なんです」と答える。そして「苦手と下手の違い」について淀みなく説明する。野球ではなく、国語の問題か？　と思う著者。

そしてサードの3年生は胸を張る。「エラーは開成の伝統ですから」。エラーしまくると相手は油断する。エラーは一種の戦略でもあるのだ。

個人的に一番気に入ったのは、2年生のピッチャーのこの一言。「実は、僕は逆上がりもできないんです」。念のため書いておくが、小学2年生ではなく、高校2年生である。

そんな面々が集う開成高校野球部の青木秀憲監督がポジションを決める基準は極めて簡単だ。

・ピッチャー／投げ方が安定している。

・内野手／そこそこ投げ方が安定している。

・外野手／それ以外。

向き不向きで決めようとしたら、全員が野球に不向き、ということになってしまう。監督が言うには、「存在してはいけないチームになりかねない」のだ。ピッチャーに関しては、勝負以前に、相手に失礼にならないことを第一に考えていると青木監督はいう。「球がストライクゾーンに入らないとゲームになりませんから」。

開成高校野球部には送りバントやスクイズはない。そもそもサインプレーがなく、監督は大声で指示を出す。サインプレーをし、スクイズで1点取っても、意味がない。なぜならていねいに1点取ったところで、その裏に相手に10点取られてしまうからだ。

「送りバントのような局面における確実性を積み上げていくと、結果的に負けてしまうんです」とは聡明なる監督の弁である。

そんな開成高校野球部の戦略は以下のようなものだ。

まず、1番から6番まで、できる限り強い打球を打てる選手を並べていく。もっとも強い打者は2番。そして、ひたすら強振する。一番チャンスがあるのは8番、9番からはじまるイニングで、彼らがうまいことヒットやフォアボールで出塁した場合だ。下位打線を抑えられなかったことで動揺する相手ピッチャーに1番が強振して長打、そして最強の2番打者が打つ。弱いチームに打たれたことにショックを受けている相手を逃さず、後続がとにかく振り抜いて連打を食らわせして大量点を取るイニングを作り、そのままドサクサに紛れて勝つ、のだそうだ。

超進学校の勝てるセオリーは「ドサクサ」なのである。そして、実際そうやって勝ち上がってきたことは、冒頭の戦績で見た通りだ。

しかし、そんな開成高校野球部に、異変が起こる。

平成19年の東東京予選。最初の試合は10－0と、開成らしい勝ちを収めるものの、続く試合は5－3、さらにその年の準優勝校となった強豪の修徳高校相手に0－1と善戦して負けた。

ちゃんと「野球」になっているのである。著者曰く、守備がうまくなったという。エラーという開成高校野球部の伝統を、彼らは捨ててしまったのだ。しかし「野球」になってしまえば、週に1度しか練習できない開成高校は非常に不利とも言える。同じ土俵に立てば、「ドサクサ」は通用しない。

試合中、「野球しようとするな！」という青木監督からの罵声が飛ぶ。「ピッチャーをやるな！」とピッチャーに指示を出し、ヒットを打っても「なんだそのスイングは！」と激怒。思いきりのよい空振りには「ナイス空振り！」と褒め、「ドサクサ、ドサクサ！」と連呼する。勝ったある試合の後には「これじゃまるで強いチームじゃないか」と怒りまくる。極めつけは「大体、打つのは球じゃない。物体なんだよ」とのお言葉。ほとんど禅問答である。

加えて生徒たちの言葉も不可思議だ。

例えば、サードの藤田くん。「大事なのは、反省しないってことだと思うんです。（中略）反省してもしなくても、僕たちは下手だからエラーは出るんです。反省したりエラーしちゃいけないなんて思うと、かえってエラーする。エラーしてもいい。エラーしても打ちゃいいやと思うとエラーしないといってもエラーしますけどね。下手だから」。

結局どうやってもエラーするんじゃん、とガクッとくる。理路整然と、なおかつやけに遠回りし、冷静に自分を客観視し、さらには客観視する自分をも客観視しているみたいだ。

彼らの多くが、自分自身のことを、ひとつの現象のように観察し、分析する。そして、考えすぎ、すべての動きがワンテンポ遅れ、試合中もいつも出遅れているように見えるのだそうだ。

著者は、それを「は」と「が」の違いとして分析している。部員の多くは、「僕は○○なんです」と言う。まるで人ごとのように自分を冷静に見る。その「は」を「が」に変える。それこそが青木監督の思いなのだろう。

以下は青木監督の言葉。

「チームに貢献するなんていうのは人間の本能じゃないと思います」

「思い切り振って球を遠くに飛ばす。それが一番楽しいはずなんです。生徒たちはグラウンドで本能的に大胆にやっていいのに、それを押し殺しているのを見ると、僕は本能的に我慢できない。たとえミスしてもワーッと元気よくやっていれば、怒れませんよ。のびやかに自由に暴れまくってほしい。野球は『俺が俺が』でいいんです」

実は青木監督は選手時代、常にチームに貢献することを考え、送りバント、セーフティーバントの練習ばかりしていたという。その経験を経て気づいたことを、選手たちに託しているのだ。

「大人になってからの勝負は大胆にはできません。だからこそ、今なんです」――本当にそうだと思う。自分の楽しさのために、ただ思いっきりバットを振る。そんな素晴らしく心地良い経験は、多くの人にとってなかなかできない。東大をはじめとする有名大学に進み、将来、国や企業の要職につくような開成高校の子たちならなおさらであろう。

そして、最終章では、平成24年東東京予選大会でベスト16進出に挑む彼らの姿が描かれる。「は」を「が」に変えるため、選手たちは思いっきりバットを振る。彼らの空振りが空気を震わせるさまは感動的でさえあり、「爆発の予感」を感じさせるのだ……。

読了後、僕は、開成高校野球部の部員たちをすっかり好きになってしまった。彼らが「異常な」野球を続けている限り、彼らをぜひ応援したい。そしてとりあえず、小学2年生の息子のプラスチックのバットを借り、何十年かぶりに、思いっきり、素振りをしてみたのである。

なお、開成高校野球部の部員たちのことを、「考えすぎ、すべての動きがワンテンポ遅れ、（中略）いつも出遅れているように見える」と書いたが、それって、著者である高橋秀実の性格そのものではないだろうか？　ヒデミネさんがあの野球部のなかにいてもまったく違和感はない。その親和性の高さも、本書がとびきり面白い理由のひとつかも知れない。

## 『モネ、ゴッホ、ピカソも治療した絵のお医者さん 修復家・岩井希久子の仕事』

岩井希久子＝著

美術出版社

### 母親としてアートを蘇生

新井文月　2013.5.27

修復家という職業がある。58億円で落札されたゴッホの《ひまわり》は、今も鮮明な色彩を放っており、モネの《睡蓮の池》も、完成当時の風合いを留めている。それらは全て修復家のおかげだ。

これらゴッホやモネの絵の修復は、著者である岩井希久子さんの仕事によるものだ。本書では世界でも有数の腕を持つ岩井さんが、見事な医術により名画を再生し、真摯に仕事に向き合う姿を開示している。一方、ワーキングマザーとして働く彼女が、家族と仕事の間で揺れ動きながらも、常に前に進む姿に胸をうたれる。

岩井さんには娘が二人いる。「子どもが産めるのは女性だけ」という思いと同時に、「絶対に仕事に穴をあけない」という信念から、本人は妊娠中でも仕事を中断しようとしない。絵画は修復の方法を誤ると本来の美しさを損ない、寿命を縮めてしまうことになる。酷ければ名画を破いてしまう場合もある緊張感ある仕事だ。岩井さんは、過去に間違えて修復されたせいで劣化し無残な姿になったピカソの作品に、大手術を施した経験がある。

仕事が波に乗っているときは、家庭に問題があったりする。外で忙しければ、家事がどうしても行き届かなくなってしまう。母として、どうしても家のことに時間がとれないときは、まわりの人に多く助けられながら修復を続けた。

彼女の言葉はいつも柔和で気品に溢れるが、絶対に諦めない態度からは、受けた仕事は必ずやり遂げる芯の強さを感じる。今でこそ普通かもしれないが、現代のように女性が働く環境が整っていない中、岩井さん達のような先人には計り知れない苦悩があったと察する。女性が社会や家族から理解を得ながら働けるのも、岩井さんのような女性達のおかげだろう。

修復に出される絵画のほとんどは、過去に何度も補修の手が加えられており、その中でも岩井さんの修復は「治療」と呼ばれる。その処方は、生前の画家が絵を描いたときの精神と空気を読み取り、それまでの誤った修復方法によるダメージを測りながら再生させるもの。その仕事には、絵の中にあるものをきちんと受けとって、かみ砕いてからもとに戻してあげる母親のような優しさがある。

岩井さんは修復にあたり「作家の意図をくみ取る」ことをモットーとしている。過去の史実・文献の記録を読み込み、そこから小さな手がかりを集める。作品の事を一番に考えている愛情と、強い責任感を担い、仕事と家族に向き合っている。どんなに手間がかかろうとも、作家によりそって向き合うと、必ず作品は答えてくれて見違えるように再生するそうだ。

修復の基本はクリーニングだ。一番効果的なのは、意外かもしれないが唾液を使って汚れを取り去る方法だそうだ。もちろんその他薬品も用途別に使用するが、唾液に含まれる酵素と粘り気は、絵画の汚れを取るのに最適らしい。丁寧に淵にたまった汚れを取り除き、使用する綿棒も市販のものではなく自分で巻く。本書に見開きで修復道具が掲載されているが、用途に応じてピンセットやブレードが綺麗に整えられている様は、さながら医療用具を連想させる。

ヨーロッパでは絵画の1点1点にカルテのようなコンディションレポートがある。フェルメールの絵画などは、約50年に一度、修復が繰り返される。かたや日本の絵画修復文化は大幅に遅れている。通常、海外の美術館は修復部門が付属されており、修復家が必ずいるのに対して、日本では修復の職人がいる美術館はごく少数だ。こうした修復家に対して、地位と待遇が十分でない現状の改善を岩井さんは強く訴える。確かに、とある美術館で展示されている絵を鑑賞したとき、戦後まもない作家なのか彩度が低く、絵のテーマとは違い暗い気持ちになってしまった経験がある。彼女のような修復家が増えれば、どんなにか美術館の展示が明るくなるだろうか。

実際の修復作業は、掃除など単純作業の繰り返しだ。去っていく人も多い現場らしい。彼女のように確固たる信念がなければ続かないだろう。ひょっとすると、こういった精神力が試される現場は、女性のほうが強いのかもしれない。

そのため本書はただ単純に絵画修復の技法書でない。絵の病気を治療する医師としても、仕事を持つ女性としても、読んでいて勇気を貰える一冊だ。

## 『藤森照信×山口晃 日本建築集中講義』

藤森照信、山口晃＝著

淡交社

### ユルくても深い　新井文月

2013.8.7

本書を発見し手にとると、帯にはこう書いてあった。「路上観察眼をもつ建築家・藤森センセイと平成の絵師・山口画伯の対談＆エッセイ漫画」。あ、コレ買うなと思った瞬間である。

本の購入には「ジャケ買い」ならぬ、この本絶対面白い！　と確信する瞬間があるはずだ。それは著者だったり装丁だったりもするが、それ以上にビビっとくる直観だったりする。ちなみに購入した翌日にレビューを書いているのは、一気に読んで面白かったからだ。

脱線してしまったが、そもそも著者の藤森センセイとは建築家・藤森照信氏であり、代表建築としては茶室「空飛ぶ泥舟」などで国内外に知られる建築界きっての指南役である。対する聞き手の山口晃氏は現代美術家。ここ近年では『ヘンな日本美術史』を著し、画家ならではの視点で日本美術の魅力をくまなく伝えてくれた。このユニークな御二方が、法隆寺から茶室待庵、現存最古の能舞台がある西本願寺など日本各地の名建築13件を訪れ、建築の魅力を語り合うのだから面白いに決まっている。

もちろん眼のつけどころが違う二人が織りなす対談が売りなのだが、注目すべきは二人の絡みが本気でユルいのだ。基本的に藤森センセイはスタスタと観るべきポイントを決めていく。だが興味のないつくりには、ほぼ素通りだ。松本城については、石垣から鉄砲穴の覗き穴にぴたりと止まったかと思えば「(鉄砲で)敵兵士を狙う時、弾がおっこちないのかねハハハ」と、妄想は暴走するばかり。本当に興味のある部分しか解説しないので、脱線上等なのである。そうかと思えば、山口画伯が、「ムムム見事な風合いだ!」と手に取る石を「それ最近補強したコンクリだよ」とバッサリ切り捨てたりする。景観を損ねる周囲の建築には、「壊せっていってるんだけどな」とブツブツ漏らし、無用な松があれば、「切ってしまえ!」と言い放つ。

その度に「ガーン!」と山口画伯の肝が冷えるのは、画伯の絵日記『すずしろ日記』を知る人なら容易に想像できるだろう。だが画伯は聞き手兼ツッコミ役としての手腕を発揮する。その様子はユルい線画で表現しているのだが、絶妙なその場の空気が描き出されており、建築に通じていない人でも興味をそそられること請け合いなのである。

ちなみに藤森センセイにも絵心がある。建築物の基本単位に身体尺を用いる説明にはレオナルド・ダ・ヴィンチを例にあげ、そもそも絵画はルネサンス以降にフレームに納めるようになった、それ以前は教会の壁や天井に描くのが主流だった、など建築に加えて美術史を交えて解説してくれる。もちろん山口画伯の作品についても、利休や法隆寺を題材にしている事は承知の上だ。「山口さんの絵って結構メカニックに描いてあるよね。メカの感覚って空想的な絵にリアリティーを与えるの。宮崎駿さんや画家の安野光雅さんもそう」と、建築と美術を切り分けずに話すことができるのだ。表面はユルいが内容は深い。これなら建築本初心者の私でさえ、ぐっと身近な入門書として読めてくる。

そんな教養と雑談を交じえ繰り広げられる二人の掛け合いは、基本的に愉快で講義っぽくはない。ユルさは本書の構成にも表れており、13の建築どこから読んでもOKで、プチコラムもある。それでも「檜は1300年経過しても使える素材。松ヤニの保護剤としての役割もある」など平易な言葉からでも、本書から得られる叡知は計り知れない。そして何より、歴史的建造物に直面し、はしゃぐ二人の素直な反応が微笑ましい。「おちつくねー。いやーよかったねー」と二人の安堵する表情は、読んでいるこちらまでほっこりする。

寺社や城など敷居が高いかと思っていた伝統建築だが、魅力を語り合う二人の珍道中を読んでいると、まだこんなにも日本には魅力的な場所があったのかと訪れたくなる。

本書を見た瞬間の、最初の直観はやはり正しかったのである。

## 『ＦＩＦＡ腐敗の全内幕』

アンドリュー・ジェニングス＝著
木村博江＝訳

文藝春秋

### ブラッターさん、あなたは賄賂をもらったこと、ありますか？

内藤順

2015.11.3

ＦＩＦＡの汚職については既にニュース等で何度も見聞きしているし、多かれ少なかれ「この手の組織」に黒い側面があることも想像に難くない。だが本当に驚いたのは、なぜこれほどまでの長期間、腐敗を止めることが出来なかったのかということである。そこには地下組織のような腐敗の構造と、世界各国に散らばった関係者をパス回しのようにつなぐ「沈黙の掟」が脈々と息づいていた。

著者のアンドリュー・ジェニングス氏は、過去半世紀にわたり、様々な組織犯罪のスクープを手にしてきた人物である。１９８０年代に汚職警官、タイの麻薬取引、イタリアのマフィアを調べあげた後、90年代に入ってからはスポーツ界に目を向け、ＩＯＣやＦＩＦＡに狙いを定めたという。

組織犯罪シンジケートについて調べた経験が、そのままＦＩＦＡを調査するためのウォーミングアップになる――これ自体、驚くべきことと言えるだろう。ＦＩＦＡを牛耳るブラッターの一味は、強く冷酷なリーダー、絶対的な序列、メンバーに対する厳しい掟、権力と金という目標、入り組んだ違法で不道徳な活動内容という、組織犯罪に必須となる要素を全て兼ね備えていた。

著者によれば、どんな組織でも、トップに腐った臭いがするときは、中間管理職にまともな人間がいるのだという。まだ見ぬ味方を得るために、彼はＦＩＦＡ会長の記者会見において、満座の前でこんな質問を投げかけた。

「ブラッターさん、あなたは賄賂をもらったこと、ありますか？」

ブラッターは即座に否定したものの、良識あるわずかな情報提供者の心を動かすにはそれだけで十分であった。数日後、彼はブラッターの関与を裏付ける大量のドキュメントを手に入れる。

ブラッターはワールドカップが稼ぎ出す何十億もの金を背景に、強大な権力を保持していた。さらにその権力を駆使して、あらゆる国と地域を買収する。取引として使われる通貨は、ほぼ無審査の「開発育成交付金」と莫大な数のワールドカップチケット。闇マーケットに流せば無税の利益となる大量のチケットが、投票場での忠誠と会議での沈黙を約束してくれるのだ。

これらの腐敗のルーツを辿ると、１９７４年にアヴェランジェがＦＩＦＡの一代前の会長に就任した時まで遡る。この時アヴェランジェと親交の深かったのが、リオで闇賭博を牛耳るカストル・デ・アンドラーデ。アンドラーデはアヴェランジェにカーニバルの特等席を用意し、アヴェランジェはアンドラーデに献金する。そのやり取りを通じて多くの影響を受けたアヴェランジェは、国際的犯罪組織を作り上げる術をも学び取った。こうしてＦＩＦＡの悪の構造がスタートしたのである。

彼らに共通するのが、悪事に手を染める時の脇の甘さである。サイドバックのような運動量で賄賂を届け続けたＩＳＬ社の倒産は、ＦＩＦＡ側があまりに多額の現金を要求したことが理由であるというからまったくもって笑えない。さらにダミー会社を通しての資金洗浄にも綻びが出始める。１９９７年にはＩＳＬがＦＩＦＡの口座に直接お金を振り込むという手違いがあり、１９９９年にも大物幹部の指示によりブラジルサッカー連盟がＦＩＦＡ宛に大金を振り込むという珍事が続いた。

それでも、彼らにレッドカードが出されることはなかった。ＦＩＦＡの規約では、ブラッター達は世界のいかなる国の法律の制約も受けないと定められている。普通の民事法廷で訴えようとしても、サッカーの法律によって阻止されるという超法規的な出来事がまかり通ってしまうのだ。

調査報道とは、タフさが求められる仕事である。おおよその検討がついてからも、証拠を得るまでにはまた別のハードルがある。そして報道が捜索へと進展するまでの間にも、気の遠くなるような月日が必要であった。ただの正義感や熱血漢とはひと味違う、厭世的な語り口ながらも、「老いぼれ一人がＦＩＦＡをひっくり返したら面白いじゃないか」という老練な野心が、少しずつ周囲を動かしていく。そしてついに、長きにわたって行われたＦＩＦＡ内部における秘密の支払リストを手に入れる。

事態が大きく動き出すのは、ジェニングス氏が取材で収拾した内部資料が米国のＦＢＩに渡ってからだ。そして迎えた２０１５年５月27日。米国司法省の意を受けたスイス警察がチューリッヒの高級ホテルにいた幹部７名を、横領、賄賂、マネーロンダリング、詐欺の容疑で逮捕し、今日に至る。

本書ではこの他にも、２００６年以降それぞれの開催地が決定した背景や、日韓ワールドカップにおけるイタリア―韓国戦でなぜ不可解な判定が起こったかについても、つまびらかに言及されている。

これまでに報道された内容と照らし合わせながら読むことで、面白さが倍増することも請け合いだ。表層的なことしかニュースにならなかったこと、それ自体が最大のニュースなのである。

世界最大のスポーツの祭典、ワールドカップ。その裏側では世界最大の悪事の祭典が繰り広げられていた。長期間の独裁政権、情報非公開の慣習、超国籍的に広がったネットワーク。現在渦中の人となっているプレーヤー達が全員が入れ替わっても、この構造にメスを入れないことには悪事を断ち切ることなど出来ないだろうと確信させる。

## 『最後の秘境　東京藝大　天才たちのカオスな日常』

二宮敦人＝著

新潮社
（新潮文庫）

# そこは大人の幼稚園だった！

内藤順

2016.9.16

大学に関するノンフィクションは数あれど、藝大がテーマというのも珍しいなと思い読み始めたのだが、中に登場する人物たちは、もっと珍しかった。まさに珍獣、猛獣のオンパレードである。東京藝大は芸術家を志す学生にとっての最高峰である。上野駅を背にして左が美術学部（美校）で、右が音楽学部（音校）。美術と音楽、二つの芸術がまさにシンメトリーのように共存しているのが、特徴の一つだ。

まるで町工場のような美校の校舎と厳格なセキュリティに管理された音校の校舎。ほぼ全員遅刻の美校と、時間厳守の音校。なんでも作ろうとする人と、洗い物さえしない人。何もかも自前で飲み会をする人と、鳩山会館で同窓会をする人。両者が同じ校舎に通う。それが東京藝大なのだ。

著者は、現役の藝大生を伴侶に持つラノベ作家。一緒に過ごす中での、あまりに不思議な暮らしぶりに興味を持ち、妻を案内役としてキャンパスへ足を踏み入れた。本書は、東京都心「最後の秘境」と言われる東京藝大に潜入し、全学部・全学科を完全踏破した前人未到の探訪記である。

藝大への入学は、80人の枠を約１５００人が奪い合う狭き門だ。しかも入試問題で出題されるのは、珍問・奇問の数々。「問題：自分の仮面をつくりなさい　※総合実技２日目で、各自制作した仮面を装着してもらいます」。さらに問題の続きには、「解答用紙に、仮面を装着した時のつぶやきを１００字以内で書きなさい　※総合実技２日目で係の者が読み上げます」と書かれていたという。また、鉛筆、消しゴム、紙を与えられて「好きなことをしなさい」という問題に出くわした受験生もいる。

そして難関を突破した彼らたちを入学後に待ち受けているのは、「芸術は教えられるものじゃない」という言葉だ。しかし、そんな言葉に動じるような彼らではなかった。日々、常識と非常識の境界線を動かしつつ、たくましく生きる未来の芸術家達が、本書には続々と登場する。

絵画科日本画専攻の高橋雄一さん（仮名）は、元ホストクラブ経営者。スプレーで壁やシャッターに絵を描くグラフィティにハマっていたところ、警察に補導されてしまい少年院へ。その後夜の世界へ転じるも、刺青に興味をもち、日本画の道を志すようになる。音楽環境創造科の青柳呂武《ろむ》さんは、口笛の世界チャンピオン。名実ともに口笛会の頂点に立つ彼は、一日３、４時間を口笛の練習に費やす。クラシック音楽に口笛を取り入れることを真剣に考えながらも、口笛は遊びと言い切る。

この二人だけをみても、頂点だけを目指して一心不乱に邁進するエリート達とは、少し異なる様子が見てとれるだろう。何をしてもいいよと言われても、いつの間にかそれをやっている。本当に好きなのか、自分でもよく分からないのだが、なぜかその世界に戻ってきてしまう。志したのではなく、逃れられなかった。そんな自分たちの運命に、彼ら自身も戸惑っているようである。

その戸惑いから解き放たれ、湧き上がってくる何かがエスカレートしていく様も、見どころの一つだ。たとえば藝大生の多くに知られる仮面ヒーロー、それがブラジャー・ウーマンだ。ブラジャーを仮面のように顔をつけ、上半身はトップレス。乳首の部分だけ赤いハートマークで隠し、下半身は黒いタイツというヒーローである。悪の組織、ランジェリー軍団と日々戦っているそうだ。

音楽環境創造科の黒川岳さんも、結構キテる。「今は、どんなことをされてるんですか？」という質問に対して、「楽器を荒川に沈めようと思ってます」という回答。楽器を沈めて錆びついたところで引き上げ、展示したり演奏したりしたいそうなのだが、まだ国土交通省から許可が下りないそうだ。

一方で、先端芸術表現科の村上愛佳さんも負けてはいない。彼女の作品は、アスファルトで車を作って、駐車場に置くというもの。思い立ったきっかけは「アスファルトの上にアスファルトの車があるのって、面白いかなって」というものであったそうだ。

こうなると気になってくるのは、そんな彼らの将来である。「他の人は卒業後、何をしているの？」「半分くらいは行方不明よ」。もう言うことないっす！　ビバ藝大!!　素晴らしすぎる!!

本書を読んでも、決して藝大に入れるようにはならないだろうし、こういう風に自分がなりたいとも思わない。ましてやクリエイティブに仕事をするためのヒントなど、一切得られないだろう。全く役に立たない。目的を持って読んではいけない本の典型的な例だ。

ビジネスの世界では、手段と目的を履き違えると非難されることが多い。だがそれは、効率性という基準のみに基づく判断である。経済合理性の外に視点を置いた時に初めて感じるのは、手段そのものが目的化している人には「勝てっこないわ」という畏敬の念である。

そのうえ彼らは表現という手段のみを通じて、「目標のある人生」「目的のある行為」という常識に疑問を投げかけてくる。だから、それぞれの生き方を媒介としたメッセージに思わずシビれるのだ。

一刻も早く、まだ境界線付近にいる彼らの姿を瞼に焼き付けておくことをオススメする。無駄なものを作り続けること。それは、本当に無駄なことなのか？　深淵な問いを投げかけながらも童心に帰らせてくれる。現実逃避にうってつけ、ファンタジーのようなノンフィクションだ。

## 『世界のエリートはなぜ「美意識」を鍛えるのか？ 経営における「アート」と「サイエンス」』

山口周＝著

光文社
（光文社新書）

### 人生を評価する自分なりのモノサシを持て

堀内勉

2017.8.7

ありとあらゆる既成概念が崩壊し、これまでのルールが全く通用しなくなる今、それに代わる新しい秩序やルールが立ち上がって来ているかと言えば、それもない。不透明で垂れ込めた感覚こそが、今の時代を覆う漠然とした不安の正体であり、その裏返しが、ＡＩのシンギュラリティがもたらすユートピアへの過剰な期待感でもあるという、混沌とした時代にあるように思う。

そして、これをビジネススクールにおける教育という視点で見れば、最早、旧来型の、ビジネスのテクニックを学ぶ、きっと何処かに答えがあるだろうことが初めから分かっている20世紀型のＭＢＡ教育は、完全に時代遅れだということになる。

このような昨今の潮流は、『フィナンシャルタイムズ』の２０１６年11月13日版に掲載された「The art school MBA that promotes creative innovation」と題した記事でも、いわゆる伝統的なビジネススクールへの出願数が減少傾向にある一方で、アートスクールや美術系大学によるエグゼクティブトレーニングに、多くのグローバル企業が幹部を送り込み始めている実態として報じられている。

著者曰く、こうしたトレンドを大きく括れば、「グローバル企業の幹部候補、つまり世界で最も難易度の高い問題の解決を担うことを期待されている人々は、これまでの論理的・理性的スキルに加えて、直感的・感性的スキルの獲得を期待され、またその期待に応えるように、各地の先鋭的教育機関もプログラムの内容を進化させている」という。

つまり、グローバル企業が著名なアートスクールに幹部候補を送り込むのは、これまでのような「分析」「論理」「理性」に軸足をおいた、いわば「サイエンス重視の意思決定」では、今日のように複雑で不安定な世界においてビジネスの舵取りをすることはできないという認識があり、単なる教養を身につけるためではなく、極めて功利的な目的のために「美意識」を鍛えるためだというのである。

本書の執筆にあたって、著者が多くの企業・人にインタビューした結果、そのように考える具体的な理由として共通して指摘されたのは、次の三点だと言う。

先ず、最も多く指摘されたのが「論理的・理性的な情報処理スキルの限界」である。最近、「VUCA」という単語をよく目にするが、これは「Volatility＝不安定」「Uncertainty＝不確実」「Complexity＝複雑」「Ambiguity＝曖昧」という、今日の世界の状況を表す四つの単語の頭文字を組み合わせたものである。問題を構成する因子が増加し、かつその関係が動的に複雑に変化するようになると、この論理や理性だけに頼った問題解決アプローチは機能しない。今、ビジネスの現場はそのような状況に置かれているのだという。

二つ目が、「全地球規模での経済成長」が進展しつつある中で、世界は巨大な「自己実現欲求の市場」になりつつあり、そこにおいては、精密なマーケティングスキルを用いて論理的に機能的優位性や価格競争力を形成する能力よりも、人の承認欲求や自己実現欲求を刺激するような感性や美意識が重要だということである。

三つ目が、現在、社会における様々な領域で「法律の整備が追いつかない」という問題があり、システムの変化に対してルールが事後的に制定されるような社会において、明文化された法律だけを拠り所にして判断を行うという考え方、いわゆる実定法主義は、結果として大きく倫理を踏み外す恐れがあるということである。

そのような世界においては、質の高い意思決定を継続的にするためには、明文化されたルールや法律だけを拠り所にするのではなく、自分なりの「真・善・美」の感覚、つまり「美意識」に照らして判断する態度が必要になってくるというのである。

『イノベーションのジレンマ』で有名なハーバード・ビジネス・スクールのクレイトン・クリステンセン教授は、2010年の同校卒業生に対して、エンロンのCEOだったジェフリー・スキリングを含め、同窓生の何人かが犯罪を犯し、栄光に満ちた人生を棒に振ったという事実に触れながら、「犯罪者にならないために」という題でスピーチを行っている。彼がその中で語っているアドバイスは、「人生を評価する自分なりのモノサシを持ちなさい」というものである。この指摘は、そのまま本書の主題である「世界のエリートはなぜ美意識を鍛えるのか？」という問いへの回答にもなっている。

論理思考の普及による「正解のコモディティ化」や「差別化の消失」、或いは「全地球規模の自己実現欲求市場の誕生」や「システムの変化にルールの整備が追いつかない社会」といった、現在の世界で進行しつつある大きな変化により、これまでの世界で有効に機能してきた「客観的な外部のモノサシ」が、むしろ経営のパフォーマンスを阻害する要因になってきている。

世界のエリートが必死になって美意識を高めるための取り組みを行っているのは、「より高品質の意思決定」を行うために、「主観的な内部のモノサシ」を持つためだというのである。

そしてこの真逆に、経営における「過度なサイエンスの重視」という問題があるというのが著者の見方である。経営におけるサイエンスの側面を偏重し、過剰に論理と理性を重んじて意思決定をすると、やがては必ず差別化の問題に行き当たり、市場はレッドオーシャン化し、利益を上げるのが難しくなる。そこで生き残ろうとすると、企業の統治や運営は、現状の延長線上にストレッチした数値目標を設定し、現場のお尻を叩いて馬車馬のように働かせるというスタイルに傾斜せざるを得ない。

ストレッチした無茶な数値目標を与えて現場の尻を叩くことしか知らない経営陣に率いられている多くの日本企業においては、大企業によるコンプライアンス違反が後を絶たない。なんら有効な経営戦略を打ち出せない経営陣が、現場に無茶な目標を突きつけて達成し続けることを求めた結果、やがてイカサマに手を染めざるを得なくなったということである。

哲学者のハンナ・アーレントは、アイヒマン裁判を傍聴した末に、『イェルサレムのアイヒマン——悪の陳腐さについての報告』を発表し、悪とは「システムを無批判に受け入れることだ」と指摘した。そして、「陳腐」という言葉を用いて、この「システムを無批判に受け入れるという悪」は、我々の誰もが犯すことになってもおかしくないのだと警鐘を鳴らしている。

我々はこの不完全な世界というシステムに常に疑いの目を差し向け、より良い世界や社会の実現のために、何を変えるべきかを考えることが求められている。特に社会的な力を持っているエリートにこそそれが求められるのだが、他方、エリートというのは自分が所属しているシステムに最適化することで多くの便益を受け取っている存在であり、システムを改変するインセンティブを持たない。

そこでエリートに求められるのが、「真・善・美」の感覚、つまり「美意識」であり、クリステンセン流に言えば、「人生を評価する自分なりのモノサシ」なのである。

## 『「自分だけの答え」が見つかる 13歳からのアート思考』

末永幸歩＝著

ダイヤモンド社

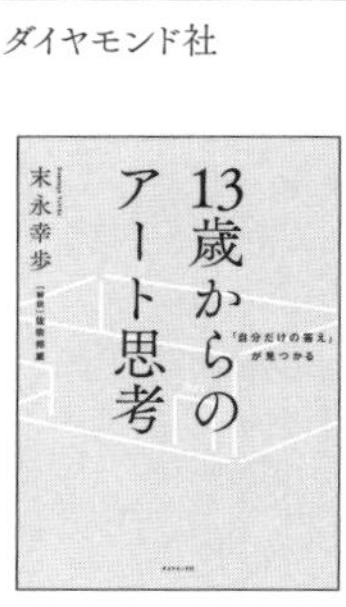


### 巣ごもりして探求の根を伸ばせ

吉村博光　2020.4.9

子供がウチで過ごす時間が増えている。我が家もその例にもれない。異なっているのは、一家の大黒柱たる私も一緒にウチにいることである。会社を辞めた私は、テレワークをする必要もない。ただダラダラとした時間を過ごしているのだが、午前中は同じ机の上で子供たちは勉強を、私は読書をするようにしている。あと数年で中学生になる上の子に先回りするつもりで、私は本書を読んだ。

この本は、20世紀の「真のアーティスト」による6つの作品を、講義形式で順々に解説していく本だ。従来は同じゴールに向かっていたアートが、ある発明を機にダイナミックな変貌を遂げていく姿が手にとるようにわかり、読んでいてワクワクした。

ここでは、本書の素晴らしさを少しでもお伝えするために、「ＣＬＡＳＳ２『リアルさ』ってなんだ?——目に映る世界の〝ウソ〟」で取り上げられている作品についてのみご紹介させていただく。

ピカソの《アビニヨンの娘たち》である。名作なのですぐにイメージが浮かぶ方も多いだろう。ネット上にも画像があがっているので、あわせてご覧いただきたい。ちなみに、ＣＬＡＳＳ２のテーマは「リアル」である。顔は正面なのに鼻は横を向いている。遠近法を無視している。この絵のどこが「リアル」なのだ、と不思議に感じる人も多いのではないか。

しかし、著者はこの講義において、ピカソが新たに見出した「リアルさ」について読者に提示する。遠近法を駆使してもサイコロの裏側は描けないこと、先入観によって現実が曲げられることなどの例を示して、写実的なリアルさ（＝遠近法）が実は「半分のリアル」しか写し出せていないこと示す。

ピカソは、既存の答え（＝遠近法）に疑問を持ち、自らの「興味のタネ」から「探求の根」を広げ「表現の花」を咲かせたのだ。著者はここにこの名作の価値があり、だからこそ20世紀アート史の偉大な足跡として評価されていることを読者に伝える。中学の図工の成績は2でピカソの絵を理解できていなかった私には、目からウロコの解説だった。

この本のなかで著者は、他人から頼まれて絵を描く「花職人」と、ピカソのような「真のアーティスト」を明確に区別する。そしてそれはアートに限らず、ビジネスだろうと学問だろうと人生だろうと同じことが言える、という。

「『真のアーティスト』とは『自分の好奇心』や『内発的な関心』からスタートして価値創出をしている人です。好奇心の赴くままに『探求の根』を伸ばすことに熱中しているので、アーティストには明確なゴールは見えていません。ただし、それらの『根』はあるとき地中深くで1つにつながっていくという特徴があります」（本書「ＥＰＩＬＯＧＵＥ」より）

本書では、「真のアーティスト」の一人としてスティーブ・ジョブズの言葉も度々紹介されるが、そんな風に生きられる人は少数派だろう。競争社会では、人よりも良い成績をとろうとしたり、良い業績をあげるために多くの人は頑張ってしまう。

国にはＧＤＰとは別に「幸福度」という指標がある。フィンランドが1位をとっているアレだ。そもそも、私は何のために頑張っているのだろう。そんな違和感を抱きながら、私はこれまで私なりに懸命に数字のために仕事をしてきた。「花職人」を続けてきた。
でも子供の頃は、自らの「興味のタネ」から「表現の花」を咲かせたい、ごく普通にそう思っていたのではなかったか。実はこれまで偶然に、そんな仕事ができたかなと感じたことがあった。「興味のタネ」をどう見つけるかという問いに向きあう、現在の私の道標となった本書の言葉をご紹介したい。

「これは、波乱万丈なジョブズの人生にしか通用しない話ではありません。VUCAといわれる世界で、100年以上の寿命を生きることになるかもしれない私たちは誰でも、いつかどこかで予想もしなかった変化に見舞われたり、まったく見通しのきかない獣道を歩んだりすることになるはずです。そんなときでも、『自分の愛すること』を軸にしていれば、目の前の荒波に飲み込まれず何回でも立ち直り、『表現の花』を咲かせることができるはずです」(本書「EPILOGUE」より)

誰も答えをもってない時代だ。そんな時代には「アート思考」が大きな武器になる。本書は、美術教師である著者が中高生に向けた講義をまとめた本だが、むしろ「花職人」になりさがっている大人たちにとって、より役立つ内容となっている。行動変容はきっとできる。それを体現しているのが20世紀のアートだからだ。ピカソの遠近法だけでない。アーティストたちが「既存の常識」を次々に突き破ってきた過程を解説していく著者の手腕が、じつに鮮やかなのである。

絵を描いたり何かを作ったりすること自体が苦手だったので、私は美術から距離を置いてしまった。しかしアート思考に出会えたのは幸せなことだった。子供たちにも教えようかと思ったが、釈迦に説法だと思いとどまった。やるべきはむしろ、邪魔が入らないように見守ることなのかもしれない。

『**野球と暴力**
**殴らないで強豪校になるために**』

元永知宏＝著

イースト・プレス

## 戦後初の「甲子園がない年」……だからこそいま考えたい

2020.6.1

峰尾健一

本書は「暴力」という切り口から、野球界の構造的問題と、変革のヒントを提示する一冊だ。ネガティブな印象を受けるかもしれないが、実際は前向きな思いが込められた内容になっている。

野球界の暴力について、その問題点を指摘し糾弾するスタンスをとるのは難しくない。対して本書は、なぜ暴力を選ぶ指導者がいるのか、構造の部分を徹底して見つめていく。暴力にはある種「効能」がある。その効き目にすがってしまう構造もある。古い価値観にまみれているというならば、なぜそんなスポーツがメジャーな競技として生き長らえてきたのか。

たとえば監督に力が集まり過ぎるのも、個人というより構造の問題だ。とくに高校野球は、甲子園の通算出場数、勝利数が多い監督が「名将」として名をはせる。一方で、不祥事が起きると真っ先に責任を追及される存在でもある。技術だけでなく生活態度も含めた精神面の指導を求められるのだ。グラウンド外の行動にも目を光らせなければならないプレッシャーの中で、厳しく言い聞かせようと思わない方がむずかしいだろう。指導者への権限集中は、裏を返せば責任の範囲が広すぎることも意味するのだ。こうした構図の裏には、言うまでもなくメディアの存在がある。

元をたどれば行き着くのは、甲子園の存在があまりにも絶対的になってしまったという問題。強豪校が毎年勝利への過大なプレッシャーにさらされるのも、大黒柱のエースが自分の将来をリスクにさらしてでも投げ続けるのも、それが美談とされてしまうのも、甲子園の存在が大き過ぎるからだ。「負けたら終わりの一発勝負」をエンターテインメントとして受け止めてきた、私たち観客側も無関係ではない。行き過ぎた勝利至上主義がいかにしてかたち作られ、指導者と選手の関係性に影響を及ぼしてきたかが、本書では端的にまとめられている。

これまでの構造を整理した上で、今後野球界が変わっていくための道筋も示されていく。さまざまな事例が出てくる中でも、球界では「異端」とされるスタンスを貫いて結果を出してきた先駆者へのインタビューは必見だ。

東北の名門、仙台育英で長らく指揮を執ってきた佐々木順一朗監督。高校球界きっての「放任主義」で知られる名将である。「そんなこともできるのか、たいしたもんだな」と選手を褒めることを優先し、気になったことを注意するのはその後。言葉に詰まった時、「先生が言いたいことはこういうことですよね？」と選手が先回りしてくれる瞬間もあるほど関係性もフラットだ。

他校から「緩すぎる」と言われることもあった。放任主義のリスクともいえる、選手による不祥事には何年かおきに見舞われている。それでも、自身が選手時代に理不尽なしごきを受けてきた経験から「暴力一切なし」のスタンスを貫き続けてきた。

監督は「総務部総務課総務担当」になるしかない。佐々木監督の唱える監督像は斬新だ。「カリスマになんかなる必要はない。みんなの仕事がうまく回るようにする、影の存在でいいんです」。背景には、10年間のサラリーマン経験もあるという。チームにひずみをうまないため、ベンチ入りメンバーの選考理由を選手たちに丁寧に説明して回る姿は、気配りを徹底する中間管理職のようだ。

こうした指導者の役割の問い直しに加えて、技術向上のプロセスをきっちりと体系立てていこうとする動きも取り上げられている。野球スキルを段階別に明文化し、10級から1級まで進級テストをもうけて上達度を評価する「野球ドリル」などはその先進事例だ。考案した東京広尾リトルの指導者は「そもそも、その子がどのくらい野球がうまいかを示す基準があいまいなんです」と指摘する。基準がはっきりすることで、選手起用について本人や周囲の納得度が高まる効果もあるという。

あえて2時間半しか練習を行わない中高一貫校・札幌大谷が秋の神宮大会で優勝する（しかもメンバー全員が道内出身）など、常識を覆す取り組みで結果を出すチームは確実に増えてきている。

その上で、甲子園とは別の目標を掲げるチームが人気を集めたらいいなとも思う。いろいろな可能性を試して自分の才能と折り合いをつけながら、選手としての方向性を見定めていく。「才能がないことを知ることが大事」と語る指導者の話も出てくるが、自分の適性を見極めることを優先できたなら、引退後も野球が好きなままでいられるはずだ。圧倒的才能の持ち主にとっても、自身の可能性を最大限に広げるルートが「甲子園での活躍」とは限らない。少なくとも「高卒でのメジャー挑戦」を明言すると周囲から良い顔をされない、みたいなことはもうなくなってほしい。チームごとにさまざまな価値観を持って、打ち出すカラーの多様化が進んだ方が、結果的に球界も活気づく。

なぜ野球界から暴力はなくならないのか。その「なぜ」を一段ずつ掘り下げていくことで、野球界のあらゆる問題が芋づる式に露わになる。そこには野球をメジャーなスポーツとして支持してきたメディアや、観客、大きくいえば社会レベルの意識も絡んでくる。構造の理解なしに、これから変わるべき方向性も見えてはこない。野球界のこれからを前向きに考えるために本書が読まれてほしい。

# 『美術展の不都合な真実』

古賀太＝著

新潮社（新潮新書）

## 新聞社やテレビ局が主催する現状

新井文月

2020.9.7

フェルメールを歩きながら観るような企画展がまかり通っている。

新型コロナウイルス以前は、話題の企画展が開催されれば連日混雑していた。2018年に開催されたフェルメール展は産経新聞の一面に《牛乳を注ぐ女》の絵とその会期が掲載された。日本の企画展は新聞により大々的に宣伝され、1日平均6千人もの入場者を動員する。実際に足を運んでみるとその半分の3千人という動員数でも、国立美術館の広さでは混んでいる印象を受ける。加えて人気の企画展などは最終日に近い土日だと1日1万人以上となる。そうなると入場するのに1〜2時間はかかってしまう。

1日あたりの入場者数は、「アート・ニュースペーパー」（2019.3.24）によると、1位『運慶展』、3位『ミュシャ展』、5位『草間彌生展』など10位までに日本のもの3本がランクインする。日本の企画展における入場者数は世界でも特に多い。だが年間入場者数では10位にも満たない。これは企画展のみに新聞社やテレビ局が集中してプロモーションを強化し、人数を動員する結果を表している。

しかし世界基準からすると、新聞社やテレビ局が展覧会を主催する国は極めて珍しいそうだ。それでも日本の新聞社にとっては、展示会が本業を補う収益事業と位置づけられている。

著者は美術展を20年ほど企画してきた人物だ。本書では企画展がなぜ混雑するのか、美術作品はどのようにして選ばれるのか、展覧会自体はどの程度売上があるのか、それらの事実を赤裸々に伝えている。また竹橋にある東京国立近代美術館のように、学芸員の企画水準が極めて高く本当に見逃せない企画展を開催するのは都内では1館のみとなってしまった、と著者は語る。

通常、国立美術館で話題になるような展覧会は3～5年前から準備をする。国立の美術館はそこに勤務する専門の研究員が中身をつくることが原則だ。そのためメディアが提案した企画をそのまま受け入れることはなく、その交渉をしながら制作は1～2年に及ぶ。ルーヴル美術館展の作品ともなると、マスコミの事業部員としてはメインビジュアルとして話題となるような目玉作品が設置されるかどうかが気になるところだ。国立西洋美術館の研究員はルーヴルからの作品貸し出しリストを見て丹念に研究し、オーダーする作品を決め、内外のほかの美術館の作品も加えようとする。

いずれにせよ新聞社やテレビ局は億単位の金を払い、「○○美術館展」を日本で開催する権利を持つ。国立館がこうしたマスコミ主催の企画展を開催する場合、基本的に国立館が予算を出す必要はなく、すべてマスコミを中心とする主催者が負担する。作品をすべて海外から借りてきたら、輸送、保険、借用料、展示費用、宣伝、会場設営で経費は5億を超えてしまう。その他支出を合算すると、入場平均単価1500円で総経費をまかなうのに、ざっと57万人の来場者が必要となる。さらにチケットは特別展と常設展が閲覧可能のため、たとえば国立西洋美術館を例にとると常設展分の当日券1700円のうち、常設展の金額500円を国立館側はマスコミに請求する。

これは世界的にもトップ10に入る混雑の中で作品を見せられているのが現状だ。「立ち止まらず歩きながら絵画を見てください」と呼びかけられる鑑賞は本当に豊かな行為なのか。

# 『一八〇秒の熱量』

山本草介＝著

双葉社

## 崖っぷちボクサー、狂気の挑戦

吉村博光　2020.9.9

激アツな一冊だった。我を忘れてシャドーボクシングをはじめるくらいに。本書は、36歳のB級ボクサー米澤重隆が日本チャンピオンに挑む日々を、同世代の映像作家がまとめた本だ。冒頭、ドキュメンタリー番組をつくるため、著者は米澤のいるジムに乗り込む。

「『僕なんかでいいんですかね？』

思わず返答に詰まる。もちろん、と即答したかったのだが、正直、僕は米澤がドキュメンタリーの取材対象として面白いものになるのか、まったく自信がなかった。曖昧な笑顔で『大丈夫ですよ』と答えるのが精一杯だった」

これが、取材開始当初の温度感である。ボクシングにおいて、B級とトップの間には別競技とも言えるくらいの差がある。37歳までのたった9か月でチャンピオンになるという目標は、いかにも無謀だ。一方で著者の仕事であるドキュメンタリー番組の成否は、その挑戦の帰趨にかかっている。こんな温度感になるのも、無理からぬことだろう。

「殴らないで勝つ方法、ありますかね？」練習の後、インタビューのつもりで帰り道を一緒に歩いていると、米澤はこんなことをボソッと呟いたという。殴るのが嫌いな男が、どうしてボクシングをやっているのか？　著者はまず、この切り口で対象に踏み込む。

まず、米澤の置かれている境遇を紹介しよう。ボクシングは、プロテストに合格するとC級になり、4ラウンド制の試合を4勝するとB級になる。30歳を過ぎてボクシングを始めた彼の戦績は、36歳3か月にして5勝6敗2分という平凡な成績だ。そこに、37歳という年齢制限が立ちはだかる。ただし、チャンピオンなどいくつかの条件に当てはまればその制限は適用されない。今回の闘いは、その条件を満たすことで37歳での引退を回避するための崖っぷちの闘いなのである。

目標達成のためには、まずはB級ボクサーに勝ってA級に昇格し、日本ランカーにも勝ってタイトルマッチ挑戦権を得て、最終的にチャンピオンを倒さねばならない。9か月の間に最低3戦、勝てば勝つほど相手が強さを増していくのである。そんな困難な闘いに挑むのに、彼はボクシングに集中できる状況にはない。肉体はボロボロで、仕事も過酷なのだ。

そこから一歩一歩、奇跡に近づいていく。それを可能にしたのは彼自身の凄まじい努力だ。その姿を見て周囲が熱くなって、あり得ないような協力をする。なかでも恋人のみな子さんの物心両面の支えは大きい。彼女は福島県双葉郡楢葉町に生まれ育ったが、その故郷は原発事故で居住禁止になった。

また、忘れてはならないのが青木ジムの人々だ。闘いが続く中で、相手選手を踏まえて戦い方を考え、勝つための技を磨くサポートを懸命に行う小林トレーナーは、米澤のわずか2歳年上である。時々、崖から足を踏み外してしまいそうになる米澤のメンタルのフォローさえも行っている。

そして、ジムの有吉会長だ。本書を読むと、ボクシングのマッチメイクの裏側がわかる。36歳のB級ボクサーが9か月でチャンピオンになるのは、実力面だけでなく、マッチメイクの面でも困難を極めるのだ。なぜなら相手には、リスクを冒してまで米澤と闘うメリットがないからである。しかし、あらゆる手段を尽くして米澤が闘う舞台を整えていく。

身に故障を抱え、周囲を振り回しながらも彼は闘い続ける。その理由を、著者は何度も問うている。著者が一つの「答え」に辿り着いたのは最終戦の前夜だ。それを開示された読者は強烈なパンチを食らったように目が覚め、ボクサーと著者と一体になって、ラスト10秒にラッシュをかける。

人生は案外そんなものかもしれない、と納得する「大きな答え」だった。ある時に人に認められた経験が人生を進める原動力になる。その法則に従って、目標を変えながら、米澤はここまできたというのだ。しかし、この闘いの6年後、彼の口から「余生」という思わぬ言葉がでてきて著者は困惑する。それに対し、私はこんな風に考えた。

何かを求めてガムシャラに闘うこと自体が生きる意味だった。彼は、その闘いによって手にした「存在証明」に支えられて、生きられるようになったのだ。これは、高度成長期に受験戦争を勝ち抜いて、社会に出た人々と共通するものがあるのかもしれない。しかしそこには、与えられたものと自ら見つけたもの、という大きな違いがある。

ただいずれにしても「存在証明」を手にするために、人はガムシャラに闘う時期が必要なのだ。なぜ闘うのか時には本人すらもわからない。「永遠は一瞬の中にある」あとがきの中で著者は、ロマン・ロランの言葉を使って、それを表現している。ぜひあなたも、胸に手を当てて考えてみてほしい。米澤の人生と対比すると自分はどの地点にいるのか。ガムシャラに闘ったことはあっただろうか。人生に年齢制限はない。ボクシングに年齢制限があったことで、本書の読者は、運良く気づくことができる。いまが「余生」でない以上、まだ種火は残されているのだと。

# 6

## 社会

【ベスト・ノンフィクション・レビュー】

## 『へろへろ　雑誌『ヨレヨレ』と「宅老所よりあい」の人々』

### こんな風に優しく社会と繋がる未来がほしい

鹿子裕文＝著

野坂美帆

2016.1.27

ナナロク社
（のち ちくま文庫）

福岡県福岡市、介護施設の発行する雑誌がある。タイトルは『ヨレヨレ』。発行以来、九州は元より、各媒体で紹介され、ひそかに名を広めてきた雑誌だ。編集方針は「読んでおもしろい雑誌」。介護に縁のない人たちが読んで、「腹を抱えてげらげら笑ってもらえたら最高」、その内容は介護施設で起こったエピソードが中心だ。

　発行元は社会福祉法人福岡ひかり福祉会が運営する「宅老所よりあい」。世話人としてその活動を身近に見てきた雑誌『ヨレヨレ』編集者が、「よりあい」の起こり、宅老所に加えて特別養護老人ホーム建設に至った経緯を、様々なエピソードを交えて語ったのが本書『へろへろ　雑誌『ヨレヨレ』と「宅老所よりあい」の人々』だ。

「宅老所よりあい」は、１９９１年、福岡市にある伝照寺のお茶室で始まったデイサービスに発する。当時、伝照寺界隈に、とある一人の女性が住んでいた。明治生まれのその女性は認知症を発症し、風呂に入らなくなり、下の具合も怪しくなってきて、ガスコンロで暖をとるようになり、度々ボヤ騒ぎを起こすようになった。その女性のもとを訪ねたのが、勤めていた老人ホームを退職したばかりの下村恵美子氏である。誰もが手を焼く頑固ばあさんに、激しい剣幕で言い放たれた。

「なぁんが老人ホームか！　あんたになんの関係があろうか！　あたしゃここで野垂れ死ぬ覚悟はできとる！　いらんこったい！」

下村氏は元同僚二人に声をかけ、ホームヘルパーとして女性の部屋に通い始めたが、より賑やかに開かれた場所で女性と付き合いたい、そのような思いから、入居できる施設を探し始める。しかし、どこからもよい返事はもらえない。うちでは扱えない、他の利用者にも迷惑だ……。氏は怒った。

「けっ！　ばあさま一人の面倒もみきらんで、なんが福祉か！　なんが介護か！　なんが専門職か！　バカにしくさって！」

伝照寺に相談したところ、お茶室を貸してもらえることになった。しかし、彼女がすんなりと出てくるとは思えない。一計を案じた。

「今度、お寺でよりあいがあります。住職さんが『大場さんに来てもらわんと近所の人にかっこがつかん』ちゅうてあります。ここは住職の顔ば立てると思って、一肌脱いでもらえんでしょうか？」

「わかった。そげんこつなら、あたしも行かにゃいかんめぇ！」

こうして、伝照寺のお茶室で〝よりあい〟——一風変わったデイサービスが始まった。

一日のプログラムと呼ばれるものは一切ない。リハビリもお遊戯もない。みんなでわいわいやる。花見に出かけたり、ぶらぶら散歩をしたり。みんなで同じ時間を楽しむ、それだけである。デイサービスを行う施設がまだ少なかった時代、クチコミで〝よりあい〟の噂は広まり、参加する人数も増え、いつしか寺の本堂にまでお年寄りが溢れるようになった。仏事に影響が出るようになり、拠点を寺のすぐ隣の民家に移転する。「宅老所よりあい」の本格的な船出だった。

「よりあい」はデイサービス施設としてスタートしたが、施設数を増やす一方で、運営は苦しかった。「よりあい」の介護は、利用者それぞれの心身の流れに沿って動く。それは、計画的な介護ではなく、個別の事情に即した介護だ。人も時間もお金もかかる「効率とは無縁の世界」だ。利用者の「一人の生活者」としての生き方を尊重し、支える。そんな介護はしかし、＋αの介護報酬を受け取れるわけではない。そこにあるのは全く儲からない仕組みである。

そして、デイサービス施設として支持されればされるほど起こるジレンマがあった。「通い」、つまりデイサービスの利用者が「泊まり」を必要とすれば、通所施設として認可されている「よりあい」は、「泊まり」を自主事業として行うしかない。自主事業である以上、介護保険からの報酬はゼロである。「泊まり」の利用者が増えれば増えるほど経営状態は悪化した。またそれは、職員の疲弊も招いた。職員たちは、ただでさえ悪い経営状態をフォローするために、バザーや物品販売などの資金稼ぎにも励んでいた。増える夜勤日数。長時間労働。体調を崩す者が増え、退職者も増えていった。

しかも、それに加えて新たな問題が浮上した。施設（というか民家）が、耐火基準を満たさないと判断され、使えなくなってしまったのだ。

そこで２０１１年、事態を打開すべく、特別養護老人ホーム建設に向けて動き出した。しかし「よりあい」が作るものは、普通の施設とは違っていた。利用者の「一人の生活者」としての生き方を尊重する、そのためにはどのような施設であればいいか。

用意できた土地は福岡市内住宅街の中にある６００坪ほどの「森のような場所」。建っていた古民家をカフェに改装した。木造二階建ての施設は、広いウッドデッキでカフェと繋がる。珍しいカフェの存在はクチコミで広がり、多くのお客さんが訪れるようになった。〝よりあい〟所のような居心地の良さに、色んな年代の色んな人たちが集まった。

代表・村瀬孝生氏は、施設建設のための住民説明会でこう言った。

「僕らはこういうふうにしようと思ってます。あの森のような場所に作る老人ホームは『老人ホームに入らないで済むための老人ホーム』にしようと。自分たちの安心は自分たちで作る、あの森はそういう場所にしていこうと」

施設と社会がゆるやかに混ざり合うような佇まいの場所を作る。著者は「よりあい」の介護を「介護を地域に返そうとしている」と表現する。「よりあい」は、失われつつある「ご近所づきあい」を、宅老所という場を通して繋げることで、介護の新しいモデルを作り上げていこうとしている。

私たちを待ち受けている「老い」とは、どんなものなのだろう。自分の身に起こる、加齢による変化は予測がつく。しかし、高齢者となった自分の周りにはどんな世界が広がっていて、どんな社会が繋がっているのだろう。その中でどのように生きていけばいいのだろう。将来に対する漠然とした不安、それは未来の自分の生きる場所がわからない、想像がつかない、ということに拠るものなのではないか。それを思えば「よりあい」の姿は眩しい。

## 『バブル　日本迷走の原点』

永野健二＝著

新潮社
（新潮文庫）
2016.11.25

# 邪悪なる善は甘い蜜に潜む　成毛眞

本書は「胎動」「膨張」「狂乱」「清算」の4章、全21節で構成された好漢譚として楽しむことができる。各節ごとにそれぞれ10人ほどの好漢たちが登場し、各々の役割を演じては舞台を去ってゆく。その好漢たちとは時の首相であり、日銀総裁であり、証券会社の経営者であり、銀行の頭取たちだ。もちろんバブル紳士も高級官僚も登場する。

広辞苑によれば、好漢とは「好ましい男」。けっして「正義の男」でも「立派な男」でもない。男として魅力的ではあるが、どこか危ういところを持っている人物たちだ。著者は同時代の取材対象になった好漢たちと密に接しながらも、その妖しい魅力に惑わされることなく、現代政治経済史の証言者に徹したジャーナリストだ。しかし、その彼もまた好漢なのである。

その証左は本書冒頭の一文。「バブルとは、グローバル化による世界システムの一体化のうねりに対して、それぞれの国や地域が固有の文化や制度、人間の価値観を維持しようとしたときに生じる矛盾と乖離であり、それが生みだす物語である」とするのだ。

経済学的な定義としてバブルとは、ファンダメンタルズから乖離した資産価格の上昇、とでもいうべき事象であろう。しかし、著者はそのような静的な定義など無意味だといわんばかりに、物語のなかに時空を見つめるのだ。それが正しいかどうかは判らない。読者が判断するべきであろう。しかし、著者は好漢たる人物たちと戦後の日本システムのなかに、知っておくべき真実を見出すのだ。

著者も指摘しているように80年代半ば、イギリスの国際政治経済学者スーザン・ストレンジは『カジノ資本主義』のなかで、金融システムがその機能自体のなかにリスクを内在しているという「システミック・リスク」の問題を、市場と国家との力のバランスの問題としてとらえていた。そして、いま世界市場はブレグジットとトランプ旋風のなかで揺れ動いている。はたまた中国のバブル経済はシステミック・リスクを内包していないのだろうか。

とりあえず、20世紀最大のバブルを俯瞰した本書にあたっておくことは無駄ではあるまい。

「遇洪而開」とは『水滸伝』という物語の発端、百八の魔星が閉じ込められていた「伏魔之殿」に刻まれていた銘文である。洪大尉なる尊大な人物がこの祠を開いたがゆえに、魔星たちは好漢に姿を変えて世に飛び出し、梁山泊に集い朝廷に戦いを挑むのだ。

彼らはかならずしも善人ではなかった。猟奇的な殺人者も妖しげな道術使いもいた。しかもその物語の結末は大団円に終わらない。朝廷の奸臣におもねる者、逃亡して出家する者などがあらわれ、梁山泊は四分五裂のあげく、最後には首領は毒をあおって自害するのである。

本書はその『水滸伝』を彷彿とさせる、好漢たちが奏でる21のオムニバスだ。それぞれの節は読み切りで、しかも全体として一つの物語に仕上がっている。バブルの発端から終局までの悲喜交交を、運命と決断、先見と保身などの切り口で鮮やかに書き通している。まずは経済書としてではなく、人間ドラマとして楽しめる本だと断言しよう。

もう少し本書の中身を見てみよう。第2章「膨張」はプラザ合意を発端とした日銀による超金融緩和、大蔵省の特定金銭信託・ファンドトラスト放置、三菱重工転換社債事件における検察の不明瞭な幕引きなどの事象を取り上げる。バブルが兜町、丸の内、霞が関、永田町という日本橋を起点とした皇居を時計回りに巡る道、すなわち江戸時代から連綿としてつづく日本の中枢から引き起こされたことを描き出す。

もちろん、バブル発生の原因をつくったのは当時の為政者の不見識によるところも大きいだろう。いっぽうで著者は国民の高揚感を背景にした、竹下首相による消費税導入や、中曽根首相によるNTTの民営化など、バブルが結果的にもたらした動きにも目を止める。バブルはデフレという毒薬だけをもたらしたのではなかった。

ジャーナリストである著者は歴史のIFを語らない。しかし、もし消費税導入が遅れていたら日本の財政はどうなっていたのだろう。失われた20年の後になってからの導入では本物の財政危機に瀕していたかもしれない。国営企業の民営化がなければ、通信や物流の競争は起こったのだろうか。

つづく第3章「狂乱」では、いよいよバブル紳士たちが登場する。リクルートの江副浩正、イ・アイ・イの高橋治則、麻布土地の渡辺喜太郎、秀和の小林茂、光進の小谷光浩などである。物悲しくもそれぞれの節の最後には、彼らの墓碑銘のような文章が記されている。

「夢破れた江副は、公判中も個人での株式売買に明け暮れ、2013年に帰らぬ人となった」

「小林茂は2011年4月、静かに亡くなったという。このニュースを取り上げるマスメディアはなかった」

まさにピカレスク・ロマンなのだが、本書はかれらの常軌を逸した豪勢な生活などについてさほど興味をもたない。むしろかれらを生み出した、銀行や証券会社などのエリートたちとの相互作用について解析をすすめ、日本の政治経済システムに残した正の遺産をも掘り出そうとするのだ。
たとえば、小林茂については当時の日本にはなかった投資銀行の機能を体現した存在だとして、その先見性を再評価する。ピケンズと小糸製作所買い占めを図った渡辺喜太郎については、その後日本企業や投資家が直面し、解決していく問題をことごとく先取りしていたと、事件を見つめ直すのだ。

繰り返しになるが著者はジャーナリストである。報道するにあたって中立性を保つ義務がある。しかし、著者はそれ以上に長期スパンから、バブルの功罪を冷静に分析するのだ。それも後付ではないことは、文中所々にあらわれる当時の記事や取材記録を読めば一目瞭然だ。

「邪悪なる善は甘い蜜に潜む」とは帝政ローマの詩人、オウィディウスの『アルス・アマトリア』からの名言である。邦訳タイトルは『恋愛指南』。たしかにバブルとはある種の恋愛なのかもしれない。国民ぐるみのユーフォリア、すなわち根拠なき熱狂は恋愛のそれに近い。あばたもえくぼという夢から醒めたとき、バブルは「邪悪なる善」として目の前に現れる。そしてまた「甘い蜜」は、姿を変えて再び我々の前に現れてくるかもしれない。

フェデリコ・フェリーニが映画化した、同じく帝政ローマ時代の小説『サテリコン』には狂気の饗宴に身を沈める古代ローマ市民が無数に登場する。その饗宴の主催者トルマキオは成金の解放奴隷である。皇帝ネロの時代だった。

本書は80年代のバブルを概観しただけでなく、想像力を古代から現代、ローマから東京に巡らすならば、第一級の歴史読み物としても楽しめる一冊だ。本書を丁寧に作り上げた編集者にも賛辞を贈りたい。

## 『ミズーラ
### 名門大学を揺るがしたレイプ事件と司法制度』

ジョン・クラカワー＝著
菅野楽章＝訳

亜紀書房
2016.11.30

# 性暴力はなぜ続くのか　アーヤ藍

19・３％、実に５人に１人。これだけの割合のアメリカ人女性が、年齢を問わず、これまでにレイプ被害を受けたことがあると、米国連邦機関・疾病予防管理センターによる２０１４年９月の報告書で明らかになった。これほどにも「ありふれた犯罪」である一方、被害者の64％～96％は警察に被害を届け出ず、アメリカ国内でもっとも報告率の低い重大犯罪でもある。また、訴追されるのはわずか０・４～５・４％、うち有罪判決がくだされるのは０・２～２・８％。つまりレイプ事件が起きた時、90％以上の確率で加害者が刑罰を免れていることになる。

本書は、米国モンタナ州第２の都市ミズーラで、マンモス校モンタナ大学のアメフト選手たちが２０１０年～12年にかけて引き起こした複数のレイプ事件について、丹念なインタビューと取材を重ね、真相に迫ったノンフィクションだ。ミズーラという一つの都市に注目しながらも、なぜアメリカでレイプ事件が多発し、訴追・報告率が低いのか、その要因を俯瞰的に浮かび上がらせる。

まずは、社会に蔓延している「誤った固定観念」だ。例えば、レイプ被害に遭った時、女性は全力で抵抗をしたり助けを求めるはずだと思われがちだが、実際には、恐怖心と無力感でいっぱいになり、抵抗をしない場合がほとんどだ。また、レイプ被害者は、そのトラウマから一見不可解に思える行動を取ることも多い。レイプ被害を受けたことから性的関係を拒むようになる人もいる一方、自己破壊的な感情から、暴飲したり見境のないセックスに走る被害者も多くいる。だがトラウマ反応について社会であまり認識されていないために、「レイプをされても当然だ」と逆に非難をされたり、「女性側に責任がある」という言説が生まれたりする。こうした誤った固定観念が社会に溢れているために、被害にあった女性たちは、報告することを意識的あるいは無意識的に避けてしまう。

深刻なのはこうした固定観念が警察・検察にも存在していることだ。米国司法省が2014年2月14日に発表した報告書は、レイプ被害を受けた女性たちが、郡検事補に投げやりな対応や無礼な対応をされたこと、あるいは、たびたび性暴力の深刻さを矮小化し、加害者の責任を軽視するような発言をされていたことを明らかにした。こうした郡検事補とのやりとりが「トラウマになった」と語る女性や、別の女性に訴追することを「絶対勧めなかった」という女性たちもいる。

ほとんどの犯罪では、証人全員の事情聴取がすみ、入手可能な証拠が集まるまで、警察官は被害者を常に信じ寄り添うのに、性的暴行事件となるとそうしたアプローチをしない警警察官が少なくないこと、また、ひったくりや強盗事件の際には被害者の証言に対して懐疑的にならないのに、性的暴行事件においては被害者に対して疑いの目が向けられがちであることも、本書は批判している。

個人の意識に限らず、制度そのものが抱えている問題もある。例えば、被害者側の代弁者ともいえる検事は、州の利害を代表する法的責任は負っているが、被害者個人の利害を代表する必要はない。話し合うことは義務付けられてはいるが、嘆願を聞き入れることは義務付けられていないのだ。

また、「法律家は代弁者として依頼人の立場を熱心に保護し追求する義務」があるとする「当事者対抗主義」が生み出す矛盾もある。この主義のもとでは、正義や真実よりも、適正な法的手続きに従うことのほうが重要になる。本書に登場する被疑者の弁護人もまた、被害者女性に対して誤解を生むような発言を法廷で繰り返し、被害者側の形勢を不利にしようとするが、これは被疑者を保護する立場としては正当化される。

さらに、裁判のしくみもまた、トラウマを抱えるレイプ被害者を苦しめる。被害者は、社会的に認められ、支援を受けることを必要としているが、裁判をすれば、世間から信用性を疑われるような状況にさらされる。被害者にとって大切なのは、自分で選んだ場所で自分のタイミングで話をする機会だが、裁判所では、イエスかノーの質問に答えることを容赦無く求められる。さらに、被害者にとって、トラウマを思い出させるようなものには触れないことも大切だが、裁判所では、犯人と直接対峙させられ、記憶を否応なく呼び起こさせられる。そんなふうに裁判の様々なプロセスが、「本来被害者にとって必要なこと」と真逆なのだ。

こうした司法制度の構造や実情が、繰り返されるレイプ被害を断つために勇気をもって立ち上がろうとする女性たちの心をくじき、傷つけている。

もう一つ大きな問題なのが、「レイピスト」像の誤解とレイプ加害者の無自覚さだ。「レイピスト」は恐ろしい凶悪犯や異常犯のように考えられがちだが、実際には、好感のもてる人物や社交的な人、親切で穏やかそうな人である場合もある。内気に見える人もいる。臨床心理士、デイヴィッド・リザック博士によれば、レイピストを人格や心理学的プロファイルで特定することは現実的に不可能だという。

リザック博士とポール・M・ミラーが１９９１~98年にマサチューセッツ大学ボストン校の男子学生１８２２人に対して行った研究では、サンプルの６・４％（１２０人）がレイピストと特定され、そのうちの63％（76人）が一人当たり平均6件近くレイプ事件を引き起こしていたことが判明した。しかも被験者全員が自発的に調査に参加しており、誰も自分をレイピストだとは考えていなかったのだ。仲間内でもレイプなどしない善良な人間だと考えられていた。

無自覚なレイピストが、訴追されることなく、罰を免れつづけることで、レイプ被害は繰り返される。そして、その真相が語られ、明るみに出ることを阻む社会構造が存在している。この悪循環はアメリカに限られるものだろうか。私たち一人一人と無関係なことだろうか。被害者たちの目をつぶりたくなるほどの「叫び」が詰まった本書を読めば、考えずにはいられなくなるはずだ。

## 『本当に住んで幸せな街　全国「官能都市」ランキング』

島原万丈＋HOME'S総研＝著

光文社（光文社新書）

2016.12.26

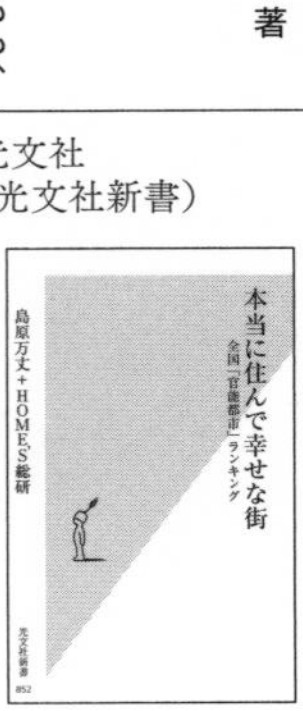


### 官能的な街をはかる　山本尚毅

「結局私たちは、どんなまちに住むのが幸せなのか」。センシュアス・シティである。これが、本書の結論だ。センシュアスは日本語にすると「官能」、センシュアス・シティは「官能都市」、艶やかな響きである。官能という言葉から、反射的にポルノチックなニュアンスが思い浮かんでしまう。しかし、官能の本来持つ意味を調べると、「感覚器官の働き」である。まず、センシュアス・シティが夜遊びする場所を評価しランキングにした、わけではないことを、ここで明らかにしたい。

意外なことに、私たちが日常的に使う製品や消費財は開発段階において、「官能」という評価指標がすでに導入されている。そのものさしを都市にも当ててみる試み、それが本書の核となる方法論である。従来の人気投票でも、インフラの充実度だけで評価するのでもない、もっと暮らしている人々の〝実感〟を反映させることができる指標の開発を「官能」をキーワードに行ったのである。

毎年発表されるSUUMOの「住みたい街ランキング」は、インターネットでのアンケート調査（4000人規模）である。東洋経済の「住みよさランキング」は、公的統計をもとにそれぞれの市が持つ〝都市力〟を、「安心度」、「利便度」、「快適度」、「富裕度」、「住居水準充実度」の5つの観点・15指標を総合的に評価している。

対して、「センシュアス・シティ・ランキング」は134の全国の都市を対象に独自の項目を設定したアンケート調査を行った。官能度を具体的に測定するために、使用した指標は「関係性」と「身体性」である。チームによる侃々諤々のブレストにより、以下の4つ、合計8つの指標に絞られた。

『関係性の4指標』：1共同体に帰属している　2匿名性がある　3ロマンスがある　4機会がある

『身体性の4指標』：5食文化が豊か　6街を感じる　7自然を感じる　8歩ける

そして各指標内には4つ、全部で32項目のアクティビティを設定し、「あなたが住んでいる地域で過去1年間に、どの程度の頻度で経験しましたか？」と質問している。

さて、項目の中で、もっとも官能的な響きがある「3ロマンスがある」はどんなことを聞き、どんな結果だったのか。まず、質問項目は、

デートをした　ナンパした／された　路上でキスした　素敵な異性に見とれた

である。街を「動詞」で評価しようとする試みだ。

ロマンスがある街のトップ3は、大阪市北区、文京区、目黒区である。ん、文京区？　と思う方も多いかもしれない。文京区と台東区の境目に住んでいる小生の主観であるが、デートはもちろんのこと、住宅街のところどころの夜道で抱き合い、キスをしているカップルを見ることが多いのである。

また、本調査の総合評価のトップも、文京区である。インフラの充実度や知名度が影響する人気投票では、たいていランキング圏外である文京区が、である。これは、身体性と関係性を評価する「センシュアス・シティ・ランキング」の調査の特色を際立たせている。なお、ランキングは大阪市北区、東京都武蔵野市、目黒区と続く。東京都と大阪府以外で、トップテンに唯一ランキング入りしたのは金沢市であり、「食文化が豊か」の項目でトップであった。

いっぽうで、ランキング下位となった行政区の特徴として、ベッドタウン・ニュータウンの人口の多さがある。平日に都心に通勤して寝に帰るだけの人は、どうしても自分が住んでいる街でのアクティビティが、量も種類も少なくなることは想像に難くない。

なお、本書は不動産情報サイトHOME'Sの研究機関が発行した調査研究レポートが元になっている。昨年、冊子は無料で配布されていたが、あっという間に在庫切れとなった。トリガーとなったのは武蔵小山の密集市街地の防災対策を目的とした再開発である。暗黒街と呼ばれた飲み屋が立ち並んだ歴史ある横丁は2015年冬をもって閉鎖し、大規模で画一的な駅前再開発によって、著者いわくコピー&ペーストをしたような駅前になってしまう予定である。武蔵小山にかぎらず、全国各地の駅前で広がる現象であり、日本全国津々浦々まで行き渡っている。

こういった事象が繰り返される背景には、誰が見てもそうだよねと納得する客観的指標や数値で明確にされるものしか評価されないことがある。安全・安心・健全を追求し、人間の感性で良し悪しを判断することを極力排除してきた。そして、行政やゼネコンで起こっていることは、個人としては官能的な都市は大賛成だけど、組織として仕事としては論理的かつ客観的に説明できないからダメ、そして形式や建前が優先されることが繰り返されている。

しかし、ランキングが好きな日本である。センシュアス・シティの妥当性と信頼性が認められ、評価のものさしの定番となり、街の見え方が多層的になることで、関係者の気持ちに変化が生まれる可能性がある。そして、利便性ばかりを追求した景色に変わっていくことに歯止めがかかり、街の再開発がセンシュアスに変わるかもしれない。

# 『文系と理系はなぜ分かれたのか』

## 単純だが、悩ましい分類のこれまでとこれから

隠岐さや香＝著

山本尚毅

2018.12.27

星海社
（星海社新書）

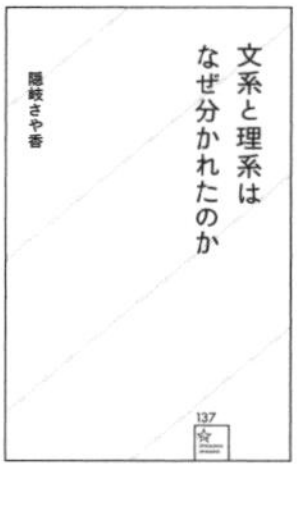


理系か文系か、この二分法はまるで血液型のように、はじめて会う人同士の話題になることが多い。そして、文系であるか理系であるかでレッテルを貼り、個人を理解しようとする。Wikipediaの「文系と理系」というページを見れば、得意科目ならまだしも、性格、コミュニケーション能力、就職や結婚の適性など、過剰に二分化されている。高校時代に明確な理由を持って文理を選択した人もいれば、なんとなく選択した人もいるだろう。しかし、文系であるか、理系であるかで世間は勝手にイメージや評価を決めつける。それに迷惑した人も（あるいは得をした人も）少なくはないだろう。

そして、個人だけでなく、社会全体でも文系と理系の二分法は強固な分類として猛威を振るう。某省庁が発信した文系を軽視する文書は議論を生み、おおいに世間を騒がせた。また、鳩山内閣は首相が理系で、閣僚に理系出身者が多く、戦後初の理系内閣と話題となった。

欧米諸国でも文系と理系とを分けることはある。しかし、日本ほどかっちり二つに分類されてはいない。なぜ、日本では、文系と理系を真っ二つに分けるようになったのか、その経緯はどんなものだったのだろうか。

時代をさかのぼること明治時代、当時は海外から様々な学問がもたらされた。そのなかで、日本の知識人が驚いたのは、学問が様々な分野に細分化されていたことだった。東アジアにはそのような考えが無かったからである。

そして、西周はscienceに、ばらばらに分かれた学問という意味である「科学」という訳語をあてはめた（1830年代、実験教育が効果的な方法として定着した英国で、scientistという言葉が使われるようになったが、「自然科学ばかりに夢中になっている人」という意味の込められた言葉で、皮肉交じりのものだった）。また、文化系専門科目を「心理上学」、理科系専門科目を「物理上学」と呼ぶことを提案した。

文系と理系の二分割の大きな決め手は1910年代にある。大学入学試験の準備段階で、文系志望・理系志望に二分する方式が定着していったのだ。背景にあったのは、一刻も無駄にできない欧米列強との争いの中で、法と工学の実務家育成が急務であったことだ。国家の発展に資する人材を育成する役割を大学が担っていた。その傍らで、人文科学系は就職の進路は限られ、理系の中でも理学部出身者は、基礎科学離れを憂う議論をその当時から展開していた。ただし、その頃の大学生は全人口の1%のエリートである。

第二次世界大戦時には兵器開発研究のために理系学生が重宝され、文系学生は真っ先に学徒動員のターゲットにされた。科学技術という言葉はこのころから盛んに使われるようになり、敗戦後も経済成長のために、科学技術の重要性は叫ばれ続けた。次いで、高度経済成長期真っ只中の1960年3月、岸信介内閣の松田竹千代文部大臣が、物議を醸す発言をする。

「国立大学の法文系学部を全廃し、国立大学を理工系一本槍とし、法文系の教育は私学に委ねるべし」

さすがに実現することはなかったが、その後、理工系学部の定員は大幅に増やされた。背景には日米安全保障条約の改定に反対する学生運動があった。「法文系学部」の学生たちが活発な参加者であるとみなされていたのだ。

「植民地化されない国家の建設」と「経済成長」という明確な目標を追いかける過程で、文系と理系の分類は生まれ、定着していった。一旦生じた分類は、文系と理系の世界に集まる人の顔ぶれや、就職活動におけるイメージ、研究資金の流れに影響を与え、分類そのものを再生産していった。

これからの文系と理系の分類はどうなっていくのだろうか。著者が本書を書き始めたときに持っていた展望は、文系と理系の二つの文化は、だんだんと近づいて一つになっていくのだろうと楽観的なシナリオを想定していたそうだ。しかし、筆を進めるにつれて、その見解は変化し、学際的な研究の成長など、統一に向けたいくつかの兆しはあるが、急速な変化は起こりえないだろうと考えている。

また、一章を割いてジェンダー問題が取り扱われていることは本書の特徴のひとつである。医学部入試における差別問題は特段取り上げられていないが、女性の理工系分野への適性についての論争、男性の言語リテラシー向上問題は医学部入試の問題を考える上での補助線にできそうだ。

日本の高校生の多くは、文系か理系かの二択を突きつけられる。本書を読んで、よりよい選択ができるようになるかは読み手次第だが、知らないうちに染み付いた常識を疑い、文系・理系のバイアスを外すことはできるだろう。高校生にとって本書は、必要なときに、必要なことを学ぶジャスト・イン・タイム学習の格好の素材だ。

## 『ふたつの日本　「移民国家」の建前と現実』

望月優大＝著

# 人生の予測不可能性と共に

足立真穂

2019.4.13

講談社
（講談社現代新書）

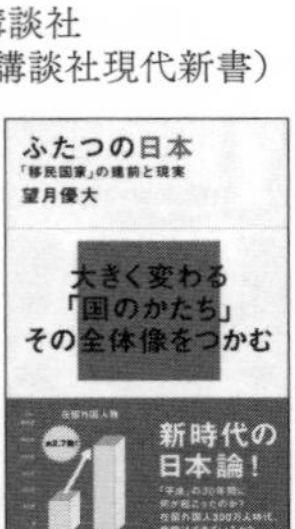


コンビニのレジの人、どこの国の人だろう？　技能実習生が失踪って、なぜそんなことに？　移民に関する政策ってどうなっている？　日本に「暮らす」在留外国人はすでに263万人、日本の人口の約2％だ。ただ、その内訳は思った以上に複雑だ。周りに外国人は増えていくのに、自分は対応できていないような。本書はこの、大きすぎてわからない問題をクリアに「見える」化してくれる。「移民」を真っ向から丹念に書く望月優大さんは1985年生まれ。東大で修士課程を終えた後、経済産業省、グーグル、スマートニュースを経て独立し、現在は株式会社コモンセンスの代表をつとめる。「ニッポン複雑紀行」なるウェブマガジンで、その文章をご覧になった方もいるかもしれない。

これは「日本の移民文化・移民事情を伝える」ことを目的とした、難民支援協会のウェブマガジンで、望月さんはライター兼編集長とのこと。じっくりと聞くインタビュー形式のその文章は、目的のその言葉通りで移民のひとりひとりの人間像に迫るルポのようにも読め、とてもおもしろい。

とはいえ、「移民」のことを扱っている本というと、「かわいそう」のスタンスなのではと、身構えないでもないと思う。だが、それは杞憂だ。というのも、目の前の人物の状況に寄り添う姿勢は持ちつつも、数字データや法律を分析して具体化し、社会全体を俯瞰する視点が同時にあるからだ。

望月さんが1985年生まれだと書いたが、なにしろこの30年間で在留外国人は、94万人から263万人に増えている。「外国人が身近で増えて当たり前」という日本で生まれ育った感覚と視点はとても現実的で、執筆の際に「移民」とどう共生していくかを模索しているようにも思える。

もとより、この263万人という数字の現実にまず驚く人が多いと思う。「これから外国人労働者を受け入れていく」という段階ではなく、すでにこれだけの数がもう入っているのだ。一方で、在留外国人の絶対数でいうと、統計によっては世界のベスト10入りも果たしているというのに、なぜか私たちは日本が「移民国家」だという認識を強く持っていない。確かに「移民の問題」というのは、フランスやドイツなどヨーロッパでの排外主義的な話だと思っているところがないだろうか。

それに対する答えには、大いに納得した。日本の総人口は多いのだ。少子化とはいっても、1億を超す国はそう多くはない。絶対数は263万人でも人口比で考えればおよそ2%、他国に比べると低いのだ。なんとドイツは10・1%、イギリスは8・6%、アメリカは6・9%だという。となると、この国々は「体感する外国度合」とでもいうものが日本よりも相当に高いのかもしれない。ただ、そうなると、少子化で1億を下回るだろう2050年の日本では何パーセントになっているのだろうか。

そうやって、数字で現実を教えて、「移民」に対する認識を変えるところからこの本は始まる。

30年の間の在留外国人の国籍別の数の変遷をみるだけでもそうだ。まず現在（2018年6月末）の人口上位5か国を並べよう。1：中国　2：韓国　3：ベトナム　4：フィリピン　5：ブラジル。中国だけで3割、上位3か国で半分以上、上位5か国で全体の7割だ。その後、ネパール、台湾、米国、インドネシア、タイと続く。

1980年代はほとんどが韓国・朝鮮出身者だったが、1990年代になると中国、フィリピン、ブラジル出身者が増大する。そこまで入ってきていない韓国・朝鮮の数を抜いて中国がトップになるのは２００７年だ。日系人が多いブラジルは２００８年のリーマンショックを機に、解雇ゆえの帰国が増え、減っていく。ベトナムが増えたのは２０１２年から、留学生や技能実習生が多くなったからだという。

もうひとつ、「移民」とひと言でいっても、日本にいる理由や資格で、立場や安定性がまったく異なる点も大事なところだ。なにしろ在留資格のカテゴリーはなんと26もあるそうだ。それを本書では大まかに５つに分類し論じていくのだが、多い順に、１位は「身分・地位」（永住者や日本人の配偶者など。定住化傾向が強く、安定している）、２位は「専門・技術」（就労目的の在留資格を持つ）、３位は「留学」（学校に属していれば週に28時間まで就労可能）、４位は昨今失踪がニュースにもなる「技能実習」（最長５年までで帰国が前提。家族を呼べないなど制約が多い）、５位は「家族滞在」（在留資格者の配偶者や子ども）となっている（カッコ内は適宜まとめてみた）。

外国人労働者は１４６万人、つまりは在留外国人２６３万人のうち６割は労働者だ。その国別の内訳はというと、また違う様相が見えてくる。

先ほどのトップ５から韓国は姿を消し６位へ。１位から順に、中国、ベトナム、フィリピン、ブラジル、ネパールとなる。つまり出身国によって労働者率が異なり、時期によって日本で求められる役割が違うということだ。ほかにも、技能実習生は製造業に多く、留学生はサービス業が多い、といった傾向や、東京に非常に集中していることなど、分布図がはっきりして視界がクリアになっていく。

そうして「移民」のレイヤーごとに読み解きは進むのだが、結果、見えてくるのは、日本は「単身で、健康で、いつか帰る外国人労働者」を求めているのではないか、ということだ。

そこに、とあるペルー人夫婦が日本に永住することになった理由も出てくる。1年だけ出稼ぎのつもりで来日したものの、そのまま日本で同郷出身同士で結婚、娘がふたりできた。娘たちはペルー国籍だが日本で育ち、日本語の方が上手だ。娘が生まれたときに日本に住むと決意をしてそのまま30年が経ったという。人生はわからないものなのだ。人間は鉄や小麦とは違う。労働のみならず、教育、医療、社会保障……と人間は必ず問題を抱える。統計の予想とは別の方向に行く可能性が大いにあるのに、この「人生の予測不可能性」自体が忘れられることが多い。

「人生の予測不可能性」を予測するのがあるべき政策のはずだが、それはできているだろうか。たとえば、移民が社会に溶け込むのに、何より必須となるのは日本語だろう。ドイツではドイツ語を入国時に教えるというが、日本では受け入れる企業任せの場合が多いそうだ。けれど、そもそも、私たちが日本語を使えるのはなぜだろう。それはきちんと小学校で漢字を習い、読み書きを教わったからだ。それをさせないということは、日本に呼んでも日本社会に入れないという事に等しいとも言える。こうなると、「移民」の扱い方は、どうも自国の日本人に対する扱いの延長にあるようにも思えてくる。これって、「移民」の問題なのか日本人の問題なのか。

どうも、移民のことを考えていくと、日本人の自分たちに話が戻ってくる。それは望月さんの思いでもあるように感じた。こんな言葉が終盤に出てくる。

「同じ社会に暮らしていても、一人ひとりは互いの小さな世界の中で暮らしている。互いの存在は見えず、知り合わず、話し合わない。それは私も、あなたも、同じことである」

最近の「移民」事情はどうなっているのかな、となにげなく読み始めた新書で、いつのまにか考えさせられていた。普段見えない世界の幅を教えてくれる、よき一冊だ。

## 『ぼくはイエローでホワイトで、ちょっとブルー』

ブレイディみかこ＝著

新潮社
（新潮文庫）

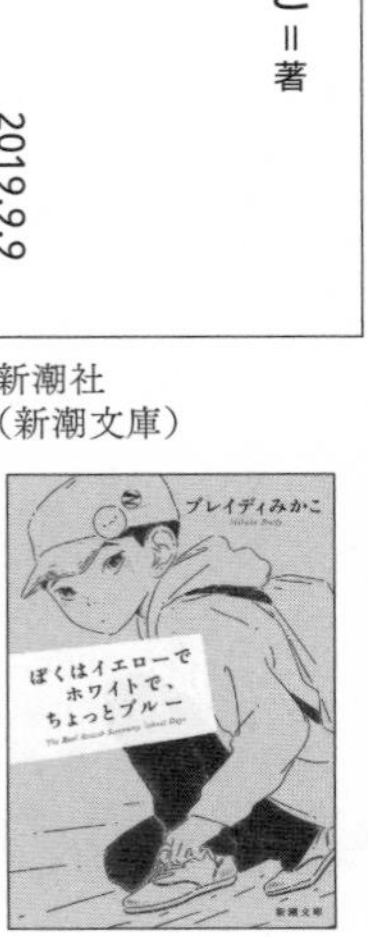


### 未来は彼らの手の中にある！　吉村博光

2019.9.9

本書はまず、中学校を選ぶ場面から始まる。英国では、公立でも小中学校を選べるそうだ。著者の息子さん（以下、「ぼく」）は、エリート中学校に進めるにもかかわらず、荒れた「元底辺中学校」に通う選択をする。この時点で、早くも私はワクワクした。私にも、同じような経験がある。上位校への進学を先生に薦められたのにもかかわらず、一つ下の高校を選んだことがあったのだ。悩んだ挙句、最終的には学校を見学した時の直感に従った。その時のことが、フラッシュバックしたのである。

私の場合、見学した際の上位校は、均質的で校庭も狭くて暗い印象だった。一方の下位校は、広い河川敷で野球をやっていた。半ツッパリもいたし、女子生徒も多かった！　下位校に決めた後、「上位校を選ぶべし」という大人たちの圧力を乗り越える策を私は練らなければならなかった。

言葉の意味はよくわからなかったが、結局、「鶏口牛後」のたとえを出して説得した。その時「自分の人生だから、好きなようにしたらよか」と母が背中を押してくれた。

安全基地（セキュアベース）という言葉が、本書の中でも登場する。外界から帰ることができる安定した心の基地。「ぼく」が元底辺中学校を選べたのは母である著者のおかげだと感じた。でも同時に、まっすぐな父ちゃんの愛も、「ぼく」はしっかり受け取っている。本当に良い所で父ちゃんが顔を出してくる。そこもまたサイコーな本なのだ。遠く離れた英国にこの家族がいると思うだけで、何だか心強い気持ちになれる。

また、本書で「ぼく」の同級生・ジェイソンがラップを披露したシーンも強烈だった。目を疑うほど過激な、自作の歌詞なのである。日本の中学校では考えられない！　その一節を紹介する。

「姉ちゃん、新しい男を連れてきて／母ちゃん、七面鳥が小さすぎるって／婆ちゃん、あたしゃ歯がないから食べれないって／父ちゃん、ついに死んだんじゃねえかって／団地の下まで見に行ったら／犬糞を枕代わりにラリって寝てた」（「バッドでラップなクリスマス」より）

最終的に「来年は違う。別の年になる。万国の万引たちよ、団結せよ！」と歌い上げる。ザ・スミスの曲のタイトルからの引用だ。この歌を聴いた教員たちは、誇らしげに拍手をしていたという。まったく、この「元底辺中学校」の寛容さときたら！　著者は、この迷いのない教員たちの拍手こそ「底辺」から抜け出した原動力になったのではないか、と分析している。実に鋭い指摘だと私は思った。

最近、Volatility、Uncertainty、Complexity、Ambiguityの頭文字をとった「ＶＵＣＡの時代」という言葉をよく耳にする。複雑で不確実な時代。その色は、どんどん濃くなってゆくに違いない。子供たちは、将来、その現実に直面することになる。

ＶＵＣＡの時代には、問いの前提は変わり続け、答えは一面の解でしかなくなってしまう。必要なのは、自らの正義を主張することよりもむしろ、他人の主張を受け入れること（本書でいうと「他人の靴を履くこと」）になるのではないだろうか。

「ぼく」が通っている元底辺中学校には、人種や国籍、富める者や貧しい者……多様な生徒が通っている。そして日々、問題を抱えた転校生がやってくる……。誤解や諍い、その後に生まれる強い絆。そこで繰り広げられるのは、まさに世界の縮図のような日常なのだ。

母である著者と「ぼく」は、その日常のなかで様々な出来事にぶち当たる。そこにあるのは「答え」ではなく「意味」だ。そして、それを見つけるのは著者よりもむしろ「ぼく」であることのほうが多い。そんな「ぼく」の姿は、なんとも頼もしい。本書の次の言葉が心に刺さった。

「さんざん手垢のついた言葉かもしれないが、未来は彼らの手の中にある。世の中が退行しているとか、世界はひどい方向にむかっているとか言うのは、たぶん彼らを見くびりすぎている」(「未来は君らの手の中」より)

安全基地を提供する親と、自ら「意味」を見つけていく「ぼく」という関係性。全編を通じたこのやりとりが心地よかった。私たち親子の間にも、この阿吽の呼吸が生まれれば良いのにナ、と思った。おっと！　一息でこんなにも書いてしまった。普段は、最初の段階で本の概要を説明するのだが、最後にまとめる形になってしまった。

本書は、「ぼく」が「元底辺中学校」を選んでから1年半の出来事を、母である著者が飾らない言葉で率直にまとめた本である。だがそれは、事実の列挙に終わらず、読者への問いかけが胸に迫ってくる。ノンフィクション作家としての著者の手腕が凄まじい！　中学校対抗水泳大会、バンド仲間とのトラブル、性教育の授業で習ったこと、日本語を話せない「ぼく」が日本で体験したこと……興味深いエピソードがまだまだ本書にはたくさんある。

## 『公文書危機 闇に葬られた記録』

毎日新聞取材班＝著

毎日新聞出版

### これは民主主義崩壊への序曲なのか

吉村博光　2020.7.9

石橋湛山記念早稲田ジャーナリズム大賞を受賞した、毎日新聞の好評連載「公文書クライシス」。本書はその取材班が、取材の手の内を明かしながら、ふたたび公文書の闇を照らし出したレポートである。記者たちは今なお取材を続けており、その追及は凄みを増している。

またもう一つ、本書の大きな読みどころとなっているのが官邸と記者との生々しいやりとりだ。森友や加計学園、桜を見る会の問題で、公文書に対する疑心暗鬼が生じている私たちにとって、今まさに読んでおくべき一冊だ。いきなり結論めいて恐縮だが、その現状について本書にはこう書いてある。

「公文書管理法は第1条で『公文書は健全な民主主義の根幹を支える国民共有の知的資源として、主権者である国民が主体的に利用しうるもの』と定めている。つまり、公文書は民主主義制度にとって欠かせないもので、国民のためにあるということだ。しかし、政府で働く人々にこうした意識があるようにはみえない」（「あとがき」より）

つまり「公文書は民主主義に不可欠だが、政府にはその認識がない」と断言しているのだ。私があえて結論から始めたのは、深くて広いこの問題の根を丹念に探っていくことこそ、本書の肝だと思ったからである。本稿では、取材班が最も鋭く追及している「公文書ガイドライン（２０１７年12月改定）の実態」を中心に取り上げたい。

重要な打合せをした時に「日時・参加者・主なやりとりの概要」を記録することが、この改定ではじめて義務づけられた。加計学園問題がきっかけである。安倍首相本人も、これにより公文書管理の質を高める旨、会見で語ったという。その義務がなかったことに、かえって驚かれた方もいるだろう。政策決定の過程を残すのは当然のことと思われる。

しかし、である。改定後1年間の「打合せ記録」を官邸に請求したところ、「不存在」という回答がきたという。驚くことにガイドライン改定後も残されていなかったのだ。この事実は２０１９年４月に毎日新聞で報道された。翌日、菅官房長官の定例会見で東京新聞の望月衣塑子記者が質問する姿が話題になったため、ご記憶の方も多いかもしれない。

ガイドラインには反していない、という答えで官邸側は押し切った。ガイドラインに解釈の余地があるため、可能な芸当だ。いつものことながら、モヤモヤを残す会見だった。だが、ここからが本書の本懐である。「官邸はなぜ記録を残さないのか――」「なぜ形だけのガイドラインが生まれたのか――」その理由を緻密に浮き彫りにしていく。

取材班の聞き取り対象は、現役官僚や改定に関わった有識者、元首相秘書官、首相経験者など多岐におよぶ。そしてついに、改定までの経緯が書かれた約３０００枚の資料を、改定に主要な役割を果たした公文書管理課から入手したのである。そこには、改定案に対する各省庁の「本音」が書かれていた。その「本音」とは、どのようなものなのか。

「定義があいまいだと、つくる必要のある記録が際限なく増えてしまい、業務がパンクしてしまう。だから対象文書をしぼるために定義を具体的にしてほしい。それができないのなら、つくらなかったことがあとから問題になってもわれわれは責任をとらない——そう言っているのだ」（第九章「謀略」）

ここにある「定義」とは、記録を残すべき〝重要な打合せ〟とは何か、という定義である。規定では「方針に影響をおよぼすもの」と書かれている。しかし、具体例が示されておらず、運用は現場の判断に委ねられているのだ。しかも、記録は打合せをした両者による内容確認を義務付けている。果たして、打合せ後に首相に確認を取れるだろうか。

環境省、厚生労働省、法務省などから寄せられた実際のコメントが本書には掲載されている。そのいずれもが生々しく、実に興味深いものだ。やがて記者は、不思議なことに気づく。有識者会議の議事録に、この各省庁の意見について議論された痕跡がなかったのだ。

記者は、有識者会議の委員にこの資料をぶつけてみた。すると委員は初見であることを認め、その中に「規則の運用に裁量的な余地がある場合、易きに流れるのが普通だ」という省庁の指摘を見つけると、「これはすごいね」とつぶやいたという。この指摘は「曖昧な定義では、記録を作らなくなる」という、現場からの警告なのだ。

しかし、この警告は無視された。それはなぜか——。記者は、公文書管理課に追及の手を伸ばす。管理課の回答は次のようなものだった。「意見照会は用語の使い方を確認するためのもの」「そもそもブレーキを踏むような意見は出せない情勢だった」そしてなんと「委員会に言われたら出していたかもしれない」と責任転嫁ともとれる発言がでてきたのだ。

ここまで、ガイドライン改定の経緯とその後の状況をみてきた。これが、キャリア官僚の仕事だと思うと私は暗澹たる気持ちになった。忖度にとりまかれ、正気ではヤッテラレナイ仕事になってしまっているのではないだろうか。これは、国にとっての重大危機だ。官僚の心のうちに思いをはせた言葉を、本書の最終章から引用したい。

「官僚も人間だ。記録を出せば左遷され、家族につらい思いをさせるかもしれない。同僚にも迷惑をかける。そう思う一方で、公文書の隠ぺいは国民への裏切りであることも知っている。だから苦しい。首相夫人がからむ森友疑惑では、どうすることもできず、自ら命を絶つ官僚まで出てしまった」（終章「焚書」）

「だから苦しい」という言葉が、私の胸を衝いた。私はこの現状を改める必要があると思った。さもなければ、成行きで生まれたガイドラインが「苦しみ」を背負う官僚をただ増やすだけの結果になる。しかし、政府の公文書への態度は、今に始まったことなのだろうか。もともと、公文書は日本でどのように扱われてきたのだろう。

その点について、本書には次のような事が書かれている。「首相の資料を保管する公的なルールはない」「民主党への政権交代時には自民党時代の資料を捨てていた」「敗戦時には戦時中の資料を焼いていた」。公文書が国民共有の知的資源だという認識が、そこには感じられない。公文書を保存する認識がそもそも薄かったようである。

この歴史に「公文書クライシス」報道は一石を投じた。その意義は、果てしなく大きい。ただ我々は、ガイドライン違反の問題に終始せず、「公文書軽視」という根深い問題に向き合いたいものだ。そして、諸外国の事例を調べあげて最適なシステムが完成した時にはじめて、取材班の多大なる労が報われるのではなかろうか。

# 『ブルシット・ジョブ　クソどうでもいい仕事の理論』

デヴィッド・グレーバー＝著
酒井隆史、芳賀達彦、森田和樹＝訳

岩波書店

## 世界はくだらない仕事にあふれてる

首藤淳哉　2020.8.26

「ブルシット・ジョブ」とは、「クソどうでもいい仕事」のことだ。もう少し丁寧に説明すると、「なんのためにあるのかわからない、なくなっても誰も困らない仕事」のことである。近年、私たちの身の回りでブルシット・ジョブが増えている。そして確実に、働く人々の心身を蝕んでいる。

多くの人がこのことにうっすら気づいていたようで、２０１３年に著者があるウェブマガジンで「ブルシット・ジョブ現象について」という小論を発表したところ、国際的な反響を呼んだ。本書はこの小論をベースに、その後の調査や考察を加えて一冊にまとめたものだ。コロナ禍でエッセンシャル・ワーカーに注目が集まる中、時宜にかなった出版といえる。

著者のデヴィッド・グレーバーは、イギリスの名門大学、ロンドンスクール・オブ・エコノミクス（ＬＳＥ）の人類学教授で、アナキストの活動家としても知られる。アナキストのアクティヴィストと聞いて、極端で過激な主張をする人物をイメージした人は、この本を読んで拍子抜けするかもしれない。なぜなら、本書に書かれている内容は、社会人にとって「あるある」ばかりだからだ。

「ブルシット・ジョブ」はどこの職場にもある。そのひとつが「なんのためにやるのかよくわからない会議」だ。あなたが何か画期的なアイデアを思いついたとする。ところがこれを取締役会に上げる前に、いくつもの社内ミーティングをこなさなければならない。中には「上役にどう説明するかを検討するための打合せ」なんてものもある。ようやくの思いで取締役会に辿り着いたとしても、頭の中身はガラパゴスだが地位だけは高い取締役に、「そもそもさぁ、この企画やる意味あるの?」などと無邪気にトドメを刺され、これまでの努力が水泡に帰する……。なんという徒労感!

「この仕事は社会の役に立っているのか」、「自分は何のために働いているのだろう」、そんな思いに駆られた経験は誰にでもあるはずだ。著者が発表した小論にも多くの人から共感の声が寄せられた。著者はそれらの人々にインタビューを重ね、ブルシット・ジョブの中身や携わる人々の心理状態について詳述している。その厄介な特徴をあげておこう。

それは、働く本人が無意味な仕事だと気づいていながら、一方で「そうではないと取り繕わなければならないと感じている」ということである。つまり、決して無意味な仕事をしているのではありませんよ、と周りにアピールしなければならないということだ。社会学者の山田陽子は『働く人のための感情資本論』の中で、「王様が裸であること自体への苛立ちと、王様が裸であることを知っていながらそれに気づかないふりをしてパレードを続けることへの苛立ち」と書いているが、まさに言い得て妙である。「つまんねーな」と思いながら「やってる感」を演出するのは、かなりの苦痛を伴う行為だ。

だがこれは、私たちの仕事に対する思い込みに原因があるのかもしれない。たとえば「働くことは人格形成に寄与する」「仕事は人生を豊かにするものでなければならない」「正業に就いて給料を稼ぐ生き方こそ真っ当である」という考えがある。これらは果たして本当に正しいのだろうか?

本書を読む最大の効用は、こうした仕事についての数々の思い込みを覆してくれるところにある。

世間で常識だと思われている考え方は歴史的な産物に過ぎず、その歴史も意外と浅かったりする。もしかしたら私たちは、仕事というものをあまりにも窮屈にとらえ過ぎているのかもしれない。

ブルシット・ジョブが増えている理由について、著者はいくつかの要因を指摘している。そのひとつは、現代社会はむしろブルシット・ジョブがないと成り立たないようになっている、というものだ。

かつてオバマ前アメリカ大統領は、公的な社会保険制度の確立を公約にしながら、民間の健康保険制度も維持することを選んだダブルスタンダードを追及され、こんなことを述べた。制度を一本化することで事務処理の非効率が改善されるというが、民間の保険会社で働く人々の雇用はどうなるのか、と反論したのだ。現代社会がいかに際限のない書類仕事によって支えられているか。「雇用を守る」と言えば聞こえはいいが、このどうしようもない現状を追認するものでしかなかった。

オバマが守ろうとしたのは、保険会社の管理部門の人々の雇用である。こうした管理部門は、皮肉なことに社会のあらゆる場面で効率化や自動化が進められるのに比例して肥大化していった。私たちは「仕事の効率化」や「生産性の向上」といった言葉を正しいと思いがちだが、これも思い込みのひとつかもしれない。なぜなら管理部門こそがブルシット・ジョブの巣窟だからだ。

そんな中、このところ「社会に本当に必要な仕事」に光が当たるようになったのは良い傾向だと思う。ウイルスによって社会が機能を停止して初めて、私たちはこの社会を支える仕事に従事する人々の有り難みに気づいた。だがこうしたエッセンシャル・ワーカーへの報酬は、管理部門でブルシット・ジョブに従事する人々に比べ不当に低いのも事実である（本書にはその理由も書かれている）。

それにしても、仕事の「意義」や「価値」がこれほど見出しづらくなった時代があっただろうか。仕事とは何だろうと考える時、思い浮かぶ現代詩がある。平田俊子の「猫の休日」という詩だ。

「うちの猫が職探しに出た」。この詩はこう始まる。職探しに出かけたのは人間ではなく、猫。猫だから日がな一日寝て過ごしているのだが、来る日も来る日も寝てばかりなのはいかがなものか、就労適齢期なのだから働いてはどうかなどと言われ、仕方なく職探しに出る。後半はこう続く。

学歴ない／手に職ない／コネない猫にも持ち場はある　が、／初日　二日目は水だけ飲んでふさいでいた／三日目　ビヤガーデンのボーイになった／四日目　片目なくして戻ってきた／服をよごされ怒った客にやられたそうだ／五日目　眼帯つけて階段をのぼった／彼の仕事はのこってなかった

次に見つけたのは　針穴に／五倍のふとさの糸通す作業／毒の色した化繊糸とたたかい　やわらかな／毛を散らし　指をいためた

「何もない私に恰好の任務が」／けさははずんで出ていったが顔をつぶして／這って戻った／聞けばすいか割りの仕事という／すいかを割ったの？　かぶったんです／割れたすいかから猫が飛びでるご愛嬌／笑おうとしてどろりと吐いた／頭の骨が砕けている／「あしたは日曜」　月曜からはガードマン

猫は労働と引き換えに、いつも何かを奪われる。これはブルシット・ジョブで魂をすり減らす現代人の姿でもあるだろう。クソどうでもいい仕事に覆われた社会をどう変えるか。大切なのは、私たち自身がさまざまな思い込みから自由になることではないか。

ふと我が家の本棚を見ると、仕事へのモチベーションを維持する技術や職場のストレスとの向き合い方を指南する本が何冊も並んでいることに気づいた。まずはこれらの「クソどうでもいい本」を処分することから始めてみよう。

『操作される現実
VR・合成音声・ディープフェイクが生む
虚構のプロパガンダ』

サミュエル・ウーリー＝著
小林啓倫＝訳

白揚社

## 誤情報・意図的な操作にどう立ち向かうのか

冬木糸一

2020.11.5

この１～２年の間に、ソーシャルメディアがもたらすフェイクニュースの蔓延、政治利用について書かれた本が何冊も邦訳刊行されてきた。本年９月には『マインドハッキング――あなたの感情を支配し行動を操るソーシャルメディア』が刊行されている。こちらは、ケンブリッジ・アナリティカ（ＣＡ）という会社がトランプの大統領選にてフェイスブックを用いた大規模な誘導・操作をしている実態を、ＣＡからの内部告発者クリストファー・ワイリーが明らかにした一冊である。

最近では、ツイッターが米大統領選（２０２０年のトランプとバイデンが争った大統領選）を控えてリツイートの仕様に、ツイートを無思考で拡散させる前に一拍考えさせるための変更を加えるなどの動きがあったが、それは、現実的に米大統領選ではＳＮＳ上で大規模な誘導・操作が行われている背景があってのものである。

こうしたＳＮＳ上の操作、プロパガンダはツイッターや米大統領選だけで行われているわけではない。本書『操作される現実』は、そうしたコンピュータ・プロパガンダについて話題になりはじめた２０１６年の米大統領選以前、２０１２年と初期の頃から研究を重ねてきた専門家のサミュエル・ウーリーによる最新の動向と、こうした状況にどう対抗していけばいいのかについて書かれた一冊だ。類書と異なるのは、ＳＮＳ上でのプロパガンダだけでなく、ＶＲやＡＲといった新しいテクノロジー領域の危険性について触れているところにある。

コンピュータ・プロパガンダの歴史がどこから始まったのかを特定するのは難しいが、最初に十分な裏付けのある形で存在が確認されたのは、２０１０年のマサチューセッツ州上院議員特別選挙の最中だったという。マサチューセッツ州は長い間米民主党の牙城で、当時の特別選挙においても民主党の圧勝と思われていたが、この時は民主党候補であったコークリーを攻撃するツイッターユーザーの集団がいた。

その攻撃者たちは、コークリーが反カトリック的であると主張していたのだが、これは人口の半数がカトリック教会のメンバーであるマサチューセッツ州では選挙結果を左右する重大な主張だ。結局、その集団攻撃はボットによって引き起こされていたことが判明するわけだけれども、実際にこれが効果をあげたのか、さまざまなメディアがコークリーの反カトリック傾向とされるものを取り上げていて、最終的には共和党が選挙戦を制して、上院の議席を獲得してしまった。

このボットによる集団攻撃の背後にいたのは、アイオワ州のティーパーティー運動家（保守派の政治活動を行う人々）のグループで、自分たちが支援する候補者を応援し、反対派を攻撃していた。ボットによる総攻撃は、少しでも技術があれば同じことができるので、同様の事例は（政治的利用だけではなく、個人への攻撃でも）今世界中で起こっている。

ソーシャルメディアの専門家は、選挙戦から選挙戦へと渡り歩き、ボットや偽情報、政治的スパムを使ったキャンペーンにミームを用いたものなど、様々な手法を試しながらどれが最も効果的かを計測しているという。初期の頃はボットの稼働テストなどを4chanのような掲示板を使ってテストしていたが、次第にサブレディット（特定の話題について話し合う日本の掲示板の板のような場所）へと移行し、炎を背景にヒラリー・クリントンとキリストがボクシングをしているようなミームを用いて、フェイスブックやツイッター、ユーチューブに拡散させたりする。

著者はボット開発者らやこうしたソーシャルメディア専門家に知り合いが多く、こうした具体的なSNSを用いた選挙戦の手口が広く書かれているのもおもしろいポイントのひとつ。

コンピュータ・プロパガンダでは、将来どのようなことが可能になるのだろうか？　一つには、人工知能の高度化による、より巧妙になったプロパガンダがあるだろう。たとえば2020年の10月頃、RedditのサブフォーラムでOpenAIの言語モデルGPT-3が文章を生成してコメントをしていたのに、長い間誰も気づいていなかったことが明らかになった。それも、AIがコメントしていることが判明したのは文章の内容が変だったからではなくて、コメントが早く的確なのに文章が長いという、人間には不可能な速度でなされていたことがきっかけだった。

少なくとも掲示板上では、我々は相手が人工知能なのか人間なのか、判別できなくなってきている。これが政治的な誘導に用いられるのは明らかだ。こうした動きは、機械学習によってより効果的に相手にフィッシングサイトを踏ませるようパーソナライズさせたAIボットの出現（すでに存在する）などと相まって、より脅威になることが考えられる。

じゃあ我々はされるがままってこと？　と思うが、こうしたボットへの対抗策も生み出されつつある。ソーシャルメディア観測所（OSoMe）は、機械学習を利用してボットを検出するツールを開発している。このツールは、アカウントのプロフィール、友人、社会的ネットワーク構造、行動パターンなどの特徴を把握してボット・スコアを出す。こうした技術が普及すれば、大量のボット対それを検知するボット判定ボットでしのぎを削る世界が訪れるのかもしれない。

未来に起こり得るプロパガンダの一つに、ディープフェイクがある。これはAIを使って偽の動画を生成する技術で、現状はもっぱらポルノ分野で用いられているが、ミシェル・オバマ前大統領夫人がストリップをしている映像を生成して嫌がらせするなど、動画の情報量は文字とは比べ物にならないので、その被害も大きい。だが、こちらもすでに対抗手段が作られていて、映像に映っている人のまばたきのパターンからフェイク映像であるかどうかを判定する技術がある。

フェイクを作り出すAIとそのフェイクを見破るための技術の攻防は、ディックの『アンドロイドは電気羊の夢を見るか?』や『ブレードランナー』に出てくる、自分自身ですらも機械であることを認識できないほどのアンドロイドを人間か非人間か判定するフォークト=カンプフ検査を思い起こさせる。「お前は人間か、アンドロイドか?」というSFでしかあり得なかった問いかけが今では現実になっているのだ。

本書には他にもVRやARといった領域がどのようにフェイク生成に使われていくのかという未来の可能性についても語られている。一般の人間はコンピュータ・プロパガンダにおいて金も権力もある勢力に、意図せずして歩兵として利用されやすい。そんなのまっぴらだ、と思うひとにとって、本書はかなりおもしろいので、ぜひ手にとってみてね。

## 『人新世の「資本論」』

斎藤幸平＝著
集英社
（集英社新書）

### 資本主義の代替システムを構想できるか

堀内勉　2020.11.10

「一体あとどれくらい経済成長すれば人々は豊かになれるのだろうか？」これが本書の投げかける根源的な問いである。そして、これこそがジェネレーションZ（1990年代中盤以降に生まれた世代）やジェネレーションY（1980年代序盤から1990年代中盤までに生まれた世代）と呼ばれる若い世代から向けられている怒りの本質でもある。

　自身がジェネレーションYに属する著者の斎藤幸平は、世界が幾ら経済成長しても豊かになるのは極一部の超富裕層だけで、大半の人々は豊かにはならないと断言する。そして、これまでの資本主義を維持し、修正しながら騙し騙し続けていく、グリーン・ニューディール、緑の経済成長、気候ケインズ主義、ラディカル・キャピタリズムからESGやSDGsに至るまで、ありとあらゆる既存の議論に対して、ごまかし或いは空想だとしてノーを突き付ける。

　旧来の南北問題も含め、資本主義の歴史を振り返れば、先進国における豊かな生活の裏側で、その矛盾がグローバル・サウス（南の発展途上諸国）に凝縮されてきた。ドイツの社会学者ウルリッヒ・ブラントとマルクス・ヴィッセンは、グローバル・サウスからの資源やエネルギーの収奪に基づいた先進国のライフスタイル、つまりグローバル・ノース（北の先進諸国）における大量生産・大量消費型社会のあり方を「帝国的生活様式」と呼んでいる。

こうした生活様式の問題は、収奪や代償の転嫁なしには維持できないという点にある。グローバル・サウスの人々の生活条件の悪化は、資本主義の前提条件であり、つまり世界が幾ら経済成長しても格差は拡大するばかりで、地球上に78億人いる人類全体が均霑《きんてん》されることはないのである。

資本主義というのは、価値増殖と資本蓄積のために、更なる市場を開拓し続けていくシステムである。希少性を作り続け、モノの価格を使用価値以上に釣り上げることで、永遠に利益を生み続けてきた。その過程で、環境への負荷を外部へ転嫁しながら、自然と人間からの収奪を継続的に行ってきた。利潤を増やすための経済成長を決して止めないし、人間を資本蓄積のための道具として扱う資本主義は、自然もまた単なる掠奪の対象とみなしているのである。そしてこれは、マルクスが『資本論』で語ったように、際限のない運動である。

著者がここで深刻な問題として取り上げているのが、温暖化による地球の持続可能性である。地球全体に不可逆な変化が起きて、以前の状態に戻れなくなる地点（ポイント・オブ・ノーリターン）は、直ぐそこまで迫っている。2030年までに二酸化炭素排出量をほぼ半減させ、2050年までに純排出量をゼロにしなければ、我々はもう後戻りできないのである。

本書で言う「人新世《ひとしんせい》」とは、資本主義が生み出した人工物が地球を覆いつくした時代である。人類の経済活動が地球に与える影響が大きいため、ノーベル化学賞受賞者のパウル・クルッツェンは、地質学的に見て地球は新たな年代に突入したと言い、それを「人新世」（Anthropocene）と名付けた。人間の活動の痕跡が、地球の表面を覆いつくした年代という意味である。

ビル、工場、道路、農地、ダムなどが地表を埋めつくし、海洋にはマイクロ・プラスチックが大量に浮遊し、人工物が地球を大きく変えている。人類の活動によってとりわけ飛躍的に増大しているのが、大気中の二酸化炭素である。著者は、その背景にあるのが、量的な経済成長を求める資本主義という仕組みだと言う。

しかし、資本主義がどれだけうまく回っているように見えても、所詮、地球というのは有限な存在である。外部化の余地がなくなった結果、採取主義の拡張がもたらす否定的帰結は、ついに先進国へと回帰するようになる。その最たる例が、今、正に進行している気候変動なのである。著者は、資本主義が地球を壊しているという意味では、今の時代を「人新世」ではなく、「資本新世」と呼ぶのが正しいのかも知れないと言う。そして、この問題について考え抜いた思想家が、『資本論』のカール・マルクスだったというのである。

なぜ今、マルクスなのかについては、本書の後半で詳細に語られている。マルクスの思想は『資本論』で終わっている訳ではなく、今、著者を含む世界中の研究者を巻き込んで進行しつつある、MEGA（Marx-Engels-Gesamtausgabe）と呼ばれる『マルクス・エンゲルス全集』の編纂プロジェクトの中で、それが明らかになりつつあるというのである。

この先は、是非、本書を購入して読んで頂きたい。これまで知られていなかった、マルクスが最終的にたどり着いた思想に至るまでの過程は、一流の推理小説並みの面白さである。

最後に、本書の結論部分の頭出しを少しだけすると、こうした議論を踏まえた上で著者が主張する解とは、「成長」に代わる「豊潤さ」である。それを、新たな「コミュニズム」（communism）によって実現しようと言うのである。但し、宇沢の「社会的共通資本」と比較すると、著者の言う「コモン」（common＝社会的に人々に共有され管理されるべき富）は専門家任せではなく、市民が民主的・

水平的に共同管理に参加することを重視する。そして、最終的には、この「コモン」の領域をどんどん拡張していこうというのである。

元々、「コミュニズム」とは、マルクスにとってもソ連のような一党独裁と国営化の体制を指すものではなかった。マルクスにとっての「コミュニズム」とは、知識、自然環境、人権、社会といった資本主義で解体されてしまった「コモン」を意識的に再建する試みに他ならなかった。そして、人々が生産手段だけでなく、地球をも「コモン」として管理する社会を、「コミュニズム」として構想していたのである。

マルクスは、将来社会を描く際に、「コモン」が再建された社会を「共産主義」や「社会主義」という表現ではなく、「アソシエーション」(association) という言葉で呼んでいた。労働者たちの自発的な相互扶助 (アソシエーション) が「コモン」を実現するというのが、マルクスが構想していた社会なのである。

本書に対しては恐らく批判の声も多いだろうが、肯定するにしても否定するにしても、これからの世界を考える上で、本書を避けて通ることは出来ないと思う。旧世代にはなかなか理解しがたい内容を含む反面、膨大な知識に裏打ちされた、多くの本質的な問題を含んでいるという意味で、読後感は、新しい組織の進化を語った『ティール組織——マネジメントの常識を覆す次世代型組織の出現』に近いかも知れない。

## 『社会問題とは何か なぜ、どのように生じ、なくなるのか？』

ジョエル・ベスト＝著
赤川学＝訳
2021.1.26
筑摩書房
（筑摩選書）

### 10代の頃に読みたかった！

山本尚毅

多くの人がネガティブなニュースばかりで気が滅入っていて、もっとポジティブなニュースに触れたいと思っている。だけど、なぜかメディアでは新しい社会問題が続々と報道される。なぜ社会問題ばかりが注目を集めるのだろうか。

「クレイム申し立て者のレトリックがしばしば主張するのは、事態が想定外に悪化しており、正真正銘の破滅が迫っており、進歩は幻想にすぎないということである。クレイム申し立て者が進歩について語ることはほとんどない。社会が改善していることを認めてしまうと独り相撲になりかねず、トラブル状態への対処行動を起こす障害となるのを懸念するからである」

クレイム申し立て者とは、特定の社会問題を主張する人である。社会問題がいかにして生まれ、広がっていくかを解説した教科書である本書の主人公である。

本書はアメリカではロングセラーとなっており、幾度となく版が重ねられている。いくつかの出版社から社会問題についての本を書いてほしいと依頼されていた著者は、いつもお決まりの文句で断っていたそうだ。

出版したい本ではなく、書きたい本を、その願いを受け止めた胆力のある編集者との出会いにより、本書は形になった。著者の熱意と真摯さが表れているとも取れるが、間違った統計データや社会問題を易々と発信するメディアとしての書籍に対しての懐疑心でもあり、警鐘でもあるのだろう。

さて、本書の内容に再び戻ろう。自殺や気候変動、かたや個人の行為であり、かたや地球規模の変化で、範囲も質も大きく違う。しかし、ともに社会問題として括られる。

女性差別、人種差別はもちろん社会問題として扱われている。しかし、かつては社会問題として考えられていなかった。いっぽう、身長差別、早生まれ差別は社会問題と考えられていない。私たちは何を社会問題と考え、そして考えないのだろうか。

社会問題を有害な状態と特徴付け、客観的な性質から判断する客観主義という見方がある。いっぽう、問題であるか否かという人々の主観的な認識の観点から、社会問題を定義づける主観主義的アプローチがある。本書は冒頭で、客観主義の問題と無益さを提示し、主観主義で社会問題を考えることが必要不可欠であると主張する。

この立場に立った著者の社会問題の定義は「ある状態が害悪を引き起こすのではなく、人びとがある状態を害悪だと考えている」ということである。そうなると、社会問題は人々の主観的な判断が変化するにつれて現れては消えることになる。では、どのように現れて、なくなっていくのだろうか。

基本的な枠組みとして、一つの些細な問題が社会問題になっていくには6つの段階がある。クレイム申し立て、メディア報道、大衆の反応、政策形成、社会問題ワーク、政策の影響である。具体的には、ある人がトラブルであると認識すべき状態が存在し、対処する必要があるとクレイムを申し立てる。全ての社会問題はここからスタートし、このクレイム申し立てだけがあらゆる社会問題に共通する。

COVID－19に関する話題を6つの社会問題過程から考えてみよう。医療体制の構築、テレワーク推進、オリンピック、飲食・旅行事業者支援（GoToキャンペーン）、派遣・雇用問題、反ワクチンなど、COVID－19を切り口にさまざまなクレイム申し立て者が現れる。メディアはそれらをパッケージにして、限られた時間枠や誌面にストーリーとして報道する。大衆の反応は世論調査やインタビューに表れ、メディアや政策にフィードバックされる。政策として立案されたことは、社会問題ワークとして実行される。社会問題ワーカーは政策の期待と現実かつ具体的な問題解決の間で板挟みになりながら、事例を生み出していく。実行された政策は評価され、たいていは批判（不十分だ、やりすぎだ、誤誘導している）される。その批判が新たなクレイムを生み出す。

古今東西、縦横無尽に領域を横断しながら多数の社会問題を蒐集・比較し、社会を揺さぶる問題の基本構造を明らかにした本書は、ジョセフ・キャンベルの『千の顔をもつ英雄』や『ヒーローズ・ジャーニー（英雄の旅）』を彷彿とさせる。6つの過程は、特定の社会問題に情熱的または冷笑的に関心を持ったときに、もしくはその渦中に放り込まれたときに、適切な距離感で統合的に考えるための、頼り甲斐のある防具になる。

「常日頃、ニュースメディアはクレイム申し立て、政策形成、社会問題ワークについて報じることで種々の物語を作り出す。そしてしばしば公共的な反応を引き出し、別の政策に対する評価を生み出す物語を流し続ける（中略）。構築主義のモデルはこれらすべての物語をより広い文脈に置き、より大きな社会問題過程の一部として使うことができる。これは価値ある仕事である。なぜなら私たちはつねに社会問題過程の渦中にいるからである」

『存在しない女たち
男性優位の世界にひそむ見せかけのファクトを暴く』
キャロライン・クリアド＝ペレス＝著／神崎朗子＝訳

## 〝女性は虐げられている〟は勘違いじゃない！

東えりか
2021.3.16

河出書房新社

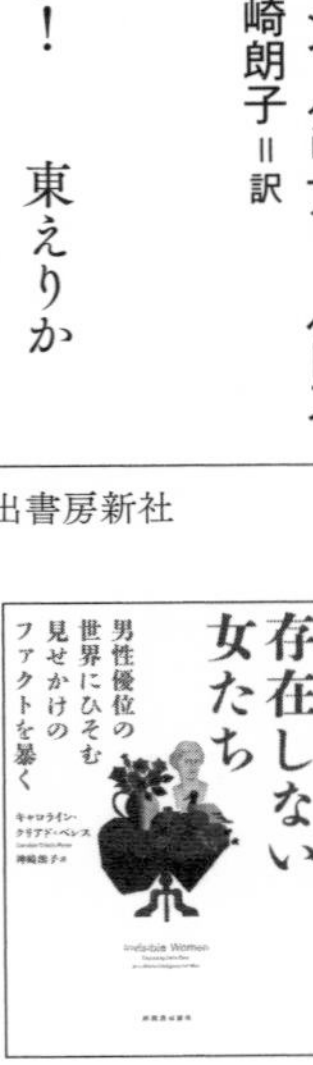


東京五輪・パラリンピック組織委員会の森喜朗会長の女性蔑視発言、その後の辞任会見を見て、私は少し驚くほど怒りを感じていた。それと同時に、このような世の中を放置してきてしまった自分自身にも腹を立てていた。多分、同じように思った女性は多かっただろう。森元会長が実例として挙げられた日本ラグビー協会で、女性で初めて理事を務めた稲沢裕子・昭和女子大特命教授が朝日新聞のインタビューで「私も笑う側だった」と話されているのを読んで、同じ世代の思いに共感した。

世界経済フォーラムが公表した各国の男女格差を測るジェンダー・ギャップ指数で、日本が１５３か国中１２１位という順位に驚いたのはつい最近のことだ。そんなに日本の女性の地位は低いのか。社会に出て40年、社会的地位が高い男性が女性を軽んじる発言をしたあと「笑い話」として流し、自分は女性を守ってやるんだ、話を聞いてやるんだ、という〝上から目線〟に何度出逢ってきただろう。

しかしそれは日本だけの話ではなかった。『存在しない女たち』ではブラジル生まれの英国籍を持つジャーナリストで女性権利活動家のキャロライン・クリアド＝ペレスが、日常生活のなかで常識として通ってきた「女性に不利なこと」をデータで明らかにしていく。

身近なことで言えば真夏のオフィスの冷えすぎた冷房温度や男性の身体を基準にして考えられた道具の安全性（スマホの大きさがいい例だ）、医学的データのとり方など、あらゆる場所に格差がある。問題はそれが悪意によるものでなく、意図的ですらないことだ、と著者は言う。これまで何千年もまかりとおってきた考え方の産物で、女性の考え方を反映していないことについて不思議とも思っていなかった。まさに「女性は存在しない」という扱いであったのだ。

データは多岐にわたる。冒頭で紹介するのはスウェーデンの除雪政策だ。ほとんどの自治体では除雪作業は主な幹線道路から行われ、歩道や自転車レーンは後回しになる。ここで滑って怪我をするのは圧倒的に女性だったのだ。理由は無償のケア労働。徒歩で動くことが多いのは女性なのだ。歩道などを先に除雪することで、医療費の大幅削減に至ったという。この件は女性をないがしろにしたわけではなく、データを取ってみたら女性に不利だった、ということなのだが、その前に女性に意見を聞いたのだろうか。日本のデータはないものだろうか。

本書で取り上げる「男性が女性を考慮に入れていない事実」には女性の身体的特徴、無償のケア労働、女性への暴力の3つがある。

とくに、女性に対する医学的配慮のなさには背筋が凍る。薬剤のフェーズ1と呼ばれる初期治験では女性が排除されることが多く（妊娠の可能性などを踏まえて）、医学教育では男性が「基準」とされる。女性のことは標準男性を学んだあとの付けたしになっていた。そのため、病気の発見が遅れたり、薬禍などに見舞われたりしてきたのだ。今回の新型コロナ禍の妊娠女性に関するデータもかなり遅れた。

無償のケア労働に関しては、夫婦間の諍いだけでは収まらない。子育て、介護、家事労働、近所づきあいに至るまで女性の働く時間は長い。しかし対価を払われていない仕事は仕事として認められないのだ。「仕方ない」として従事してきたことがジェンダー・ギャップであると言えるようになったのはごく最近のことなのである。

そして暴力。体力的に力が強い男性に暴力をふるわれる恐怖は絶対男性にはわからない。特に性的暴力の恐ろしさは多くの女性が経験している。夜道の一人歩きや誰もいない駐車場など不特定の相手だけでなく、知人や家族からの暴力もなかなか表面化しない。

指導者や政治家、企業のCEOに女性が少ない理由や、女性の能力に関する女性自身を含めての人類全体の思い込み、同性からの圧力など、それぞれの項目を読み進めるうち、頭がもげるのではないかと思うくらい頷いていた。

2015年のある研究では「女性のほうが話を遮られることが多い」という結論に達している。女性が男性の話を遮るより、男性が女性の話を遮る方が2倍多いのだそうだ。議会で女性議員の発言の折、セクハラとも蔑視ともみられるヤジが飛ぶのは日本だけではなく、他の国ではセクハラが暴力に結び付き女性議員たちは身の危険を感じているという。

こうしてデータを積み上げられると、私たち女性はよくやってきた、と思わずにはいられない。これから先は、この腹立たしい格差をどう埋めていくかにかかっている。ジェンダー問題はいま、非常にセンシティブなだけに、多くの意見が遮られることなく公けにされるべきなのだ。

世の中の「当たり前」という事柄をもう一度見直してみたい。自分が差別を感じていないとしても、差別が存在しないという理由にはならない。男性中心の会議で、愛想笑いをしなくてもいい社会をきちんと構築すべき時に来ているのを感じる。

## 『分水嶺　ドキュメント コロナ対策専門家会議』

河合香織＝著

岩波書店

### 専門家たちの葛藤を描いた傑作ノンフィクション

首藤淳哉

2021.4.19

中国・武漢で発生した原因不明の肺炎に世間が注目し始めた頃、読み直さねばと書棚からひっぱり出したのは、『パンデミックとたたかう』という本だった。ＳＦ作家の瀬名秀明氏が東北大学大学院医学系研究科教授（当時）の押谷仁氏と新型インフルエンザについて議論を交わしたもので、２００９年に出た本だが、押谷氏の発言に教えられるところが多く、その名が強く印象に残っていた。

押谷氏は以前からパンデミックへの備えが足りないことに警鐘を鳴らしていた。にもかかわらず、今回の新型コロナウイルスの感染拡大では、押谷氏は身の危険を感じ、自宅の表札を取り外さなければならないほど追い詰められてしまった。いったい何が起きたのか。

押谷氏のもとに厚生労働省から電話がかかってきたのは、２０２０年2月3日の朝9時過ぎのことだったという。「本省に新型コロナ対策のアドバイザリーボードができることになったので、ぜひ委員をお願いします」という依頼だった。押谷氏は公衆衛生学のエキスパートである。ＷＨＯでＳＡＲＳ制圧の最前線に携わった経験から、既に武漢で発生した新しいコロナウイルスがパンデミックになるという危機感を募らせており、専門家組織を作るのがむしろ遅すぎるくらいだと考えていた。

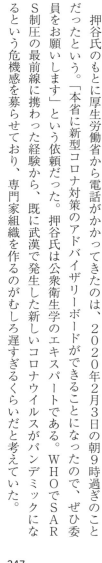

科学技術と社会との関わりを研究する分野の専門家である武藤香織東京大学教授、専門家の招集をいち早く具申した厚労省医系技官の正林督章氏など、アドバイザリーボードに関わることになった関係者のその時々の動きが克明に記されていく。著者は本書では自身の存在や意見はできるだけ消し去り、当事者の言葉や思考を丁寧に辿ることに努めている。ファクトの記録に徹した記述には並々ならぬ迫力がある。「迫真」という言葉は、まさに本書のような作品のためにあるのだろう。

メンバーの中で、押谷氏と同じく大きな危機感を持っていた人物がいた。尾身茂氏である。WHO西太平洋事務局長としてSARS制圧を指揮し、発生源となった中国とシビアな向き合いをした経験から、1月23日に武漢が封鎖された時点で、日本での感染拡大は不可避と考え、専門家組織の必要性を政府に非公式に伝えていた。

その後、アドバイザリーボードのメンバーは、そっくりそのまま、内閣官房下の「新型コロナウイルス感染症対策専門家会議」に移ることになった。第一回の会議が開かれたのは2月16日である。尾身氏や押谷氏らの強い危機感を反映して、専門家会議は当初から「前のめり」だった。頻繁に独自の「見解」や「状況分析・提言」を出し、記者会見も行う。クラスター分析や「3密」回避など日本独自の対策も打ち出した。

だが、こうした姿勢は、厚労省には看過できないものだった。専門家会議の名で情報を発信しようとすると、「専門家会議のクレジットを外せ」だの「国民の煽りすぎはよくない」だの横ヤリを入れる。厚労省の中に設けられた「クラスター対策班」へのサポートもお寒いかぎりだった。人手が足りず現場からなんども増員の要望が出されたが、一向に増える気配がなく、学生ボランティアに頼らざるを得なかった。中にはボランティア募集のメールを見てすぐ羽田行きの飛行機に飛び乗った長崎大学医学部の学生もいた。こうした若者たちの奮闘によって現場はギリギリのところで支えられていた。

一方、厚労省からやってくる班長は週替わりで、中には部屋に来るなり「なんだ、ここは動物園みたいだな」と失礼な口を利く者もいた。通信環境も整備されておらず、厚労省内ではオンライン会議もできない。本来ならば47都道府県と24時間ネット会議できる環境くらいあって当たり前である。仕方ないのでスピーカーモードにしたスマートフォンを何台も並べて電話会議をしていたという。戦後75年がたった今も、危機の際に現場は竹槍で戦うことを強いられるのかと絶望的な気分になる。

ならば政治家が毅然とリーダーシップを発揮したのかといえば、こちらも場当たり的な対応が目立った。2月27日に安倍首相が一斉休校を発表したが、専門家会議に事前の相談はまったくなかったという。あるメンバーは、専門家が予想以上に目立ってしまったために、政治家が専門家を出し抜くようなイニシアチブを取ろうとする引き金になった可能性に言及している。政治家に求められるのは、専門家の意見を聞いた上で、最終的に決断を下すことである。都合によって専門家の意見を聞いたり聞かなかったりでは、当然のことながら政策は一貫性を欠いたものになってしまう。

だがその後も政府は、「専門家の意見を伺って」と責任を押し付けてくる時もあれば、一切相談せずに物事を進めることもあった。そんな政府の決定の責任を、専門家が国会で問われる場面もたびたびあった。専門家個人への殺害予告や損害賠償を求める民事訴訟の動きも出てきた。いつの間にか専門家が政治の責任を負わされてしまっていたのだ。

専門家会議は立ち上がりから約5ヶ月で廃止されることになった。そもそも特措法に紐づいておらず、法的に極めて不安定な組織だった。にもかかわらず世論は、専門家がすべての責任を負っていると認識していたのである。専門家会議は、国家的な危機に専門家が前面に立って立ち向かった初めてのケースとなった。彼らの前に立ちはだかったものは何だったのだろう。

専門家と政府との間には相容れない点があった。それは両者のスタンスの違いである。サイエンスは失敗を前提としている。新しい知見が出てくれば前のものは間違っていたということになる。科学はこうしてアップデートされていく。一方、政府や役人は絶対に間違ってはならないという無謬性を前提としている。この溝は最後まで埋まることがなかった。

だが、先が見えない危機的状況で緊急対応しなければならない場合に、絶対に間違えないということなどあるだろうか。何が正解かわからないのならば、およそ考えつくかぎりの手を尽くし対応に当たるのが普通ではないか。専門家会議の特徴は、反省すべき点は反省できるという点にあった。専門家どうしの間では自由闊達に議論が交わされていた。そして政府の会議体にもかかわらず、自ら解散を申し出るという結末を迎えることになった。

本書は専門家会議の挫折の記録である一方、希望の書としても読める。

失敗の経験はそれぞれのメンバーが必ず次のステージで生かすだろう。個人的には尾身茂氏の類い稀なリーダーシップも強く印象に残った。国会や記者会見で批判の矢面に立っても、尾身氏はいつも穏やかな語り口で答えている。「リーダーは感情のプロである必要がある」という言葉には胸を打たれた。こうした人物が最前線にいるのなら、まだ希望がもてるかもしれない。

連載を本にまとめたいと著者が打診したところ、尾身氏から「時の経過に耐える作品が残ることを期待しています」と言われたという。読者のひとりとして伝えたい。この本は間違いなく歴史に残る一冊である。なぜなら本書には、危機に際して私たちはなぜ間違えてしまうのかが書かれているからだ。またその失敗を真摯に受け止めて、前に進もうとした人々がいたことも。

# 7

【ベスト・ノンフィクション・レビュー】

# 事件・事故

殺人犯はそこにいる――隠蔽された北関東連続幼女誘拐殺人事件
でっちあげ――福岡「殺人教師」事件の真相
八甲田山　消された真実
宿命――國松警察庁長官を狙撃した男・捜査完結
軌道――福知山線脱線事故 JR西日本を変えた闘い
地面師――他人の土地を売り飛ばす闇の詐欺集団
ストーカーとの七〇〇日戦争
黄金州の殺人鬼――凶悪犯を追いつめた執念の捜査録
ふくしま原発作業員日誌――イチエフの真実、9年間の記録
2016年の週刊文春

## 『殺人犯はそこにいる
### 隠蔽された北関東連続幼女誘拐殺人事件』

清水潔＝著

新潮社
（新潮文庫）

## なぜ殺した。ゆかりちゃんは今どこにいる

野坂美帆

2014.1.8

本作のまえがきにはこう書かれている。

「関東地方の地図を広げ、北部のある地点を中心に半径一〇キロほどの円を描いてみる。そこは家々が立ち並び、陽光の中で子供達が笑い声をあげる、普通の人々が普通に暮らす場所だ。その小さなサークルの中で、一七年の間に五人もの幼女が姿を消しているという事実を知ったらあなたはいったいどう思うだろうか。彼女たちはいずれも無残な遺体となって発見されたり、誘拐されたまま行方不明となっている。しかも犯人は捕まっていない」

「私が本書で描こうとしたのは、冤罪が証明された『足利事件』は終着駅などではなく、本来はスタートラインだったということだ。司法が葬ろうとする『北関東連続幼女誘拐殺人事件』という知られざる事件と、その陰で封じ込められようとしている『真犯人』、そしてある『爆弾』について暴くことだ」

「足利事件」は冤罪だった。そして、その後ろで今も逃げおおせている真犯人がいる。清水氏は言う。

「そして何より伝えたいことがある。この国で、最も小さな声しか持たぬ五人の幼い少女達が、理不尽にもこの世から消えた」「私はそれをよしとしない。絶対に」

「足利事件」は、DNA型鑑定を覆した冤罪事件として世の注目を集めた。一九九〇年に起きた「松田真実ちゃん事件」の犯人として菅家利和氏を逮捕、起訴、無期懲役に服させたが、逮捕の決め手となったDNA型鑑定の信頼性が問われた。再鑑定の結果、犯人の遺留物から抽出されたDNA型と菅家氏のDNA型が不一致であるとの結論に達し、冤罪と証明され、釈放された。

獄中生活は一七年半にも及んだ。大きく報道された釈放時の映像。実はあの時、菅家氏が乗った車の中には、清水氏がいた。菅家氏は、自身の冤罪を信じて取材していた清水氏を深く信頼していた。清水氏は記者を務めていた雑誌『FOCUS』休刊後、日本テレビの報道局記者として様々な事件の取材に携わっていた。その中で、群馬県太田市、栃木県足利市、隣接する二地域で連続して起こった五つの事件の類似性に気づく。しかし、そのうちの一件「足利事件」は犯人逮捕済みとされていた。清水氏は、最後の一件、九六年群馬県太田市の「横山ゆかりちゃん誘拐事件」が菅家氏逮捕後に起こっていることに不審を抱き、詳しい調査を始めた。そして、遂には菅家さん冤罪を確信し、DNA型再鑑定、再審キャンペーンへと繋げた。

「いいのか？　これで？　本当に？　ならば菅家さん逮捕後に起きた、類似事件の『横山ゆかりちゃん事件』は別人の犯行ということでいいんだな？　手口はたまたま似ていただけなのだな……」

「やはりおかしい。おかしいんだよ。何かが」

「仮にだ。あくまで仮にだが、万が一、いや一〇〇万が一でも、菅家さんが冤罪だったら……」

証拠の揃った「足利事件」が冤罪であるかもしれないなどと、普通の記者であれば考えはすまい。

しかし清水氏は自分の中に起こった疑念を無視できなかった。むしろ無駄な調査であってほしいと願いながら、それぞれの事件の洗い直しを始める。

清水氏の辿った道のりを追いかける。そこであらわになっていくのは、警察の杜撰な捜査、欺瞞、司法の粗雑さ、マスコミのだらしなさだ。強引に引き出された「自供」。捻じ曲げられた「証拠」。つじつまが合わない「証言」は証拠として提出されない。そして、稚拙な「ＤＮＡ型鑑定」。警察の描いたストーリーをそのまま踏襲する検察。警察の発表する情報を鵜呑みにするマスコミ。清水氏は真犯人の逮捕に繋がるよう警察に情報提供し、捜査の不備を指摘した。だがしかし、警察は動かない。推察されたその理由には、呆然とするしかない。これは本当に真実なのか。真実であってほしくない。私たちの生活は、このような脆く頼りない官僚組織にゆだねられているのか。私たちの認識は、このような情報統制下にあるのかと、戦慄を抑えられない。暴かれた「ＤＮＡ型鑑定」の脆弱さには、血の気が引く。発展途上であったはずのその鑑定手法は、なぜ絶対的な権威をもって認められてきたのか。清水氏はその張りぼての中に鋭いペンを突き刺す。科学捜査手法の発達は歓迎されるべきものだ。だが、科学は絶対視されてよいものではない。それは、科学に触れた経験のある人間なら明らかなことだ。突き刺されたペンが抉り出した真実は、むなしい。

清水氏の心の揺れも、奮い立たせた思いも、余すことなく書かれたこのルポルタージュは、憚りながら、面白い。事件の真実、隠されようとしている「爆弾」に迫る様に、まるでミステリー小説を読むような興奮を覚える。しかし読後、覚えた興奮の分だけ恐怖する。このスリルはフィクションではない。今、現実に私たちがさらされているものなのだと気付く。

本来ならば、このようなルポルタージュが生まれるべきではないのだ。警察組織や司法が、私たちがそうあるだろうと思うように機能しているのであれば、生まれなかったはずのものだ。「だが――

それでよいのか？」事件を追う清水氏の心の中でいつも響いていた言葉だ。その言葉は、本来ならば、どの立場の人間の心で響かねばならないのか。どうして清水氏がこのようなルポルタージュを出し続けなければならないのだ。「桶川ストーカー殺人事件」でも、清水氏は警察より早く犯人に辿り着いた。そして今作でも、「北関東連続幼女誘拐殺人事件」の犯人に辿り着いている。それは、本来誰の役割なのか、問いたい。

「いいか、逃げきれるなどと思うなよ」

なぜ清水氏がこんな言葉を言わなければならないのか。言うべき立場の人間は沈黙したままだ。

『桶川ストーカー殺人事件――遺言』巻末、被害者である猪野詩織さんの父、猪野憲一氏は言う。

「マスコミは、しっかりと、正確に、世に真実を報道して行く事が出来るのか。細部に至るまで詳しく伝える責任とはどういうものなのか。限られた紙面、制約のある時間のなかで、どんなメディアであれ限界があることはわかっているつもりだが、それぞれのメディアの特徴を生かすことで、それぞれの役割を十分に果たして欲しい、というのが私の切なる望みでもある」

「本書には、人に与えられただけの垂れ流しの情報によってではなく、自らの研ぎ澄まされた直感と信念によって、真実を探り出そうと猛烈に突き進んだひとりの報道人の行動の結果が記されている。この事件の真実を求める多くの人たちに、この事件がどのようなものだったのか、また、報道を志す人々に、報道する人間が真に持つべき姿勢とはどのようなものか、この本を手にする事で分かって頂けると信じ、心から願っている」

安易な警察批判に興味はない。だがしかし、妄信する気もない。本作でも揺らがぬ著者、清水潔氏の報道への姿勢に、深い敬意を寄せたい。そして、少しでも早い事件の解決を望みたい。

## 『でっちあげ 福岡「殺人教師」事件の真相』

福田ますみ＝著

新潮社（新潮文庫）

# 文庫版9刷で完結した決定版！

東えりか 2016.4.16

事件が発覚したのは2003年。本書が単行本として世に出たのが2007年。2010年に文庫化され、とうとう今年、第9刷にてこの事件の完全決着までが収録された決定版が出来上がった。著者はもちろんだろうが、上梓された直後に読み、賛成・反対、様々な意見に晒されたところをつぶさに見てきた私も、とてもほっとしている。

全国で初めて「教師によるいじめ」という体罰が発覚し、マスコミが過熱する。報道合戦が繰り広げられ、被害者の両親がメディアに登場して、教師からいかに酷いいじめを受けたかを語る。もちろん世間は同情し、担当教諭は「史上最悪の殺人教師」と呼ばれた。誰も死んでいないにもかかわらず。

ワイドショーや週刊誌の報道はそこまでだ。その後の経緯や裁判の結果など、一切報道しない。日々事件は起こり、天災が降りかかる。普通の人が忘れるのは当然だ。

そこを食い下がり取材を続けた福田ますみは、本書で「新潮ドキュメント賞」に輝く。だがその後、彼女にも批判が渦巻いた。教師側の立場で書かれたこの本が、本当に正しいのか、ネット上でかなりの議論がされていたのを私が知ったのは、実はかなり後のことだった。

当時連載していた書評対談で相手に「あの事件、変じゃない？」と指摘され、アマゾンのレビューを読んで「こんな意見もあるのか」と目を啓かれる思いがしたのを覚えている。ノンフィクションを書くのにこんなに覚悟が必要なのか、と暗い気持ちにもなった。（アマゾンのレビュー投稿者情報の開示が認められたのはよかった）

福田ますみがこの本で失敗したのは、本当の結末まで書ききれなかったことだと思う。文庫版での著者自身の後書きも、解説を書いた有田芳生も、教師の冤罪を完全に晴らせなかったことを悔いている。

だが、この事件は終わっていなかった。新潮社のＨＰに書かれた【本当に本当の決着】を読んだとき、これは文庫が増刷されたときに入れるべきだ、と出版社に私も進言していたし、著者も望んでいた。だが時事ものだし文庫化から時間が経っているため、実現は難しいと思われていた。

いじめ事件はなくならない。福田ますみは新たな取材を続け『モンスターマザー――丸子実業「いじめ自殺事件」教師たちの闘い』を２０１６年2月に上梓した。以前の轍を踏まないために、最高裁の判決まで待っての出版である。この本がもう一度『でっちあげ』に火をつけ、増刷が決定した。「追記」として、文庫版あとがきの後にさらに6ページが加筆された。たった6ページだが何より重い6ページである。すでに本書を読んだ方も多いと思うが、奥付が平成28年4月10日の9刷からその文章は読める。新潮社ＨＰに書かれたものを、非常にわかりやすくまとめたものだ。こうして本書は幸せな結末を迎えた。

## 『八甲田山 消された真実』

伊藤薫＝著

山と溪谷社

### 絶望的にヒーロー不在！　映画も小説も史実ではない

塩田春香

2018.1.25

「神成大尉は、二一〇人の兵隊を凍死させたのは自分の責任であるから自分は自殺する、舌を噛んで自殺すると」。――ベッドの上で正座して話す老齢の男性、その人は、世界最大級の山岳遭難事故の最後の生存者・小原忠三郎元伍長であった。

１９０２（明治35）年1月。日露戦争を前に陸軍は寒冷地での行軍を調査・訓練するため、青森の陸軍歩兵第五聯《れん》隊と弘前の第三十一聯隊が豪雪の八甲田を異なるルートで越えることになる。結果的に三十一聯隊は八甲田を越え帰還したが、五聯隊は山中で遭難。２１０人あまりの将兵のうち、１９９人もが凍死した。世に言う「八甲田山雪中行軍遭難事故」である。

これをもとに書かれた新田次郎の小説『八甲田山死の彷徨』は、大ベストセラーになった。映画化された「八甲田山」で北大路欣也演じる第五聯隊の神成（役名は神田）大尉が猛吹雪のなか、「天はわれらを見放した」と叫ぶシーンをご存知の方も多かろう。

小原元伍長への聞き取りが行われたのは、１９６４（昭和39）年。翌年に控えた陸上自衛隊による慰霊の八甲田演習に向けて、青森駐屯地の第五普通科連隊渡辺一等陸尉が箱根の国立療養所に氏を訪ねたのである。雪中行軍で負った凍傷のため両足首から下と親指以外の両手指を失った小原元伍長も、85歳になっていた。一人、また一人と、足の踏み場もないほどに倒れてゆく仲間たち。62年間の沈黙を破り語られたその悲惨さは、想像を絶するものだった。

聞き取りの翌年、「明治三十五年と同じ想定で、青森平地を出発田代平を経て三本木平地へ進出する」とした自衛隊の演習は実施され、以後毎年、自衛隊第五普通科連隊は2月に八甲田での慰霊演習を行うようになる。

本書は先述の小原証言や当時の資料などを独自に調査して事故の状況やその背景に迫ったものだが、じつは著者自身も第五普通科連隊に所属していた元自衛官で、この八甲田演習に参加している。厳冬期の山の過酷さを実体験として知るゆえだろう、行間ににじむのは無謀な計画の実態や軍の隠蔽体質に対する激しい怒りである。

まず、遭難した五聯隊の装備や計画はあまりにも貧弱であった。現場の気温はマイナス20度近かったと推測される。しかし、当時使用されていたわら靴の写真は「これスリッパ?」という形状で、靴下の上にじかに履けば入り込んだ雪が体温で溶けて凍ることは自明だ。

将校は下士官に比べて装備が良かったために生還できた割合も高く、証言をした小原元伍長も、寒さで錯乱し裸で川に飛び込んだ将校が脱いだフランネルの服を着て助かったと述べている。装備さえきちんとしていれば、死なずに済んだ人たちが多かったことは想像に難くない。

さらに、事故後に陸軍大臣の直命で現地入りした田村少佐の報告は、信じがたいものだった。

「遭難地付近の地図を進達せしか為め種々捜索せしも皆無なり」

地図すらなく、付近の地形を詳知する者すらいなかったというのである。また、この行軍ルートの田代平を冬期に越える訓練は行われておらず、岩手と宮城の出身者が大半を占めた隊員たちは八甲田の豪雪に慣れてさえいなかった。軍の上層部には「予行行軍を実施した」と報告されたが、実際には予行行軍とは名ばかりの小規模な編成で、田代平まで行かなかったというのだ。

さらに、目的地とされた田代新湯という温泉は到底見つけることができないような入りくんだ場所にあり、部隊は誰一人として目的地がどこにあるかもわからないまま前進していたようだ。他にも著者が指摘する数々の問題点には、絶句せざるを得ない。

しかし、このような準備不足を、第五聯隊を指揮した神成大尉ひとりの責任にするのは酷である。大尉の上官・山口少佐が行軍に同行して指揮系統が混乱したことも被害を大きくしたし、本書ではこの大惨事の元凶が何であったか明らかにしている。それについては、ぜひ本書を読んでいただきたい。

そしてまた、事故直後に陸軍大臣に上申された大臣報告や、大臣に提出された遭難顛末書といった資料にも、ねつ造や隠蔽を感じさせる数々の矛盾が具体的に指摘されている。

では、「行軍を成功させた」とされる三十一聯隊は、どうだったのか？　著者は、五聯隊は露営で食糧や器材もすべて携行し200人規模であったのに対し、三十一聯隊は長距離行程ではあるが38人と少人数、はじめから食事や宿泊は民家に頼り、道案内も頼むという、まったく性質の異なる行軍だったので比較はできないと述べている。

そのうえで、三十一聯隊を率いた福島大尉にも追及は容赦がない。映画では高倉健演じる役名・徳島大尉は、案内人にも異例の敬意を払う（これは原作の小説とも異なる）。しかし現実には、特に過酷な八甲田越えの道案内をさせられた7人の村人たちはさんざん酷使されたうえ、町が見えたとたんにその場に置き去りにされたのである。彼らのなかには重い凍傷になり、後に命を落とした者もいた。

あの雪中行軍は、映画や小説とは異なり、絶望的にヒーロー不在であったのだ。

ただ、小説や映画では悪役となっている山口少佐にも優しいところはあったようで、判断能力を失い「川に飛び込む」と言った小原伍長を戒めた。そしてそれが、行軍の悲劇を後世に伝えることにつながったのである。

ところで、じつは小説『八甲田山死の彷徨』には下地となった資料があった。元新聞記者の小笠原孤酒が生存者の小原元伍長や古老たちを丹念に取材した資料である。新田次郎に依頼されてそれらを無償提供したという小笠原だが、『八甲田山死の彷徨』が瞬く間にベストセラーになり、小笠原自身がノンフィクションとして記した『吹雪の惨劇』はほとんど話題になることもなかった。

『八甲田山死の彷徨』や映画「八甲田山」は小説として映画としては、間違いなく不朽の名作だ。この作品がなければ雪中行軍の悲劇が多くの人に知られ、語り継がれることもなかったかもしれない。だがしかし、小説や映画の完成度があまりに高かったために、あたかもそれが「史実」とすり替わってしまったことには複雑な気持ちが残る。

寒かっただろうな、悔しかったろうな、家族に会いたかっただろうな、遺族もたまらなかっただろうな——想像して胸を痛めながら八甲田の登山用山岳地図を眺めていたら、ふと、第五聯隊が目的地とした田代新湯の近くに「駒込ダム（建設中）」の文字を見つけた。

このダムが完成すれば、おそらく田代新湯は湖底に沈む。第五聯隊が目指し、たどりつけなかったその場所が、本当に「幻の場所」になってしまう日も遠くないということか。組織というものの理不尽さや犠牲者たちの無念を思い、やりきれなさはつのるばかりだ。

## 『宿命 國松警察庁長官を狙撃した男・捜査完結』

原雄一＝著

講談社
（講談社文庫）

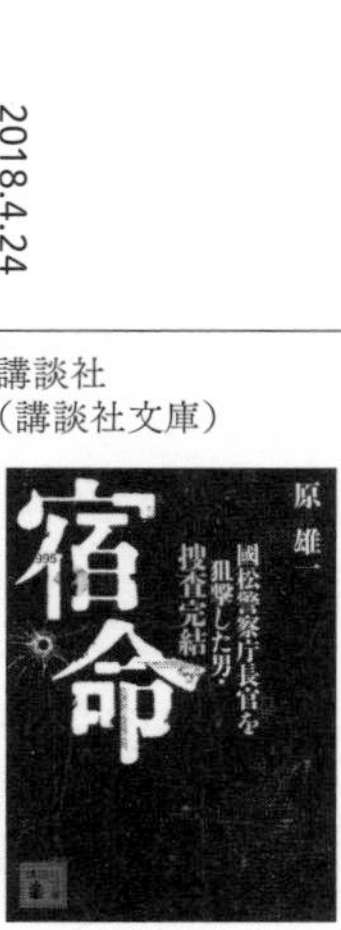


# 「真犯人」はなぜ封印されたのか

首藤淳哉 2018.4.24

あの日、あなたはどこで何をしていただろうか――。1995年（平成7年）3月20日。警察担当の記者だったぼくは警視庁にいた。その朝の記憶は、「霞ケ関駅構内で異臭事件発生」との一報を聞いて、駅に向かって全力で走るところから始まる。いま思えば軽率極まりないが、途中で通風口にひざまずいて臭いを確認したことを覚えている。サリンが原因物質であることを警察が正式に発表したのは、その日の11時だった。サリンと口にした時の寺尾正大捜査一課長の憤怒の表情は、いまでもありありと思い出すことができる。

それからの毎日は、まるで異常な時空の中に放り込まれてしまったかのようだった。オウム真理教の教団施設を張っていると、突然男が建物に向けて発砲したり、マイクを向けようとした教団幹部の腹に何者かが刃物を突き刺したりした。乾いた発砲音も、みるみる血に染まっていく衣服も、日常とはかけ離れたものだ。これを異常と言わずしてなんと言おう。

だが肝心の教団内部の詳しい状況はなかなか知ることはできなかった。オウムとの関係が囁かれた暴力団の周辺を嗅ぎ回ったり、何か手がかりはないかと夜中に教団施設のゴミ捨て場を漁ったりしたこともある。取材は空振りばかりだった。所詮、事件の周辺で右往左往していただけのヘボ記者に過ぎなかったわけだが、それでもこんなふうに当時の記憶が一挙に甦ってきたのは、本書を読んだからだ。平成の終わりを目前にしたタイミングでこの記録が世に出た意義はとても大きい。なぜなら本書によって平成最大の謎のひとつがようやく解き明かされたからだ。

地下鉄サリン事件から10日後の3月30日。國松孝次警察庁長官が、荒川区南千住の自宅マンションから出勤するため、通用口から公用車に向かっていたところを何者かに狙撃された。狙撃手は約21メートル離れたところから4発の銃弾を放ち、うち3発を精確に命中させ逃走。背後から撃たれた長官は瀕死の重傷を負った。

現場は隅田川沿いに建つ高層マンション群だ。敷地内に7棟のマンションが建ち並び、ちょっとした街のようになっていた。長官が撃たれた棟の目の前は遊歩道で、開放的な空間が広がっている。警察組織の頂点に君臨するＶＩＰの私邸としては、意外なほど開けっぴろげだと感じたのを覚えている。開けた空間であるがゆえに逃走も容易だったのだろう。犯人の行方は杳《よう》として知れなかった。その一方で、現場からはいくつかの重要な手がかりが見つかっていた。遺留品として北朝鮮の軍のバッジと韓国の10ウォン貨、そしてなによりも有力な証拠とされたのは銃弾だ。アメリカのフェデラル・カートリッジ社製のホローポイントと呼ばれる特殊な弾頭の銃弾である。

著者は１９９2年に清瀬市の派出所で発生した警察官殺害事件（未解決のまま２００7年に公訴時効を迎えた）の捜査に関わったのをきっかけに捜査一課に配属され、その後一連のオウム事件や八王子スーパー強盗殺人事件といった数々の凶悪事件や重要未解決事件の捜査に携わった。中でも長官狙撃事件は、２０１6年に警察を勇退した後も、執念の調査を続けたほど深く関わることになった。まさにこの事件について語るのにふさわしい第一級の歴史の証人である。

長官狙撃事件がその後どういう経過を辿ることになったか、ごく簡単に振り返っておこう。1997年、日本テレビが衝撃的な映像をオンエアした。オウムの信者だった警視庁の元巡査長が「私が撃った」と告白する内容である。元巡査長はその前年に公安部の聴取を受けており、拳銃を捨てたとの供述に基づいて神田川の捜索も行われていたが、供述の信憑性に疑問があり、検察は立件を見送った。

次に長官狙撃事件の犯人を報じたのは新潮社である。公安部がオウム犯行説に執着する中、刑事部が独自に真犯人を割り出していたというのだ。この驚愕の内容をまとめた『警察庁長官を撃った男』が出版されたのは2010年である。

その人物の名は中村泰《ひろし》という。1930年(昭和5年)生まれで事件当時は65歳である。中村は2002年に名古屋で現金輸送車を襲撃して逮捕されていたが、いくつかの点で長官狙撃事件の容疑者の条件に該当することがわかったのだ。

結果的にこの「中村犯行説」は正しかった。ただ、新潮社が既に報じていたとしても、『宿命』の記述の迫力には及ばない。なにしろ著者は実際に中村を取り調べた当事者なのだ。頭脳明晰なうえ、複雑な内面を持ったこの老スナイパーとの攻防は、ぜひ本書をお読みいただきたい。個人的には「そうだったのか!」と疑問が氷解するくだりがページをめくるたびにあって、時が経つのを忘れて読書に没入した。

中村の供述は、動機といい、容疑者しか知り得ない「秘密の暴露」といい、いくつもの点で長官狙撃事件の真犯人であることを示唆していた。著者はそれらすべての裏付けを取り、共犯者たちの素性を突き止めることにも成功している。だが結局、中村の立件は見送られ、事件は2010年に公訴時効を迎えてしまった。

なぜ中村は真犯人と認められなかったか。それは公安出身のトップがオウム犯行説を熱心に唱えていたからだ。部下たちも中村はクロだという心証を持っていたにもかかわらずトップの見解にひきずられた。本書の記述は抑制がきいていて特定の人物を指弾するような箇所はないが、抑え気味だからこそ、かえって著者の静かな怒りと無念さが伝わってくる（この時、公安で何が起きていたかを知りたい方は、竹内明氏の『完全秘匿　警察庁長官狙撃事件』を読むことをおすすめする）。

著者が警視総監に中村に関する捜査状況を報告する場面にさしかかった時は、思わず本を閉じ、しばし瞑目してしまった。この国ではいつも現場は優秀だ。それに比べてトップのこの目を覆わんばかりの無自覚な言動はどうだろう。トップの発言は重みがある。ここで言う無自覚とは、自身の発する言葉の重さへの自覚のなさを指す。

本書は太平洋戦争以来、なんども反復されてきた組織の「失敗の研究」のバリエーションとしても読むことができるだろう。本書が世に出なければ、この事件に人々がどう関わったか、その細部は曖昧なまま、歴史の中に埋もれてしまうところだった。

ご存知の通り、わが国では公文書というかたちで、歴史を蓄積していくことがほとんど絶望的な状況にある。そんな中、平成を代表する重大事件の「正史」が、書籍として出版されたことにこそ意義があると思うのだ。本書はこれからの出版の使命や可能性についても考えさせてくれた一冊だった。

## 『軌道
福知山線脱線事故　ＪＲ西日本を変えた闘い』

松本創＝著

# ふたりの技術者の邂逅が巨大組織を動かした

仲野徹

2018.4.27

東洋経済新報社
（のち 新潮文庫）

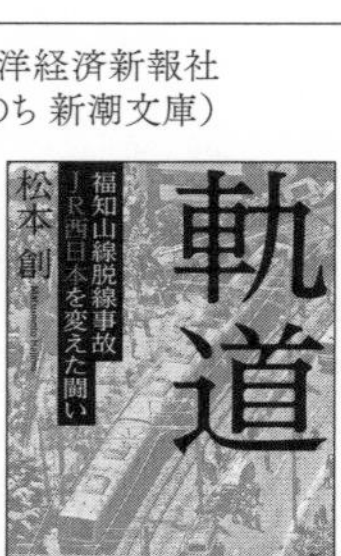


「ひと言で言えば、彼らには事故を起こした当事者という意識がないんですよ。乗客の安全を誰が守るのかという自覚がない。ただ自分たちの組織と権益を守りたいから、外部に責任転嫁を図ったり、運転士個人のミスとして処理しようとする。上から下までそういう組織になってしまっているんでしょう。だから、幹部連中が入れ替わり立ち替わりうちに来て、いくら謝罪の言葉を並べ立てても一つも響かない。本当に申し訳ないことをしたという人間的感情も、これからは絶対に安全最優先に努めるという意志も伝わってこない」

２００５年４月25日、死者１０７名・負傷者５６２名を出したＪＲ西日本・福知山線の脱線事故。その事故で妻を亡くし娘が瀕死の重傷を負った淺野弥三一の言葉である。「どうやって事故直後の数日間を乗り切れたかのかわからない」、「火山の噴火口に取り残された気分だった」、「当時の心境をひと言で言えば……自暴自棄、やろうね」と振り返る淺野。しかし、そのような状態の淺野の前に現れた、会長をはじめとするＪＲ西日本の幹部社員たちに誠意は全く感じられなかった。

淺野は都市計画を専門とする建築家だ。高度成長時代、やりがいのある仕事ではあったが、どうしても不利益をこうむる人が出てしまう。常にそういったことが気になった。阪神大震災の復興でも最善を尽くしたが、責務を果たせたかと自問した。

そのような淺野だったからこそ、事故被害者のネットワークを通じて、一貫して「JR自身が事故原因、とりわけ組織的背景を調査して、公開の場で説明せよ」と求め続けた。そうして、「日勤教育」、利益優先主義、組織の風通しの悪さ、新型ATSの設置の遅れ、などが指摘されていった。

「誠意を持って対応する」というくせに、JR西日本の対応は遅かった。引責辞任した幹部社員3人が、関連会社の社長などに就いていたという事実が明らかにされたこともあった。もちろん、JR西日本は、そのことを遺族や被害者に伝えていなかった。これでは誠意どころか感情の逆撫でだ。

翌2006年の2月、「刷新人事で出直しを図る」として、山崎正夫が社長に就任する。山崎は、JR西日本としては初の技術畑出身、それも、鉄道本部長を務めた後、清掃業務の子会社の社長として本社を7年も離れていた人だ。多くの関係者が責任を問われたため、他に適当な人がいないという消極的な理由で選ばれたのである。しかし、この人事が思わぬ展開をもたらした。

淺野がすごい論客だと知っていた山崎は、殴られるかもという覚悟で初めての挨拶に向かう。謝罪を述べる山崎に、淺野は「そんなに謝られても戻ってくるわけじゃない。それよりも自分は、事故の原因をちゃんと知りたいんだ」と穏やかに語った。

「それに彼は技術屋でしょう。彼は工学、僕は建築で、分野は異なるけど、年は2つしか違わない同世代だ。そこにシンパシーというか、期待するところはあった。彼となら対話ができるかもしれない。そう思って、僕としてはエールを送るつもりやった」

事故の話にはほとんど踏み込まず、技術者としてのお互いの経験や意見をとりとめもなく1時間ほど話した。浅野は山崎を「自分の言葉で語り、素直に感情を表す男」だと思い、山崎は浅野を「普通のご遺族とは視点がちょっと違う」と感じた。

苦労しながら社長を務めていた山崎だが、２００９年7月「事故を予見できる立場にありながら新型ＡＴＳの設置を指示する注意義務違反があった」と神戸地検に在宅起訴され、辞任することになる。憔悴して頭を下げる山崎に、浅野は、遺族の代表者とＪＲ西日本の関係者、中立的な学識経験者の三者からなる事故検証委員会の設置を持ちかける。「責任追及を一旦横に」置き、「加害者と被害者という立場の違いを前提にしながらも、相互が、謙虚な姿勢で、できる限り客観的に今回の事故に向き合う」という委員会。被害者には権利だけでなく義務もある、と考えていた浅野らしい提案だった。

山崎はそれを受け入れて後任社長に引き継ぎ、3年以上の年月をかけて、事故原因の検証と安全対策についての議論が重ねられた。最終的な結論はふたつ。組織を可視化し、事故における組織の責任を明らかにし、後の安全対策につなげること。そして、事故を個人の責任に落とし込むのではなく、人はミスをする、という前提にたってシステムを構築すること、であった。

浅野は一貫して、ＪＲ西日本の体質こそが問題であると訴え続けた。どうしてそこまで強く、というのが、読んでいてなかなか腑に落ちなかった。しかし、その疑問は、ＪＲ西日本の「天皇」とまで呼ばれた実力者、井手正敬に対するインタビューを読むと氷解する。

「事故において会社の責任、組織の責任なんていうものはない。そんなのはまやかしです。組織的に事故を防ぐと言ったって無理です。個人の責任を追及するしかないんですよ」

事故がおこるとすぐに「クビだ！」と怒鳴った井手らしい発言だ。人間はミスをする、という前提とは真逆の発想なのである。さらに組合について「ＪＲ全体の問題なんです。これを改めようと思えば、どうしたって独裁者になる。ならざるを得ないんですよ」と述べている。なるほど、このような考えの独裁者・井手が作った組織には大きな問題があるわけだ。

「徹頭徹尾、統治者の目線なのだ」、「安全技術の進展の陰で犠牲になった者への視点がない。家族を失った者の嘆きに、少しでも立ち止まって耳を傾ける姿勢がない」と、著者の松本は井手に対して手厳しい。しかし、一方で「いくら悪く書かれても、それは構いません」と語る井手に「並の官僚とは違う」という感想も抱く。ここまでいくと、まるで怪物か妖怪のようだ。

山崎は、組織意識を改善するには井手の影響力を排除することが必要であると考えた。だから、井手の関連会社顧問としての契約を解除し、次期社長の有力候補で井手の腹心でもあった副社長を出向させた。社長になるはずがなかった男、井手の息がかかっていなかった山崎だからこそできたことだ。

これほど丁寧に作られたノンフィクションはめったにない。事故の詳しい状況、淺野の慟哭、事故をおこした運転士のこと、JR西日本の体質、淺野・山崎・井手の来歴と人柄、山崎が社長として犯した大失着とそれに対する淺野の赦し、ネットワークとJR西日本の関係、そして、その時にきちんとした対応策を講じていれば福知山線の事故はなかった可能性があるとまでいわれる信楽高原鐵道の正面衝突事故、などが丹念に描かれている。こういった内容を頭にいれながら読み進めると、もし淺野と山崎の邂逅がなければ、JR西日本は積極的な体質改善に向けて歩み出すようなことはなかったのではないかという考えが湧いてくる。

米国などに比べると、日本は事故から学ぶという姿勢が少なすぎる。しかし、まっとうな人間が携われば、決してそうではないのだ。この本は単なる事故ドキュメンタリーではない。すぐれた人間ドキュメントになっている。重苦しい事故を扱った重厚な本だが、読後感は不思議に爽やかだ。

## 『地面師
### 他人の土地を売り飛ばす闇の詐欺集団』

森功＝著

## なぜ55億円を騙し取られたのか

栗下直也

2018.12.10

講談社

２０１６年10月、東京・新橋の歓楽街の一角。資産家の女性の白骨遺体が発見された。自宅と隣家のせまい隙間に、うつぶせに倒れていた。これだけでも十分きな臭いが、驚くべきことに彼女の土地は何者かによって転売されていた。

地主になりすまして、不動産を騙し取る「地面師」の存在は古くて新しい。戦後の混乱期やバブル期に暗躍し、アベノミクスで沸くここ数年、再びうごめき始めた。本書では、この新橋の地主怪死事件を含む６つの詐欺事件の真相に迫っている。

55億５０００万円。大手住宅メーカー・積水ハウスの五反田の土地取引での被害額だ。会社が発表し、刑事告訴したことで10月以降、詐欺師達が続々逮捕されている。

立地の良い土地に目をつけ、地主になりすます。書類を偽造し、不動産業者や開発業者に土地を売り払い、金を受け取る。多くの者は思っただろう。不動産のプロの大企業がなぜ簡単に騙されてしまうのか。積水ハウスだけではない。本書で触れている詐欺事件の被害者だけでもホテルチェーンのアパグループやＮＴＴ関連会社など大手企業の名前も並ぶ。

恐ろしいことに、これらは氷山の一角にすぎないという。数億円から数十億円の詐欺が日々発生しているると言っても過言ではない。警視庁で把握している被害の届け出は年100件程とも言われているが、ほとんどが立件されていない。警察の腰は重く、もし、事件を受け付けたとしても捜査は遅々として進まない。捜査に専門性が必要なのも原因のひとつだが、事件が巧妙にしくまれ、立件が難しいことを読み進めると痛感するはずだ。

積水ハウス事件で大量検挙されたように、地面師は案件ごとに10人前後で構成される、欺しのプロ集団である。全体の絵を描くリーダー、パスポートや免許証など書類を偽造する「印刷屋」、振り込み口座を用意する「銀行屋」、そして、「なりすまし役」。年格好はもちろん、矛盾なく、話ができるかまで事前にリーダーが面接する。振る舞いはもちろん、捜査が自分たちに及ばないような人物かも判断する。そのため、地主役に認知症気味の老人をあてるケースも少なくない。地主役が捕まったところで、本人がその状態では喋りようがない。よくそんな人を見つけるなと思うが、地面師チームには「手配師」という、なりすまし役を見つけたり、演技指導したりする役割まで存在する。

騙す客に売るまでに、複数の売買を重ねることで、事件を複雑にしている。地面師たちで作ったペーパーカンパニーをはさむことが多いが、手数料目的で名前を貸す企業もある。地面師につらなるグレーゾーンに生息している者のいかに多いことか。売買を重ねれば、仲介者なども雪だるま式に増え、関係者が増えれば増えるほど、警察が動いたとしても全体像は見えにくくなる。グレーゾーンの生息者がどこまで詐欺の全容を把握しているかはわからないが「そんなヤバイ物件だとは思わなかった」と善意の第三者を装われれば捜査は暗礁に乗り上げる。

読み進めると驚愕する。地面師グループには「法律屋」が存在し、弁護士事務所や司法書士も片棒をかついでいるのだ。「依頼され、取引に立ち会っただけ。我々も騙された」と抗弁されれば、犯意の証明は難しい。読み手の多くは「ここまでされては騙されても仕方ない」と言葉を失うだろう。

結果として、地面師グループは野に放たれたままになる。捕まったとしても、不起訴になる場合や、なりすまし役などメンバーの一部が罪に問われるのがせいぜいといったところだ。

とはいえ、こうした絵を描き、詐欺を進められる人間は多くない。複数の大型詐欺事件をたどっていくことで、著者は共通の人物が動いていることを探り当てる。「地面師界のスーパースター」の異名をとる内田マイクや北田文明、なりすまし役を手配する「池袋の女芸能プロダクション社長」の秋葉紘子。彼らの金への嗅覚の鋭さや神出鬼没ぶりを描き、顔がない地面師たちの生態を浮かび上がらせているところも本書の醍醐味のひとつだろう。

一般人にとっては遠い世界の話に聞こえるかも知れないので、本書でも触れているひとつの地面師事件を紹介しよう。地面師集団が死亡した女性の地主になりすまし、都内の土地を不動産業者に売却し、業者は何も知らずに、建設会社に転売。建設会社は戸建ての分譲住宅として、販売した。地面師グループは摘発されたが、詐欺の犯意を裏付けられないと主犯などは無罪放免になり、立件は見送られた。

地面師事件で怖いのは、所有者が知らない間に売り払われ、転売されれば、本来の所有者であっても、その土地を取り戻せない危険性があるところだ。死亡した女性には身寄りが無かった。土地は国庫に返上されるはずだったが、詐欺に遭い、転売され、建売住宅として販売されており、国は裁判をしたところで負ける可能性が高かったという。事件化しなかったこともあり、現在の住人達は自分が住む土地が詐欺の舞台になったことなど知ることもなく、住み続けている。大規模の土地を持っていなくても、回り回って地面師と関わることもゼロではないのだ。

# 『ストーカーとの七〇〇日戦争』

内澤旬子＝著

文藝春秋

## 数百分の1の時間で追体験すべき

アーヤ藍

2019.8.25

「なんとかしてこの体験を書かねば、吐き出さなければ、今後自分は文章を書いていくことができなくなってしまう」――あとがきで、著者の内澤旬子氏が綴っている言葉だ。

著者は２０１４年に小豆島に移住し、インターネットを通じて知りあったＡと８ヶ月ほど交際。だが、様々な違和感から別れを宣告したところ、電話とメッセージが止まらなくなった。脅迫じみた内容も届くようになり、警察署に相談に行くことに。そこからＡとの〝戦争〟の日々が繰り広げられる。

ストーカーによる傷害事件は、時々ニュースで目にするが、そこで伝えられる内容は、〝外野〟から見える事柄に過ぎない。本書を読んで、〝被害者〟のありのままの心情に触れると、その恐怖や困難の深刻さに気づかされる。

Ａに自宅の場所を知られているうえ、狭い島のコミュニティでは、近隣に引っ越しても新居がＡまで伝わってしまう可能性がある。移住前に、東京から仕事の合間を縫って通い、ようやく見つけ出した家なのに、住み続けることは叶わない。愛犬ならぬ愛ヤギのカヨも、せっかく育んだ近所との交友関係も手放し、身を潜めて暮らさなければならない。狩猟免許もせっかくとったのに、何かあった時のことを考えて、銃は警察へ預けるしかない。著者にとって大事な「島の暮らし」のすべてが引き剝がされていくことに、著者は「空っぽだ。生きている価値もない」と絶望しそうになる。だが、今までの暮らしを変えなければならないことは、周囲から被害者として「当然取るべき対策」と考えられ、その心情に寄り添ってくれる人はいない。

それだけではない。示談や裁判がまとまるまでは、その状況は基本的に口外できない。著者は普段、自身の移住体験や島での暮らしを執筆しているが、読者に隠し事をしながら書かなければならなくなる。SNSでの投稿も、常に怯えながらやらなければならない。公のイベント登壇も、事前に場所が告知されるものは恐怖で受けることができない。引っ越しや弁護士との面談などで膨大な時間が削られ、精神状態も安定せず、原稿の締切が間に合わなくて仕事を落としてしまうことも……。

それでも、その本当の理由を周りに話すことはできず、周囲との信頼関係が崩れていくのをただただ受け止めるしかない。そして、そうした〝明確に金額には落とし込めない被害〟は、示談や裁判で請求するのも容易ではない。

そして何より大きな被害は、これから先、ずっと「元の暮らし」は戻らないということだ。メッセンジャーや2ちゃんねるで書かれた罵詈雑言による心の傷は消えない。それをどこで誰が読んでいて、著者に対してどんな感情を抱いているか分からないため、人に会うことが怖くなる。特に男性に対する恐怖心や警戒心はどこまでもぬぐえない。

また、法によって、Aの行為を取り締まることはできても、Aの執着や憎しみを消すことはできない。いつ報復しにくるか心の隅でずっと怯え続けるのだ。報復を恐れるからこそ、起訴できない被害者も多いのではないか……と著者は語る。だからこそ本書後半では、ストーキング行為が病気であり、その治療を制度の中に組み込むことを提唱している。

もうひとつ注視すべきは、これは「ストーカーとの戦争」だけではないということだ。著者が何度も言及しているのが、「国や制度がいざとなったら自分を守ってくれるわけではない」という点だ。縦割り行政ゆえに、複数の関係者に対して何度も同じ内容を説明しなければならず、その都度、負の記憶を掘り起こさなければならない。性的な内容も含むAとの私的なメッセージのやりとりも、捜査のためであればすべて晒さねばならず、時には刑事からストーキングするような人と付き合ったことに対し、批判的な言葉を浴びせられることも。示談の内容を決めるにあたっては、加害者側のプライバシーや経済状況も尊重され、著者が本当に望む条件はどんどん削られていくことに。

怒りのような諦念のような感情が漏れ出す場面が幾度もある。だが一方で、

「彼ら（弁護士）は法律の専門家であり、膨大な法律知識に基づいて、トラブルを整理するプロだ。（中略）彼らの発言の基幹は、法律。法律に拘泥すればするほど、対応によっていかようにも動いてゆく人間の心情から、かけ離れていくように思える」

と、客観的に現実を受け止めようとする言葉も。著者だけでなく、実際、現場にいる弁護士たちのなかには、被害者救済が十分に整備されていないことを問題視する人たちもいる。

著者が自身の心の痛みにも、恥ずかしさにも、Aからの報復の恐怖心にも、飲み込まれることなく、決死の覚悟でつむぎだしたルポルタージュ。あなた自身や、あなたの大事な誰かにとって、いつか役にたつ日がくるかもしれない。著者が、まさか自分がストーカーの被害者になるとは想像もしていなかったように……。その先にこんなにも長く辛い道のりが待っているとは思ってもいなかったように……。「七〇〇日」の何百分の1の時間で、ぜひ追体験してみてほしい。

## 『黄金州の殺人鬼
### 凶悪犯を追いつめた執念の捜査録』

ミシェル・マクナマラ＝著
村井理子＝訳

# 十二人を殺害し五〇人を暴行……最悪の殺人鬼

冬木糸一

2019.10.3

亜紀書房

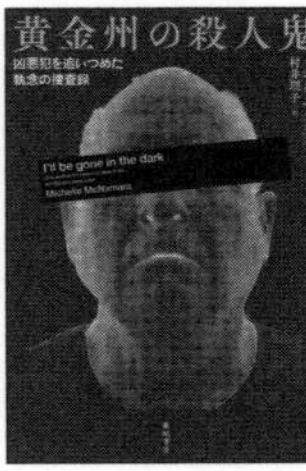


本書はとある連続殺人鬼を扱った事件ルポタージュだが、まず様々な他の連続殺人事件と比較して凄いのはこの殺人鬼が犯した罪の量だ。

黄金州（カリフォルニア州のこと）の殺人鬼は、１９７０年代から１９８０年代にかけて、少なくとも12人を殺害、50人を暴行（レイプ）とその件数だけみてみても異常だが、時には一週間に一人などのハイペースで襲って、犯人の見た目、目撃情報などが出揃っているにもかかわらず、数十年以上にわたって足取りを掴ませない用意周到さだった。容疑者を絞り込んでＤＮＡ鑑定をしても犯人を特定できず、本書の原書刊行は２０１７年のことだが、その時ですら犯人は捕まっていなかったのだ。「まだ」なので、その後（２０１８年）に犯人は40年以上の月日をかけて逮捕されるのだが、その逮捕には著者が間接的に関係している。具体的な犯人に繋がる手がかりや真相に著者ミシェル・マクナマラがたどり着いたわけではないけれども、著者が書いた記事によって、この殺人鬼に「黄金州の殺人鬼」とキャッチーな名前がつけられ、事件への社会的な関心に火がつき、捜査が大きく動き出すようになったからだ。

実は、著者は執筆中に死亡し（心疾患に起因したもの）、本書は夫が手を尽くして未完の原稿を再構成して出版にこぎつけた、という経緯がある。なので、本書は事件を扱うことだけに注力した本でもなく、時折ミシェル・マクナマラの個人的な「未解決事件」に対する思い、「なんとしても犯人を捕まえてやりたい」という執念が語られるパートが挟まれていく。実際、刊行後に犯人逮捕に繋がっているわけなので、著者の奮闘と本書刊行まで含めての、「執念の捜査録」であるといえる。

犯人についての詳細なプロファイルを紹介すると、犯人は最初からカリフォルニア州で活動する殺人鬼として知られていたわけではない。まずはカリフォルニア州サクラメント地域で、イーストエリアの強姦魔として知られ、異なる地域では別の名前で呼ばれていたのが、後にＤＮＡ調査によって、たった一人の犯人によるものが判明したのだ。

犯罪に手を染め始めた当時、犯人は18〜35ぐらいの若い男で、白人で、高い運動能力を持ち合わせていたと推測されていた。誰を狙うか決めると、家の周囲を何度も捜索し、活動時間帯を見計らい、車を停める最適な場所を熟知し、周囲の家の活動時刻まで把握していた。必ず侵入ルートと逃走ルートを分けることで人々の記憶に残るリスクを減らし、逃走ルートも常に複数用意していた。覆面をかぶり、手袋を外さず、レイプ後に盗みを働くこともあったが、金欲しさというよりは気持ちのこもった結婚指輪などを狙っていたという（無造作にそのへんに捨てている）。

部屋に男性がいる時であっても襲っており、そういう時は女性に男性を縛らせ、その後男性の背中の上にコーヒーカップなどをのせて、「カップが音を立てたり、ベッドのスプリングが音を出したら、全員を撃つ」と脅していたという。これが森林戦の技術であること、男が軍隊スタイルのブーツを履いていたことから軍関係者ではないかと囁かれてきた。特徴的なのが、被害者らを縛り上げしばらくした後、存在感を消していなくなったと思わせ、被害者がみじろぎなどをすると、大きな音を出して被害者に衝撃を与えたという。それは、そういう趣味だったのかもしれないし、「音がしなくてもいるぞ」と警告を与え、通報を遅らせる意図があったのかもしれない。

頭のイカれた人間であると同時に、犯罪に関しては用意周到であったということだ。ほんの数年で20人以上を強姦し、それも20キロほどの範囲でのことだったので、地域の人々は震え上がったという。その恐怖は尋常なものではなく、並木は目隠しになるので刈り込まれ、新たに投光照明器具が大量に設置され、ドアと窓にタンバリンを縛り付ける家が続出し、わずか4ヵ月で3000丁に迫る銃が販売され、夜中の1時から4時までの間には眠らないと決める人、カップルで交互に起きている人も増えたという。

それでも犯人は強姦をやめなかった。とはいえさすがにやりづらくなったのか、いらつきが見られ、殺しも辞さないと宣告し、次第に場所を移動して強姦・強盗を実行するようになっていく。本書ではこのあと、一人一人の被害者がどのように襲われたのか、警察の捜査はどのように行われたのか、犯人のプロファイリングについてより詳細につめていくことになる。

すでに紹介したとおりに、本書の原書刊行後に犯人は逮捕されている。なので、本書の本文中では具体的な犯人の名前やそれがどのような人物であったのかには殆ど触れられてはいない。（そのかわりに、付属資料として、逮捕後に書かれた文章が末尾に付されている）

だが、詳細極まりない本書の捜査録の中には、名前こそ存在しないもののはっきりと「犯人」の姿が浮かび上がっている。優れた犯罪物を扱うノンフィクション作家というのはここまでのことができるのか、と唖然とするような思いで読み終えた。

## 『ふくしま原発作業員日誌　イチエフの真実、9年間の記録』

片山夏子＝著

朝日新聞出版

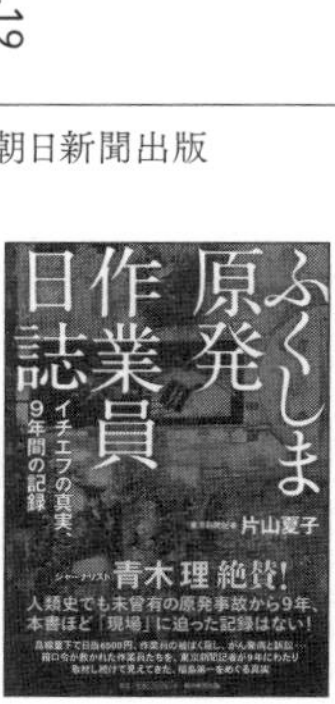


### 原発作業員が安心して働ける社会を目指して

刀根明日香

2020.3.19

２０１１年３月11日から９年が経ち、毎年震災本が出版され続けている。私も３月は震災ものを読むことを習慣としてきた。楽しみや興味本位からではない。震災時に生きていた一人の人間として、忘れないように、そして小さなことでも行動できるように構えていたいのだ。世の中は変わったのだろうか。現場の第一線で働く人の命と健康を守り、敬意を払う世の中になっているのだろうか。そして、私は震災と正しく向き合えているのだろうか。

本書は東京新聞で連載された「ふくしま作業員日誌」（２０１１年８月～２０１９年10月）に大幅に加筆し書籍化したものだ。作業員の人柄や日常の様子が生き生きと伝わるように、「日誌」という形にこだわったという。そして、「日誌」と交差するように、廃炉に向けた進捗状況や、政府や東電の発表、働く作業員の労働環境などの背景が詳細に描かれている。「作業員の横顔がわかるように」という著者の強い想いが、読者と原発作業員の距離をぐっと近づけてくれる。

作業員の日常を一気に変えた出来事のひとつとして、２０１１年12月16日野田佳彦元首相による「事故収束宣言」がある。政府の原子力災害対策本部の会合で、「冷温停止状態（圧力容器底部の温度を１００度以下に保ち、放射性物質の放出を大幅に抑制すること）」の達成を宣言。そして同時に

「事故そのものは収束に至った」と言い切った。

しかし現場では、大量の汚染水を出しながら核燃料をかろうじて冷やし、高線量で原子炉建屋にも入れない状態が続いていた。汚染水の海への流出、水素爆発で損傷した建屋からの放射性物質の放出など、12月に入っても新たな問題が次々と発覚している。何より作業員は高線量を浴びながら、24時間体制で作業に徹している状況だった。

この日を境に、福島第一では通常化がアピールされ、コスト削減を優先する競争入札が進められる。賃金や危険手当が下がり、宿泊費や食費など諸経費がカットされるなど、作業員の待遇が急速に悪化し始めた。

原発での仕事は、東電からの元請け企業と多重に連なる下請け企業で成り立っている。東電がコスト削減を要求すると、玉突き事故のように下請け企業の作業員の給料や危険手当に響いてしまう。その結果、一番大切な作業員の命が犠牲になってしまう。作業員は年間の被ばく線量が決まっており、それに達すると仕事を失ってしまう。「被ばく隠し」を自主的に始めたり、会社が強要する事例が目立つようになる。これが2012年の話だ。

震災から9年が経った。作業員の命をかけた仕事により、原発の瓦礫は撤去され、1〜3号機の使用済み核燃料プールからの「核燃料取り出し」にまでたどり着くことができた。当時中高生だった地元の子どもたちがイチエフで働くようになったという。地元作業員のなかには、「自分たちで故郷をなんとかしたい」「イチエフで働いてきた自分たちがやるしかない」と、故郷を守りたいという強い思いがある。働く人の世代が刻々と変化すると同時に、原発で働く作業員の目的も変化しているようだ。しかし、廃炉まではまだまだ遠い。

だからこそ、今改めて考えることは、原発で働く作業員の健康と労働環境だ。作業員の被ばく線量は格段に上がったが、原発事故後の収束に関わった作業員の補償は何もない。「事故収束宣言」までの緊急作業に携わり、一定期間に50ｍＳｖ以上被ばくした場合、東電や国のがん検診が無料で受けられるものの、治療費は出ない。病気で働けなくなったとしても、生活費の補償もないのが現状である。

著者は、チェルノブイリ原発事故被害者にもインタビューをした。チェルノブイリでは作業員が補償を求め立ち上がったことで、１９９1年にはロシアやウクライナなどで「チェルノブイリ法」が制定された。チェルノブイリでは、「住民も含め、病気になったときは因果関係があるか否かではなく、汚染した場所にいた、リスクを負ったということで補償が認められる」という。被ばくと病気の因果関係が認められていない日本が学ぶことはたくさんある。

自分を守ってくれる組織や国を求めることは、間違っていることなのだろうか。今回の新型コロナウイルス騒動でも、私は同じ疑問が浮かび上がる。出来ることなら、自分が守りたい人を守れる社会であってほしい。ふくしま作業員を身近に感じることで、この問いがもっと深まれば良いと思う。

# 『2016年の週刊文春』

柳澤健＝著

光文社

## 個人的2020年のベスト・ノンフィクションはこれ！

首藤淳哉

2020.12.17

文藝春秋は、「文藝」と「春秋」がくっついた会社だとよくいわれる。文藝は文字通り文芸作品のこと、春秋は日々の出来事が積み重なった年月を指す。文藝春秋という会社は、文芸と日々の出来事を追うジャーナリズムとがくっついた会社なのだ。

「春秋」の大きな柱が『週刊文春』であることは誰もが認めるところだろう。いまや飛ぶ鳥を落とす勢いの『週刊文春』だが、実は部数は最盛期に及ばない。にもかかわらず、その存在感は他メディアを圧倒している。その秘密はどこにあるのか。

本書は、花田紀凱と新谷学というふたりのカリスマ編集長を軸に、創刊から60年を超える『週刊文春』の歴史と文藝春秋１００年の歴史を描いたノンフィクションである。両氏についていまさら説明の必要はないだろう。花田氏は１９４２（昭和17）年生まれ。一方、新谷氏は１９６４（昭和39）年生まれ。週刊誌をつくるには1号あたり約1億円もの経費がかかるそうだが、このふたりは、毎週毎週、億のカネをはったバクチに挑み、しかも勝ち続けてきた人物だ。

それだけでも常人離れしているというのに、加えて花田氏は78歳の今も『月刊Hanada』を率いる現役バリバリの編集長である。文藝春秋の創始者である菊池寛がかつて「編集者35歳定年説」を唱えたことを思えば、これはもう怪物であろう。新谷氏も負けていない。酒がらみで何度も死にかけてはしぶとく甦り、編集長時代は週替わりでスクープを放つという離れ業をやってのけた。「文春砲」の威力を世に知らしめた張本人である。

著者の柳澤健氏は（著者もまた文春の優秀な編集者だった）、花田氏と新谷氏はもちろん、両氏とともに仕事をした関係者からも詳しく話を聞き、それぞれの時代の『週刊文春』の現場を、臨場感あふれる筆致で再現している。編集部員は何名いて、何班に分かれているのか、プラン会議は何曜日に行われ、編集長のどんな指示のもとにデスクや記者たちは動くのか。こうした細かいディテールとともに、歴史的なスクープがどのようにして生まれたのかが描かれていく。

名編集長と並び称される花田氏と新谷氏ではあるが、本書を読みながら興味を惹かれたのは、むしろふたりの相違点だった。

都会的でスマートな花田氏は、いわば天才編集者だ。特にタイトルをつけるセンスはずば抜けて優れている（池波正太郎の『鬼平犯科帳』のタイトルを考案したといえば、例としては十分だろう）。

一方、体育会系の新谷氏は、とてつもない熱量で泥臭く局面を打開するタイプの編集者だ。30歳で『週刊文春』に配属され、ネタ元がひとつもないところから編集部随一の人脈を築き上げた。

「センス」と「熱量」。「スマート」と「泥臭さ」。「ダンディなモテ男」と「高校の部室のノリで仕事をする男」。これだけタイプが違うのに、どちらも特筆すべき実績を残しているところが面白い。戦後の文藝春秋を支えた名編集者である池島信平は、名著『雑誌記者』の中で、雑誌をひとつの容れ物にたとえているが、タイプの違う編集長がどちらも思う存分活躍できたということが、『週刊文春』

という容れ物の大きさをあらわしているのかもしれない。

大きくて柔軟性もある容れ物だからこそ、『週刊文春』には多くの個性的な才能が集まった。実は本書の面白さを支えているのは、ここに登場する個性あふれる証言者たちの言葉である。

かつて「社中才人乏しからず」と社員の能力を讃えた菊池寛の言葉に違わず、本書に登場する証言者も才人揃いである。ふだん地を這うような取材をしてスクープをとってくる腕利きの編集者やライターが証言する側に回るのだ。その証言は自ずと本質を突いたものとなるに決まっている。

たとえば、新谷氏が生涯でもっとも強い影響を受けた編集者に、設楽敦生さんという人物がいた。設楽氏は新谷氏が最初に配属された『Number』の編集長で、雑誌づくりの楽しさを教えてくれた大恩人である。だが別の編集者は、もともと文芸志望だった設楽氏が、『Number』の編集長になったことで文芸に戻る芽がなくなり、心に屈託を抱えていたことを指摘している。

こうした証言が本書に深みと奥行きを与えている。登場する証言者たちは皆、人をよく見ている。スクープの裏話をただ並べただけでは、ここまで読み応えのある本にはならなかっただろう。

才人ということでいえば、勝谷誠彦氏の名前をあげないわけにはいかない。本書には生前の勝谷氏の貴重な証言もおさめられている。「宮嶋茂樹カメラマン　ＰＫＯゲロ戦記」は、勝谷氏が〝不肖宮嶋〟というキャラクターを生み出した記念すべき特集記事だ。カンボジアに派遣される途中、台風に遭遇して木の葉のように激しく揺れる自衛隊の輸送艦内の様子を、時に美文調、時に戯作調の変幻自在の文体で描いた傑作である。

勝谷誠彦がもし文春の編集長をやっていたら、間違いなく名編集長になっていただろう。だが、勝谷氏は、「マルコポーロ事件」をきっかけに社を辞めた花田氏の後を追うように文藝春秋を去る。

文藝春秋という会社には独特の雰囲気がある。オーナーがおらず、社員持株会社のかたちをとっているからかもしれない。外から眺めていても、堅苦しい上下関係がなく、社員どうしワイワイガヤガヤ楽しく仕事をしている印象がある（社内恋愛も多い印象があるが気のせいかもしれない）。

ただ、社員同士の距離の近さは諸刃の剣でもある。勝谷氏の言葉を借りれば、「同僚が失敗すると、必ず足を引っ張ろうとする人間が出てくる」。本書には文藝春秋の負の側面も描かれている。過去には、組織の論理が編集方針よりも優先されたこともあったし、世間から激しいバッシングを浴びたこともあった。こうした数々の修羅場をどう乗り越えてきたかということも読みどころのひとつである。

個人的にもっとも興味深く読んだのは、最終章「文春オンライン」である。デジタルでどう利益を出していくか、その試行錯誤が具体的な数字とともに語られていて、目から鱗の連続だった。メディア関係者はこの章を読むためだけにでも本書を購入する価値があるだろう。

文藝春秋はいま大きな転換期を迎えている。「文藝」と「春秋」で100年やってきた会社が、オンラインと書籍出版の会社へと生まれ変わろうとしているのだ。デジタルシフトの牽引役となっているのはもちろん『週刊文春』である。

「文春オンライン」は、試行錯誤を通じて、デジタルにおいてもスクープがとてつもない武器になることを発見した。速報直後はもちろん、ずっとあとになってからでもスクープは利益を生む。強いコンテンツは、デジタルシフトの時代にあっても大きな価値を持つのである。

その意味で、本書は、コンテンツ制作に携わる多くの人を勇気づける一冊でもあるだろう。日々、番組制作に追われ、ともすれば時代の変化のスピードに圧倒されて自分を見失いそうになる中、この本のおかげで足元を見つめ直すことができた。素晴らしい本に出合えたことに感謝したい。

# 8

# 民俗・風俗

【ベスト・ノンフィクション・レビュー】

# 『恋する文化人類学者 結婚を通して異文化を理解する』

鈴木裕之＝著

世界思想社

## 人は文化人類学者に生まれるのではない、文化人類学者になるのだ　村上浩

2015.2.2

始まりは騒々しい街中。子どもの泣き声に夫婦喧嘩の叫声、食欲をそそる鍋を振る音。息遣いを生々しく感じさせるこの街の騒音が、男は無性に好きだった。突然、音に溢れるこの街に、ひときわ大きな太鼓のリズムが鳴り響く。音の源へ急いだ男の目は一人の少女の踊りに奪われた。その舞は、これまでに見たどんなものよりも激しく、華麗だった。衝撃的な出会いから男と少女の間に恋が芽生えるまで、それほどの時間はかからなかった。後にこの少女は男の妻となる。

奇跡的な出会いからの恋愛、多くのハードルを乗り越えての結婚だけでも十分に劇的だが、この少女は後にその歌と踊りで国民的スターとなるというのだから話題には事欠かない。ドラマになりそうな要素満載の筋書きだが、本書のストーリーは日本で放映されるようなドラマとは異なる点が多い。先ず、彼らが出会った街は東京でも、ましてやパリやニューヨークでもなく、コート・ジヴォワールの大都市アビジャンである。そして、このギニア出身の少女はグリオ（記憶した歴史や物語を楽器にあわせて語り歌う語り部）の家庭に生まれていたことも特筆に値する。何より特別なのは、本書の著者であるこの男が文化人類学者だったことかもしれない。

この本の物語は、1つのカップルの愛の物語でありながら、異文化交流の物語でもある。プライベートな話題が中心に据えられているが、この本の射程は「極私的な恋愛体験記」に留まるものではない。なぜなら本書は、文化人類学者がどのように世界を見ているのか、文化人類学がいかにして発展してきたかを教えてくれる、文化人類学入門書としての役割を果たしているからだ。もちろん、著者が経験した8日間に及ぶ結婚式など、個別のエピソードも格別に面白い。

本書には、文化人類学の礎を築いた学者や書籍が多数紹介されている。本文に加えて巻末の注でも、それらの本の要約や学問的な位置づけが解説されているので、見逃さずに読んで欲しい。フィールドワークという手法を確立したマリノフスキーによる『西太平洋の遠洋航海者』から、死者が父親になることもあるというユニークな婚姻形態を明らかにしたエヴァンス＝プリチャードによる『ヌアー族の親族と結婚』や人類学者でも読みこなすのが困難だというレヴィ＝ストロースの『親族の基本構造』など、じっくり読み込みたくなる本の美味しいところが凝縮されている。

文化人類学者という職業は、なんとも厄介なものに思える。未知の価値観に飛び込み、長期間にわたってその地に溶け込む努力をしながらも、完全に同化することなく客観的な視点を保ち続けなければならない。そんな文化人類学者になるルートは大きく3つあるという。1つは大学でその魅力に取り憑かれて研究の道を志すという王道パターン。もう1つは第三世界でのNGO、ボランティア活動を経て大学院に入る迂回ルート。そして、著者もたどったという最後の道は、学生時代の貧乏旅行経由。世界中をブラブラし続けたい、という動機が一定数の若者を文化人類学へと導くのだという。

著者が街角で未来の妻ニャマと出会ったのは、博士課程を休学し、日本大使館の専門調査員としてコート・ジヴォワールを訪れていたとき。駆け出しの文化人類学者であった著者は、知り合ったばかりのニャマに戸惑うことも多かったそうだ。例えばニャマに「きみの民族、なに?」と尋ねても、その回答はときによって変わるのだ。あるとき「マンデングよ」と答えたかと思えば、「私はマニンカなの」と言うときもある。またあるときは「私はマレンケだから」と返答するのだから、何がなんだか分からなくなる。彼女が虚言癖があるのではなく、状況に合わせて適切に言葉を使い分けていたことを知るためには、その「歴史的、文化的、社会的な背景を知る必要」があったという。

著者が感じたような戸惑いは国際的交流のときにだけ生じるものではない。自己と他者との間には必ず何かしらの違いが生じ、国籍や年齢が同じでも全く話が合わない、理解できないという経験をしたことのある人も多いだろう。著者は、そのようなときにこそ、「文化人類学との対話」が役に立つと言い、もっと「人類学する人」が増えることを願っている。異なる価値観と出会ったときの違和感や戸惑いも、「人類学者ならどう考えるか」と一歩引いてみることで、少しは和らぐのかもしれない。

ヨーロッパの白人が植民地下の先住民の奇妙な習慣を記述する術として誕生した文化人類学は、様々な有益な成果・フレームワークを生み出してはきたものの、克服しがたい「上から目線」や柔軟で動的な社会を描ききることの困難さに苦しんでいる。近年の文化人類学のテーマはバラバラに分かれ、一般の人には馴染みにくいものも多くなっているという。それでも、価値観の違いが引き起こす摩擦が世界中で顕在化し、直接的な危機となり始めている現代において、人類学は他者を理解するための一助になるはずだ。本書で著者の体験を通して異文化を見る目を身に付ければ、私たちは明日からでも文化人類学者見習いくらいにはなれるかもしれない。多様性の全てを受け入れることは不可能でも、それを楽しもうという姿勢に学ぶところは多い。

## 『パイヌカジ　小さな鳩間島の豊かな暮らし』

羽根田治＝著

### 地に足つけて生きていますか？

塩田春香

2016.5.24

山と溪谷社（ヤマケイ文庫）

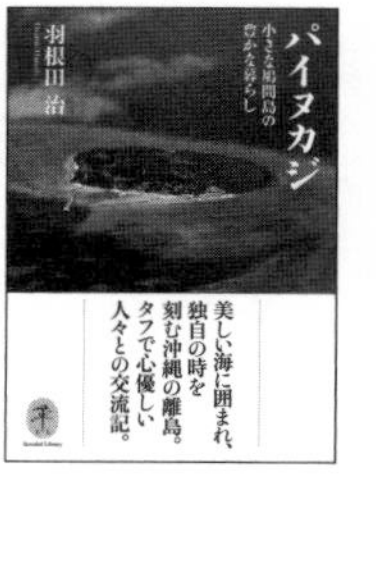


こわいくらいに透き通ったアイスグリーンの海が真っ青な空に映え、小さな島の真ん中に立つ白い灯台が、週3便しかない小型貨客船のエンジンの振動につれて、少しずつ近づいてくる。

1997年、夏。「沖縄離島情報誌で、たまたま最初に開いたページの島に行ってみよう」――こうして私が出かけたのが、西表島の北に浮かぶ周囲4キロの小さな離島、鳩間《はとま》島であった。「この島を書いた本が、最近出たんですよ」と泊まり合わせた一人旅の女性が見せてくれたのが、今回文庫化された本書の単行本――パイヌカジ（南ぬ風）、沖縄言葉の「南風」――である。

その本には、私と同じく、たまたま鳩間島を訪れ魅了された著者によって、島の自然や人々、そして「自分たちが食べるものは、海や畑からとってくる」「足りないものがあれば、とりあえずあるもので工夫してみる」という暮らしぶりが、瑞々しく活写されていた。

鳩間島をご存知だろうか？　ノンフィクション作品『子乞い――沖縄孤島の歳月』の舞台であり、『子乞い』を原作にした漫画『光の島』やテレビドラマ『瑠璃の島』などで知られるが、それは21世紀以降の話。『パイヌカジ』の著者がはじめて訪れた1988年には民謡「鳩間節」の舞台として知る人ぞ知る、人口40人程度の過疎の離島であった。

ちなみにどれくらい過疎だったかというと、私が訪れた97年、うっかり道に1万円札を落としたことに宿へ帰って気がついたのだが、翌朝行ってみたらそのまま道に落ちていた。(誰も通らないだろうとは思っていたのだが、島には野良ヤギがいたので、一晩中「ヤギに食われるんじゃないか?」と気が気ではなかった)

そんな観光客もほとんど来なかった島の人々と著者は、共に魚をとり、酒を酌み交わし、三線に合わせて踊り、日ごとに親しくなってゆく。著者が「鳩間へ行くことは旅ではなくなり、気がつけば生活の一部になっていた」ほどこの島に惹きつけられたのも、島の人の何気ないひとことだった。

「ハネダさん、もし東京でなにか問題を抱えたら、すぐに連絡してきなさいね。たとえ警察に追われるようなことになったとしても、とにかく鳩間に来なさいねえ」

しかしそんな鳩間も、決して「楽園」ではない。この宝石のような島が「子乞いの島」と呼ばれるのには、事情があった。人口が減り1980年には小学生は1人だけ、島の学校が存続の危機に陥ったのだ。学校がなくなるということは、子どもが生まれても学齢期になれば島を出なければならなくなり、集落の存続自体が危ぶまれるという大事であった。

そこで鳩間の人たちは、親戚を呼び寄せたり、養護施設の子どもたちを里子として迎えることにする。預けられる子どもたちは、登校拒否や非行など問題を抱えていることも少なくない。そのため、脱走や盗みをする子どもたちと、彼らをボコボコ殴ってまでも本気で向き合おうとする大人たちとのガチンコ勝負が繰り返されることになってしまった。

「だが、そうしているうちに、暗くすさんでいた子供の目からはいつしかトゲがとれて、絶対に見せなかった笑みさえこぼれるようになってくる。いつもおどおどしていた無口な子供は、島の大人たちと自然にあいさつが交わせるようになり、はじめは海に入ることさえ恐がっていた子供も、やがてはリーフへいって魚を突いてくるたくましさを身につけるまでになっている」

それでも、どうしてもなじめずに島を去る子もいる。きれいごとだけではない現実も綴られており、文庫化された本書の最終章には、現在に至る鳩間島のその後も付記されている。

高速船の定期運航が始まり、年に1度の「鳩間島音楽祭」には、信じがたいことに2000人も訪れるようになっていた。「島、沈むんじゃないか?」と心配になる。しかし「獲れるものは獲ってくる」半自給自足生活は続いていて、鳩間を「秘密の宝物にしておきたい」都会人の身勝手な思い入れと自覚しながらも、やっぱり少しほっとした。

「華やかなもの、経済効果の高いものを善しとし、泥と汗にまみれるもの、小さな積み重ねによるものを疎んじるという風潮の世になって、ずいぶん久しい。そんな世の中だからこそ、私は信じていたいのである。あえて地に足を着けるかのように、第一次産業での島興しを図ろうとしているこの島の未来が明るいものであることを」

陳腐な言葉で締めくくりたくはないのだが、本書は「豊かさ」とは何かを私たちに突きつける。それでいて、読み終わったとき、豊かな気持ちに満たされていることに気がつくのである。

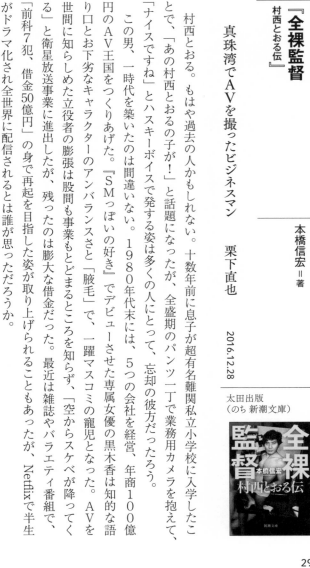

## 『全裸監督　村西とおる伝』

本橋信宏＝著

# 真珠湾でＡＶを撮ったビジネスマン

栗下直也

2016.12.28

太田出版
（のち 新潮文庫）

村西とおる。もはや過去の人かもしれない。十数年前に息子が超有名難関私立小学校に入学したことで、「あの村西とおるの子が！」と話題になったが、全盛期のパンツ一丁で業務用カメラを抱えて、「ナイスですね」とハスキーボイスで発する姿は多くの人にとって、忘却の彼方だったろう。

この男、一時代を築いたのは間違いない。１９８０年代末には、５つの会社を経営、年商１００億円のＡＶ王国をつくりあげた。『ＳＭっぽいの好き』でデビューさせた専属女優の黒木香は知的な語り口とお下劣なキャラクターのアンバランスさと「腋毛」で、一躍マスコミの寵児となった。ＡＶを世間に知らしめた立役者の膨張は股間も事業もとどまるところを知らず、「空からスケベが降ってくる」と衛星放送事業に進出したが、残ったのは膨大な借金だった。最近は雑誌やバラエティ番組で、「前科7犯、借金50億円」の身で再起を目指した姿が取り上げられることもあったが、Netflixで半生がドラマ化され全世界に配信されるとは誰が思っただろうか。

本書は「きわもの扱いされながらもＡＶ黎明期に拡大路線をひた走った『ＡＶの帝王』の評伝」として村西の大文字の歴史は当然ながら詳細に描かれている。ＡＶ監督だけにエロの描写はあるし、そうしたシーンも楽しめる。だが、それらをすっ飛ばして読んでも、実に興味深い一冊だ。公私で30年以上の付き合いがある著者の緻密な取材と一気読みさせる筆致で、類い希なるビジネスセンスと行動力を浮き彫りにしているからだ。Netflixでは見ることができない村西の姿をのぞけるはずだ。

村西はAV監督になる前にいくつかの職業を経ている。例えば、英語教材セールス。全30巻の英英辞典で価格は20万円、今の貨幣価値なら100万円前後か。1970年、村西は月に4セット売れれば営業のトップになれる状況で、少ないときに週5セット、多いときに1週間で20セット売り、日本一になったという。100万円の腕時計をして、必ず5000円のランチを食べた。それもそのはず。大卒初任給が2万5000円のときに最高月収は驚くべきことに150万円だ。

本書ではトップ営業マンに登り詰めた振る舞いを惜しみなく披露している。「今、眼の前にある烏龍茶を五百円とか千円で売れと言われたら売れる」という話術と街頭セールスで間違ってヤクザに声をかけてしまっても、「右手に拳銃、左手に英語辞書、これがこれからの日本の極道の理想像ではないでしょうか」と開き直れる胆力。村西は日々、あらゆる状況をイメージトレーニングしていたことを述懐する。

信号待ちで眼の前にセドリックが止まればセドリックをいかに売るかをシミュレーションし、青信号になって横断歩道を渡るときには横断歩道の必要性をいかに説明するか、さまざまな営業マンになった自分を想定して言語化を試み続けた。英会話セールスマン時代の話など英英辞典など全く必要の無い私まで、「買います」と言いかねない説得力にあふれている。実際、村西は借金取りに拉致されたときも、この話法で瀬戸際をしのぐことになる。

行動も素早い。「イケる」と思えば、後先考えずに一気に勝負に出る。英語教材で成功を収めつつも、二転三転して、78年には北海道で業務用ゲーム機の設置事業を手がけていた。インベーダーゲームのブームに乗り、1年で3億円の現金と、2億円の機材を手元に得たが、村西は次なる「金の卵」を見つける。成人向け写真集、いわゆる「ビニ本」だ。ゲーム事業を惜しげも無く売り払い、ビニ本の商売に経営資源を投入する。広告を新聞に打ち、大工を募集して、正味75日で全道に48店舗を開業させる突貫工事で。「ビニ本の帝王」と呼ばれ、市場シェアの7割を握る。

抜け目もない。村西はその後、違法である無修正の「裏本」の製作にまで手を広げるが、当初は捕まらない自信があったという。台湾でどんちゃん騒ぎをして仕事関係者一同で帰国した際も、羽田空港で捕まったのは関連会社の社長だった。なぜか。警視庁の裏本を取り締まる4チームに金をばらまいていたのだ。時代が違うとはいえ、想像を絶する警察とのズブズブぶりがうかがえる。

本書は発売から2ヵ月弱経っても、全国紙、専門誌、スポーツ紙、ビジネス誌の書評は沈黙を続けていた。自腹で記事検索サービスで調べてみたが、書評として取り上げられた回数はゼロである。

確かに、刑務所に入ったことはないとはいえ、前科7犯はまずいかもしれない。安倍晋三総理が真珠湾を訪れようとしていた時期に、約30年前に真珠湾上空にセスナ機をぶっと飛ばし、『スカイファック』という作品を撮り、ミカンの皮と情事の処理に使ったティッシュを上空からばらまいたAV監督の評伝を大メディアが絶賛するのもまずいかもしれない。

だが、戦後の困窮も高度経済成長もバブルもその崩壊もIT革命も体現して、所持金1万4000円になってもくじけない不屈の男の一代記は一人でも多くの現代の日本のビジネスパーソンの目に触れてほしいものである。

# 『渋谷音楽図鑑』

牧村憲一、藤井丈司、柴那典＝著

太田出版

## 渋谷の歴史と音楽と時間と

田中大輔

2017.8.29

フジロックで小沢健二とコーネリアスを観てきた。コーネリアスが今年発売したアルバム『Mellow Waves』が素晴らしくよい作品だったので、コーネリアスを最後まで観たかったのだけど、最後まで観ていると入場規制により小沢健二が観られないと思い、泣く泣く途中で切り上げ小沢健二を観にいった。その後、予想通り入場規制がかかったので、はやめに移動して正解だった。

ライブはコーネリアスも小沢健二も素晴らしかった。歌詞をスクリーンに映し出し、言葉をとても大事にする小沢健二と、音を突き詰め、洗練された楽曲が魅力的なコーネリアス。まったく別の２つの才能を同じ日に生で観られたのはとても良い経験だった。

とのっけから本とは関係のない話をしてしまったが、ちゃんと話は本へと繋がっている。フジロックに出演した小沢健二とコーネリアスの小山田圭吾。この二人は90年代にフリッパーズ・ギターというバンドを組んでいた。そのバンドのプロデューサーをしていたのが紹介する本の著者のひとり牧村憲一なのだ。

フリッパーズ・ギター以外にもシュガー・ベイブ、山下達郎、大貫妙子、竹内まりや、加藤和彦など、そうそうたる人たちの制作や、宣伝を手掛けてきた人物である。その牧村憲一が渋谷という街で生まれた音楽の五十年史を、自らの経験をもとに語ったのがこの『渋谷音楽図鑑』である。『渋谷音楽図鑑』であって、渋谷〝系〟音楽図鑑ではないことをまずは強調しておきたい。90年代に世間を席巻した渋谷系の音楽にも、第5章の「渋谷系へ」という部分で触れてはいるが、そこはおもにフリッパーズ・ギターに関しての話で、渋谷系を総括した音楽の話ではない。

ただフリッパーズ・ギターのプロデューサーだけあって、フリッパーズ・ギターに関しては結成から解散まで、とても詳しく書かれている。だからフリッパーズ・ギターが好きな人は、そこを読むためだけにこの本を買っても後悔はないだろう。しかし、あくまでもこの本の主題はそこではないので、渋谷系の音楽のことだけを期待していると肩透かしを食うのは間違いない。

この本は渋谷という街の歴史から、60年代はフォーク、70年代はロックとポップス、80年代は原宿にあったセントラルアパートを中心としたサロンと広告文化、そしてフリッパーズがいた90年代と、牧村憲一という音楽プロデューサーの目を通して、渋谷という街が生んできた数々の音楽とそのエピソードを語った本である。

吉田拓郎、はっぴいえんど、大瀧詠一、山下達郎、荒井由実、竹内まりや、細野晴臣、坂本龍一、高橋幸宏、忌野清志郎、ピチカート・ファイヴ、フリッパーズ・ギター、etc.と、たくさんのアーティストが本に出てくる。あの人とこの人がそこで繋がっていたのか！　というような驚きと発見がたくさんあって読んでいてとてもおもしろい。そしてその繋がりは螺旋状に連なっている。そのような都市型ポップス（≒シティポップ）の系譜がこの本を読むと一目瞭然なのだ。

この螺旋は２０１０年代にもほかのアーティストに連なっていくのだろう。本では星野源がその中核になるというような話が出ていた。ここ最近ではSuchmosやnever young beach、個人的におすすめのNulbarichなどシティポップが人気であるし、渋谷系をはじめとする90年代の音楽も再評価されているので、シティポップが好きな人にもこの本をおすすめしたい。

最後に、共著者である藤井丈司があとがきに書いていた文章が、この本のすべてを言い表していると同時に、鳥肌が立つくらい素敵だったので少し長いけれど引用をして終えよう。

開口一番牧村さんは「ねえ、僕たちが渋谷から生まれた音楽についての本を書くことになると思うんだけど……渋谷のどこでもいいから高いところ、例えば道玄坂の上の歩道橋あたりから、渋谷って街を見てみたことがあるかい？」と聞いた。

何を言い出したんだろうと思って黙っていると、牧村さんはこう切り出した。

「渋谷は坂と川と谷でできてる街なんだよ。道玄坂だろ、公園通り、それに宮益坂。三つの坂から下ったところに渋谷という谷がある。それぞれの坂で生まれた音楽があるんだよ。僕はずっと渋谷で生まれて育ってきたんだ。これから長い時間この四人で話すことになると思うけど、僕が語る話は君たちが思ってるような渋谷系に関する音楽の話だけじゃない。渋谷という街が持っている歴史、時間、その下に流れる暗渠、上を流れる川、それぞれのことを一つ一つ話していくけど、それでいいかな？」

牧村さんはそう問いかけたのだ。

渋谷という街の歴史と音楽の歴史。２つの歴史が交差する後世に残すべき本がここに誕生した。

## 『巨乳の誕生
### 大きなおっぱいはどう呼ばれてきたのか』

安田理央＝著

太田出版

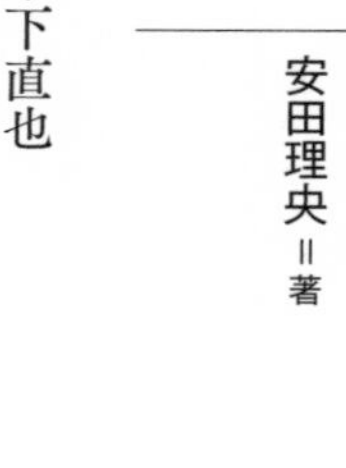


### 大きいことはいいことか?

栗下直也

2017.12.20

「大きいことは、いいことだ」。高度経済成長期、チョコレートのＣＭでこのフレーズが流行ったのを年配の人は覚えているかもしれない。20世紀は大きいものが正義の時代だった。野球は巨人、プロレスはジャイアント馬場、相撲は大鵬である。いずれも名前からして、デカい。ビジネスの世界を見渡しても、米ゼネラル・エレクトリックのようなコングロマリット（複合的多角化企業）が成功事例とされた時代が20世紀末まで続いた。大きいことはよかったのだ。だが、20世紀は大きいことが良くても、大きなおっぱいには優しくはなく、決して巨乳の時代でなかったことを本書は教えてくれる。

いささか、無理のある書き出しだが、羞恥心を持ち合わせている身としては、「おっぱいの本です」とストレートには書き出しづらい。おっぱいの本なんだが。ちょっと賢く書けば、「近代日本において、巨乳がどのようにメディアで呼ばれ、扱われてきたかを考察している」とでもなるだろう。春画から、シルヴァーナ・マンガーノ博士、麻美ゆままで言及している。こんな本が今まであっただろうか。「麻美ゆま」がわからない人は、今あなたが電車の中でなければイメージ検索してみてください。

読み進めると、日本人がおっぱいの大きさに興奮を覚える時代というのは二百年くらいをさかのぼってもつい最近の事象であることがわかる。江戸時代の春画では大きな乳房どころか乳房もほとんど描かれなかった。明治時代に黒田清輝の裸体画に対し、わいせつだとの議論が巻き起こり、描かれた下半身を布で覆った「腰巻事件」が起きたが、上半身はそのままだった。現代人からすれば、下がわいせつなら、上もわいせつだろと、頭隠して尻隠さずの状態に困惑してしまうだろう。こうした事象からも日本人はおっぱいに対する関心が低かったと著者は指摘する。

肉感的な魅力に日本人男性が惹かれていくのはいつか。明確になるのは戦後だ。ハリウッド映画の影響が大きく、当時、性的魅力にあふれた女性は「グラマー」と称された。興味深いのは当時の「グラマー」はあくまで性的魅力を示す言葉で、おっぱいが大きいというイメージを多くの日本人は持ち合わせていなかったとか。ここにも日本人のおっぱいへの関心の低さがうかがえる。１９５９年には日本人女性が初めてミス・ユニバースで優勝。小柄でもグラマーと言うことで小さくても高性能な日本のトランジスタになぞった「トランジスタ・グラマー」という言葉が大いに流行った。

大きなおっぱいを語る上で、ターニングポイントになるのが１９６７年と著者は強調する。日本の歴史始まって以来、初めて大きな乳房を表す言葉「ボイン」が誕生したという。ボインは人気テレビ番組『11ＰＭ』で大橋巨泉がアシスタントの朝丘雪路を見て発したなど起源は諸説あるが、巨泉の発言により、「ボイン」はまさにその言葉の持つ弾力性のごとく世に広まっていったのは確かなようだ。

面白いのは、この年をピークに「大きい胸が魅力的」という概念が古くさいものになっていったとか。60年代後半の欧米のユニセックスなファッションの影響もあり、細さを求める動きが出てきたほか、「胸の大きな女性は知能指数が低い」という俗説がボインブームを急激にしぼませたという。

今ならば「そんな馬鹿な」と一蹴されそうだが、アメリカの学者が実験結果を伴い発表したことで日本の医者やマスコミも追随。この俗説の罪は大きく、実際、今でもグラビア出身のアイドルはバカっぽさを前面に押し出してデビューしている。彼女たちの最初のバカっぽい振る舞いも、大衆の「巨乳はバカ」というまなざしを意識してのことだろう。今でもかつて猛威を振るった俗説の残滓が散見されるのだから、当時はいかにそのレッテルを貼られないかにアイドルが腐心したのは容易に想像できる。

象徴的なのは70年代から80年代にかけてデビューしたアイドルたちのバストサイズで、大半が84センチに集中していたという。おそらく、84センチと85センチの間には大きな川が流れており、85センチ＝巨乳＝バカというレッテルが貼られたのだ。清純さを押し出すために、明らかにそれ以上のサイズでも逆にサバを読んだり、小さく見せるためにサラシをまいたり。谷間をつくるかの苦労話をアイドルがテレビで明かす現代とは隔世の感がある。

では、「大きな乳の冬の時代」から、いかに、男が巨乳好きを公言できる時代が到来したのか、「おっぱい星人」が市民権を得たのか。そもそも、いつから「巨乳」と呼ばれるようになったのか。ここまで読んで、関心を持った人は是非、本書を手にとって欲しい。

おっぱいが性と強烈に結びつくのは、アダルトビデオの存在が大きいのだが、ＡＶも誕生当時の80年代前半は女優の「顔」が重要で胸に関心を持つ者はほとんどいなかったという。「巨乳物」はマニアックなジャンルの一つに過ぎず、Ｄカップ以上あってもＤカップとして売り出すなど、巨乳過ぎることへの抵抗感がマーケティングにも垣間見えた。それが驚くなかれ。今や「現在のＡＶ業界ではＧカップ以上が巨乳ということが常識となっている（中略）もはやＥカップやＦカップくらいでは、巨乳には入れてもらえないのだ」。いやはや、Ｇカップとは。軽薄短小の今の時代にＧカップ。おっぱいについて男が大声で語れなくなった時代が来た今、おっぱいはどこにいくのだろうか。

# 9

【ベスト・ノンフィクション・レビュー】

# 歴史

毛沢東の大飢饉——史上最も悲惨で破壊的な人災 1958-1962
台湾海峡一九四九
五色の虹——満州建国大学卒業生たちの戦後
全世界史（上・下）
帝国の参謀——アンドリュー・マーシャルと米国の軍事戦略
チャーチル・ファクター——たった一人で歴史と世界を変える力
ヒルビリー・エレジー——アメリカの繁栄から取り残された白人たち
現代語訳 信長公記（全）
レッド・プラトーン——14時間の死闘
改訂完全版 アウシュヴィッツは終わらない これが人間か
東西ベルリン動物園大戦争
チョンキンマンションのボスは知っている——アングラ経済の人類学
哲学と宗教 全史

## 『毛沢東の大飢饉　史上最も悲惨で破壊的な人災　1958-1962』

フランク・ディケーター＝著
中川治子＝訳

草思社
（草思社文庫）

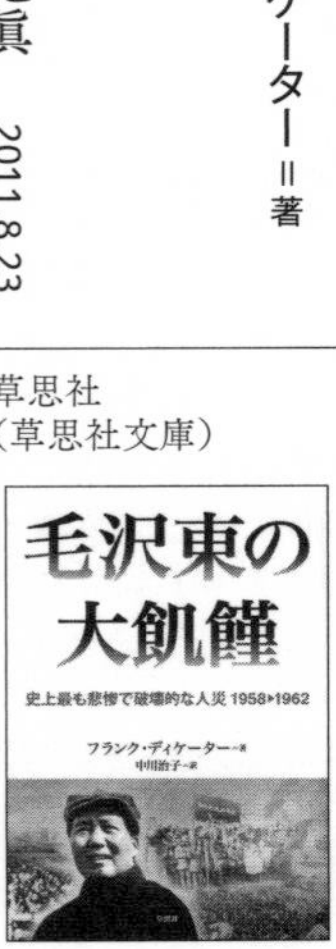


### ４５００万人が死んだ史上最大の愚挙

成毛眞　2011.8.23

本書は２０１１年のＢＢＣサミュエル・ジョンソン賞を受賞した。同賞は英国でもっとも権威のあるといわれるノンフィクション賞だ。

ところで、本書は中国人からの評判がすこぶる悪い。解説の鳥居民氏によれば、次期総書記と目される習近平が２０１０年7月の党史工作会議において、中国共産党の歴史を歪曲、誹謗してはならないと説いたという。評者がこのレビューを書く前、本書が面白そうだとFacebookでつぶやいたら、内容を信じるなというコメントが北海道在住の中国人から書き込まれた。日本語版の発売前である。もはや中国人にとって焚書の対象となっているような本なのだから、つまらないはずがない。

本書では毛沢東と中国共産党の人類史上最大の愚挙によって４５００万人もの国民が死亡し、２５０万人が拷問・処刑死したと主張する。これでは中国人の面目丸つぶれであろう。しかし、ユン・チアンの『マオ』によれば、当時のナンバー2であった劉少奇はソ連大使に対して、大飢饉が終息する前に３０００万人が餓死したと話していたらしい。つまり中国人は３０００万人までは認めるが、４５００万人は誇張であると主張したいらしいのだ。これを孟子は五十歩百歩といった。

そもそも毛沢東は１９５７年5月17日の党大会で「世界大戦だといって大騒ぎすることはない。せいぜい、人が死ぬだけだ。人口の半分が殲滅される程度のことは、中国の歴史では何度も起こっている。人口の半分が残れば最善であり、3分の1が残れば次善である」と言っている。これが誇張表現なのか、中国共産党の統治意識なのか、中国人の宇宙観なのか、理解不能というしかない。

ともあれ、死者4500万人という数だけが問題なのではない。あとに紹介するように、文字通りの愚策・愚行によって耕作地、木、鉄、住居、衣服、生産物まで、あらゆる資源が無駄に浪費されたため、大飢饉後には中国の多くの農村は、比喩ではなく石器時代の生活に戻ってしまったのだ。その後の文化大革命でも中国は自らの愚行によって、壊滅的な大打撃を受け、20世紀中は米欧の資本主義国も近隣諸国も中国の脅威どころか存在すら気にする必要がなくなった。日本が近隣防衛まで米国任せにすることができ、それゆえに資源を経済に投入することで、高度成長できたことは毛沢東によって担保されたといっても良いかもしれない。

ほとんどの中国共産党幹部は周恩来も鄧小平も趙紫陽も唯々諾々としたがった。彭徳懐と劉少奇だけが反対の立場であった。毛沢東は「大躍進」で失脚したが、7年後に「文化大革命」で復活し、彭徳懐と劉少奇に復讐することになる。彭徳懐は紅衛兵に肋骨を折られ、末期癌であるにもかかわらず痛み止めの注射はされず、窓を完全に塞がれた部屋で下血と血便にまみれて死んだ。劉少奇もやはり恥辱の中で亡くなっている。しかし、のちに2人とも死後しばらくたって名誉回復され、劉少奇の子息である劉源は中国共産党中央委員として太子党の一員となっている。不思議な国だ。

それでは本題にもどって、本書から少し紹介してみよう。著者はオランダ生まれの香港大学教授だ。著者は北京の外交部をはじめ、各省の党档案《とうあん》館などから1000点を超える資料を収集した。档案館とは国公立の公文書資料館のことである。1999年に档案法が改正され、50年を超える文書が公開されることになったのだ。そのなかから驚くべき事実を知ることになる。

1957年11月、毛沢東はソ連のフルシチョフに張り合うため、中国は15年以内にイギリスを追い抜くと宣言した。しかし、その後それなりに発展したかに見えるソ連とは異なり、中国は愚か極まりない思いつきと異常な統治組織で、大量の労働力と資本を使い、計画が成就しなかっただけでなく、将来にわたる巨大な負の資産を残したのである。

たとえば、農産物の生産量を増やそうとして、無謀な肥料作りを始める。糞尿だけでなく女性の髪まで切って肥料として使ったという。民家も肥料にされる。麻城県というところでは肥料にするために何千軒もの家が解体されたのだが、『人民日報』が成功例として紹介したため、気を良くして、年末までに5万軒の家屋や牛舎、鶏舎が壊された。当時の民家は藁と泥で作られていたからである。肥料をまくということが目的化してしまい、しまいには農地に白砂糖を撒くという倒錯ぶりだ。

さらに中国共産党は、土地を深く耕し、作物を密集して植えると収穫が増えると思いこんだ。何千万人もが自分の家を燃やして暖を取りながら夜を徹して掘り続けた。最大3メートルもの深耕は無駄であっただけでなく、結果的に表土が損なわれるという事態にも陥った。飢饉の真っ最中にもかかわらず、食糧でもある苗や種を密集して植えつけ、苗が呼吸できずに枯らしてしまうこともあった。

いっぽうで、鉄を増産しようとして「土法高炉」なる手製溶鉱炉を作りはじめた。全国4000万人の労働者を使い50万基を建設した。所詮鉄器時代に近い製法である。クズ鉄だけでは足りず、鍋釜、農機具まで原材料として投入されたのだが、出来上がったのはやはりクズ鉄だった。クズ鉄を使って作った農機具は1年も持たなかったため、農家は文字通り素手で耕作することになる。それ以上に深刻なのは燃料だった。国内の山々は丸裸になり、しまいにはなぜか果樹まで燃やしてしまう。南京では7万5000本の果樹が倒された。

これらの愚行で餓死者がでているにもかかわらず、地方政府や官僚は毛沢東に水増しした生産量を報告していた。そのために毛沢東は大豊作だと思い込み、休耕地を増やすように指令する。余剰物は輸出に回そうということになり、農産物や木綿などの繊維製品まで輸出した。結果的に農民たちは衣服まで手に入らなくなってしまう。驚くことに千万人単位の餓死者が出ているにも関わらず、毛沢東の国際的な対面を保つために輸出は続けられ、他国からの援助は断りつづけた。

三門峡ダムを始めとして多数のダムが作られたが、ほとんどが欠陥工事だった。1961年までに40万個の小さなダムが破損した。115の大型ダムが洪水を引き起こし、1975年には時限爆弾となったこの時期に作られたダムが決壊し、23万人が亡くなっている。

害鳥だとしてスズメを全国一斉に退治した。当然のことながら害虫が増えた。空が暗くなるほどのイナゴに襲われ、南京付近では農地の60％が虫害にあった。スズメの効用にやっと気づいたときにはすでにスズメが絶滅しかかっていたため、あわててソ連からスズメを輸入するという始末だ。

自然に対してこれほどのことをやってのけた毛沢東と中国共産党である。当然、国民に対しての仕打ちは過酷を極めていた。農家は肥料や燃料として家を燃やされ、人為的な飢饉が起こっているうえに、鍋釜にいたる鉄器も取り上げられ、布団どころか衣服もないのである。文字通り石器時代に戻ったのである。その結果人々がどうなったのか。4500万人が死亡したということはその数倍以上が死の淵をさまよったはずである。当時の中国の人口は6億5千万人だった。

## 『台湾海峡一九四九』

龍應台＝著／天野健太郎＝訳

白水社

### 一滴一滴の人生が歴史の大河をつくる

麻木久仁子　2012.7.28

本書は、兵役によりまもなく入営しなくてはならない十九歳の息子・フィリップに「家族の歴史を知りたい」と求められた母・龍應台さんが、それに応えるべく、父母の漂泊の人生をたどり、父祖の地を訪ね、あるいはまた今は年老いたかつての少年たちなど数多くの人々に聞き取りをしながら綴った「物語」だ。収められた多くのエピソードはひとりひとりにとっての真実であり、歴史の事実であり、著者自身の言葉によれば「時代に虐げられた命に捧げられた文学」である。巻末にはずらりと歴史の証人たる人々の名前が連ねられている。60年の歳月を経て、ようやく語ることが出来る胸の痛みを、敵味方にかかわらず分け隔てなく描いた本書は、台湾・香港で42万部を超えるベストセラーである。中国では禁書だが「海賊版が売れに売れ、また香港空港のトランジットや台湾を訪れた中国人が必ず買う土産の定番に」なっているそうだ。

解放軍の激しい攻撃に追いつめられ、海南島から撤退する国民党軍の艦船に人々は殺到するが、縄網をよじ登りきれず「トプン、トプンと、一人ずつ落ちていくんだ。水餃子を鍋に入れるときみたいに」。そのあとには「数え切れないほどの旅行カバンが、油で汚れた黒い海にぷかぷか揺れて」いる。戦乱をさけて疎開した数千人の学生たちは、長い流浪のあげく無理矢理国民党軍の兵隊にさせられそうになるが、「親が子供たちを預けたのは、教育の機会を与えるためであって、兵隊にするためではない」と抗議し陳情した教師たちは、即座に処刑されてしまう。

共産党軍は「兵力現地補充」の方針を採用し、「捕らえた捕虜がかぶっていた帽子を取り上げて共産党軍のものと交換し」「くるっと向きを変えさせ」て戦場の最前線に送った。捕虜たちはさっきまで味方だった国民党軍と戦い、弾除けにされるのだ。こうして、貧しさから逃れて同じ村から従軍した少年たちは、あるときは味方として、あるときは敵として戦い、果ては朝鮮戦争にまで送られ、そののち50年、故郷の地を踏むことは出来なかった。

北と南へ向かう列車が交差する駅のホームでは、人々がどちらの列車に乗るべきか決断を迫られる。生き延びるためにはどこへ向かえばよいのか。家族全滅をさけるために、あえて南北に分かれて旅立つ親子兄弟姉妹もあった。そしてそのとき、どの列車に乗ったかが、その後の人生を大きく左右することになる……。

満州国の首都・新京は、日本軍が去り、再び「長春」という地名を取り戻していたが、１９４８年3月、共産党軍に包囲されてしまう。半年間に及ぶ「長春包囲戦」の末に「無血開城」したが、国民党軍とともに町に閉じ込められた長春市民は、その間に数十万もの餓死者を出した。にもかかわらずなぜ、その凄惨な出来事は語り継がれていないのか。これではまるで、数十万もの人々は「蒸発」したかのようではないか。「歴史」は人々がどこへいったというのだろう。

ページをめくるたびにこうした物語が次々に押し寄せてきて、波に飲み込まれるような感覚さえ覚える。それぞれが胸に封印してきた思いを語れるようになるために、60年の歳月は長かっただろうか、短かっただろうか……。

本書の原題は大河・大海を意味する『大江大海一九四九』なのだそうだ。歴史の大河大海のうねりも、こうした一滴一滴の人生が途方もなく集まって生み出しているのだという事実に圧倒された。息をのみ、しばしば涙ぐまずにはいられなかったが、やがてページをめくるごとに「安っぽく涙ぐんだりして読んではならない」という厳粛な気持ちにさせられていくのを感じた。

後世に生きる人間は国家やイデオロギー、民族といった「大きな物語」に目を奪われるのが常だが、その底流のひとりひとりへ目を向ける視点がないのならば本当に歴史を語ることにはならないのだろうし、実は現在を語ることもできないのではないかと思わされるのである。大きな物語の前で、個人はみな弱者であり無力だ。

著者は１９８５年に戒厳令下の台湾社会を鋭く批判する評論でデビューして以来、話題作を次々に発表し、現在は文化省大臣の地位にある。歴史への、そこに生きる人々への、そして自身の歴史観についての、こうしたまなざしを持つ人物がいま台湾文化行政のトップに立っている。これほどまでに様々な出自と歴史を背負った人々が形作る台湾の「多様性」を、真正面から見つめている。龍さんが担う文化行政がめざすのは、その多様性こそを強みとしようとするものになるに違いない。

重い内容でありながら最後まで引き込まれるように読むことが出来るのは、訳者の天野健太郎さんの力も大きい。訳者あとがきに「語りのリズムを楽しんでほしい」とあるように、著者や登場人物が身近で話しかけてくれるように感じる文章で、とても読みやすい。

まだ夏の盛りだが、私にとっての今年のナンバーワンは本書に決まりだ。読後には、あなたにとって大切な家族や友人の顔が浮かぶに違いない。

# 『五色の虹　満州建国大学卒業生たちの戦後』

三浦英之＝著

2015.12.24

集英社
（集英社文庫）

## 知の力を信じるということ　麻木久仁子

日中戦争当時、傀儡国家・満州国の最高学府として設立された国策大学が「満州建国大学」である。満州国の将来の指導者たる人材の育成と、満州国の建国理念である「五族協和」の実践の場として、日本人・中国人・朝鮮人・モンゴル人・ロシア人といった様々な民族から選抜された若者たちが6年間寝起きを共にしながら切磋琢磨する。すべて官費で賄われ授業料も免除という条件の良さもあり志願者が殺到、2万人の中から選ばれた150人が入学を許されるという狭き門で、まさに彼らはスーパーエリートだった。

満州建国大学は「五族協和実践の成果」を国際社会に発信するための広告塔でもあった。国際化をうたいながら在校生はほとんど日本人だった各地の帝国大学とは違い、日本人は定員の半分に制限され、残りは各民族に割り当てられる。カリキュラムも日本語や中国語の他、英語・ドイツ語・フランス語・ロシア語・モンゴル語等々自由に学ぶことが出来、禁書扱いになっているような書物も図書館で自由に読むことが出来た。

なにより驚くべきことに、学生たちにはある特権が与えられていたという。「言論の自由」である。学内では民族にかかわらずすべての学生に等しく「言論の自由」が認められており、公然と日本政府の政策を批判することも許されていたというのだ。
「五族協和も建国大学も、侵略戦争をごまかす道具ではないのか」。徹底的に議論する。様々な言語が飛び交う。時にはつかみ合いにもなる。徐々にお互いが何を考えているのか、何を背負っているのかわかってくる。互いの痛みがわかってくる。

こうして学生たちは出自を越えて絆を結んだ。傀儡国家の広告塔という大学設立の思惑を越えて、それぞれの理想を実現しようと必死に学び始めるのである。

だが、日本の敗戦ですべては幻と消えた。わずか8年しか存在しなかった満州建国大学に関する書類はことごとく焼かれ、卒業生たちは口を閉ざした。

多くの卒業生たちが記録を残すことを好まなかったのは、文字として記録されたものが証拠となって異民族の学生やその家族に弾圧が及ばないかということを極度に恐れたからだという。が、いつかまた、顔をあわせて自由に言論を戦わせることの出来る日がきたときのためにと、戦地や抑留先から戻ったかれらは互いに連絡先を探り合い、密かに同窓会名簿を編み続けていた。国交が断絶しているときでも様々なルートをつかって学友の行方をたどってはひとりひとりの連絡先を記録し続けていたのである。建国大学出身者、約１４００人。だが安否がわからないものも多い。

五族協和という偽善のスローガンを、そのまま実践しようとして歴史の中で消えていったかつての若者たちは、どんな思いで学び、どんな戦後を生きたのか。日本、中国、モンゴル、韓国、台湾、カザフスタンと、各地に散らばる卒業生たちを訪ねる著者の旅が始まる。存命の卒業生も、取材当時ですでに85を過ぎた高齢である。まさにひとりひとりとの一期一会の機会が積み重ねられていく。たがいの祖国が交戦状態にある、あるいは植民地として支配する側とされる側に分かれているなかで、かれらはほんとうに対等な関係を築けていたのだろうか。それぞれ故郷をはなれて人工国家の満州で学ぶことを決めたのはどんな思いがあったからなのか。何をもとめていたのか……。

国民党軍の捕虜となり、国共内戦の最前線で戦わされた日本人学生。抗日運動に身を投じ獄につながれた中国人学生。ソ連に送還され収容所おくりになった白系ロシア人の学生。戦後70年を生き抜いて、今日ようやく語られるそれぞれの人生はとても重い。

が、それぞれが様々な道のりをたどっていても、かれらに共通しているのは「知の力」を信じていることだ。満州建国大学がどんな理想を掲げようが矛盾をはらんでいることを彼らは当然感じていた。それでもなお、だからこそ、かれらは真剣に悩み答えを求めて議論し続けた。国家とは、民族とは、故郷とは何か。自分の使命とは何か。その答えにたどりつこうと悩みもがいたことで身に付いた知の力が、理不尽に耐えなくてはならないときにも心の支えとなったのである。

そして、政治体制にかかわらず、権力というものが知の力を恐れるのもまた共通している。とくに「野にある知」を権力がいかに疎んじるか。「まつろわぬものたちの知」をいかに恐れるか、いかに粗末にあつかうか。取材が重ねられるなかで浮かび上がってくるのだ。

建国大学同窓会は事実確認などの原稿の裏取り作業にも多大な協力を惜しみなく注いでくれたそうである。いまだ満州建国大学の記録が身の危険につながりかねない環境に生きている同窓生もいることに配慮し、同窓会の幹部たちと何度も話し合って本書は完成した。

無念をいだいたままこの世を去った同窓生たちの声なき声に思いを馳せ、学ぶということの意義にも謙虚な気持ちにさせられる作品だった。

# 『全世界史（上・下）』

出口治明＝著

## ５０００年の歴史を走破せよ！

鰐部祥平

2016.2.18

新潮社
（新潮文庫）

人間と他の動物とを分けるものとは何か？　この問いに対する最大の答えは「文字」ではないだろうか。文字を生み出したことにより、人は先人たちがどのような過去を築いて現代にいたっているかを知ることができる。本書は文字が発明された５０００年前から現代までに焦点を絞り、その歴史を「人類５０００年史」と定義して一気に読み進めようという冒険的な作品である。

なんといっても５０００年にも及ぶ、世界の歴史をわずか2巻で読み進めようというのだ。その疾走感は半端ではない。たとえて言うならば、ドイツにあるような速度無制限のアウトバーンをアクセル全開で走り抜けているような感じだろうか。しかもこの道ときたら、時に東に西にと大きくカーブし、上り坂に下り坂まで存在する。そうかと思えばひたすらアクセル全開で走れる直線が現れる。読者はステアリングがクイックな高性能スポーツカーでこの歴史街道を疾走するのである。

本書に素晴らしい疾走感を与えている2点は道（構成）と高性能スポーツカー（文章）だ。つまり現実の世界であるならば、道を造る作業と車を造る作業を一人の人物が行ったという事になる。プロの歴史家ではない著者がこのような遠大な作業を遂げたのである。「お見事」とつい唸り声をあげてしまう。実際に巻末に書かれている参考文献の数も膨大だ。実業家として第一線で活躍する著者のどこに膨大な読書をこなす時間があるのかと思ってしまうほどだ。

さて、本書をめくり歴史街道を疾走していると、いくつかの特徴的な車窓が目に留まる。そのひとつが世界を「ひとつの世界」としてとらえているという事だ。これは、同時代の横の視点だけでなく過去、未来という縦の視点も含まれている。学校で習う歴史も本で読む歴史も、ひとつの時代や地域、一人の人物に焦点を当てているものが多く、その地域での出来事がいかに他の地域に波及したかという横軸と、それがいかに未来に影響を及ぼしたかという縦軸が欠けていることがしばしばある。

このような視点の歴史書ばかりを読んでいると、歴史というものを静止した絵画のようにしか理解することが出来ない。本書はこのような罠に陥らず、流動的なものとして歴史を描いている。例えば人類の歴史で幾度か行われた軍事革命がどの様な地域で起こり、それがどのように世界に影響を与えていったかといった事が連続したひとつの世界の出来事としてスッと頭の中に入ってくるのである。

もうひとつの特徴がアナール学派の視点を随所に埋め込んでいるという事であろう。人物中心の歴史とは、政治学的視点に立った歴史である。しかし、その政治がどの様な状況で生み出されてきたかというと、それは地球の気候が大きく関係している。例えば上巻の第2章では「知の爆発の時代」という章立てだ。BC500年頃から中国、ギリシャ、インドで時を同じくして偉大な哲学者、思想家、芸術家が多く輩出しているが、これは鉄器の普及のみならず、地球の温暖化が大きく関係しているという。このように温暖化と高度成長が密接にかかわっていたことがよくわかるようになっている。

また別の大きな特徴としてはデータとファクトで考えるという点だ。例えば、日米関係を悪化させたとして、現代の右派の間でも不平等な条約であったとされることの多い、ワシントン海軍軍縮条約とロンドン海軍軍縮条約を読み解く視点だ。

ワシントン海軍軍縮条約では戦艦や空母の保有比率を米英、日、仏伊でそれぞれ、5対3対1・75と定め、後のロンドン海軍軍縮条約では米英対日比率が10対6・975に定められている。当時の国民や現代の一部の右派の人々にすこぶる不評判なこの条約だが、当時のアメリカの国力が日本の10倍以上あった点を考えれば、これはむしろアメリカの艦艇数を規制する条約である事がわかると著者は斬り捨てる。数字と事実をしっかりと読み解き、それらを基に理論を構築していくことの大切さが本書には随所にちりばめられているのである。

他にも本書には様々な楽しみ方がある。見慣れない車窓が流れたときにはアクセルを緩めてみるのもひとつの楽しみ方であろう。日本人に馴染みの薄い、中央アジアやイスラム世界にはまだまだ私たちの知らない、英雄豪傑を見つける事ができる。本書を読んで、わたし個人としてはティムールに非常に大きな興味を持つことができた。今度、彼の関連書籍を読んでみようと思っている。

その他にも現代を生きる上でヒントになる話も満載だ。従来では、野蛮な暗黒政治としてのイメージが強かった大元ウルスだが、徹底したダイバーシティであったクビライは思想や宗教にこだわらず、経済のグローバル化にまい進し、世界を繁栄に導いたという。従来のイメージを覆す彼の生き様は、グローバル化が進む現代社会を生きる私たちに大いなるヒントを与えてくれる。

また現代では不寛容な宗教と思われがちなイスラム教は元来、寛容で合理的な宗教であったことなど、興味深い逸話が次々とテンポよく流れていく。膨大な時間と空間を縦横無尽に旅する本書は、私たちがより良い人生を生きていくための知の起点を与えてくれる。「さあ皆、この本を手にとり、歴史街道をドライブしようではないか」。周りの人々にそう語りかけたくなる一冊だ。

# 『帝国の参謀　アンドリュー・マーシャルと米国の軍事戦略』

アンドリュー・クレピネヴィッチ、バリー・ワッツ＝著
北川知子＝訳

日経BP

2016.5.2

## ペンタゴンのヨーダと呼ばれた男　村上浩

常に裏舞台で働くことを好み、自己宣伝や世間からの注目を極端に嫌ったアンドリュー・マーシャルの名を知る者は少ない。しかし、「ペンタゴンのヨーダ」と呼ばれ40年以上にわたって政府高官としてアメリカの安全保障に貢献してきたこの男の明晰な頭脳から生み出された戦略からは、誰もが無縁ではいられない。マーシャルは、冷戦中のソ連がＣＩＡの推計よりもずっと多くの軍事負担に苦しんでいることを指摘し、精密兵器や広域センサーなどの技術進化がもたらす「軍事における革命」という概念を提案し、何より多くの研究者や高官に多大な知的影響を与えることでアメリカの戦略に変革を起こし続けた。彼がいなければ、世界地図は現在のものとは違ったものになっていたはずだ。

本書では、これまで知られることのなかったマーシャルの「知の歴史」が、第二次大戦以降のアメリカの国防戦略の変遷とともに描かれる。マーシャルの業績の多くは未だに機密扱いであるけれども、マーシャルの下で働いた経験を持つ２人の著者は、マーシャルが世界をどのように捉え、権力と権力がぶつかり合う官僚組織の思考に変革をもたらしたのかを実際のケースを基に教えてくれる。

１９２１年にデトロイトに生まれたマーシャルは、知的好奇心が旺盛で、読書が好きな少年だった。ブリタニカ百科事典のためになけなしのお小遣いを貯め続け、図書館では文学、軍事、哲学とともにか

く次々と読み漁っていったという。そして、アーノルド・トインビー『歴史の研究』と出会い、歴史の幅広い流れを理解し始めたという。

第二次大戦後はシカゴ大学で経済学を学び、フランク・ナイトの人間の意思決定理論に大いに影響を受けた。その後大学院で研究を続けながら、シカゴ大学の核研究所の非常勤スタッフとなった。キラ星のごとき天才たちと出会い、そこでの議論がマーシャルの思考の土台をより強固なものとしていく。

第二次大戦の終わりが見え始めたとき、先見性ある軍の指導者は戦後に訪れるだろう人材確保の問題に頭を悩ませていた。急速に発展する科学技術環境のなかで軍事技術を最新に保つためには大量の研究者が必要だったのだが、軍関連機関に所属していた研究者たちは大学への復帰を希望していたのである。その懸念を解消するべく、１９４５年10月1日に第一級のシンクタンク設立を目指したプロジェクト・ランドが立ち上がった。このプロジェクト・ランドは多くの頭脳の受け皿となる。

初期のランドの人材がエンジニアリングと物理科学に偏っていたのは、原子力の時代が幕を開けたばかりであることを考えると、当然のことなのかもしれない。マンハッタン計画参画者も多くがランドに加わっていた。ところが、１９４７年頃には科学技術以外の新たな力の必要性が明らかとなっていた。求められたのは、核戦争の遂行や抑止にはどのような方法や手段が望ましいかという問いに判断を下す能力であり、それは社会科学者が得意とする領域であった。

１９４９年1月に統計分析専門の社会科学部の一員としてランドに加わったマーシャルは、統計手法で水素爆弾の開発に関わることとなる。その研究の途中にネバダ核実験場で小型核実験を目撃したことが、彼の核に対する見方を大きく変えた。マーシャルはこのような言葉も残している。

「核保有国の指導者は、核兵器のすさまじい破壊力を実感するためにも、生涯に一度は核爆発をその目で見る義務がある」

ランドで傑出した成果を上げ評価を高めていったマーシャルは、同僚の物理学者ハーマン・カーンと共同で、ランド研究所のアプローチの問題点を明らかにした。ランドは「モデル」を重視し過ぎていたのだ。モデルは十分に現実を描写できていない場合があるにもかかわらず、多くの分析官がモデルを通して現実を理解しようとしていた。マーシャルは分析手法だけでなく、その起点となる情報の収集・流通方法にも大きくメスを入れていく。核による最終戦争が現実味を持っていた冷戦時代にすら、ＣＩＡは大統領に伝えるニュースの重要度の判断基準として、ニューヨーク・タイムズ紙の記事を参考にしていたという体たらくぶりだったのだ。そこからマーシャルは、国家の安全保障のためにはどのような情報を入手し、それをどのような枠組みで分析する必要があるのか、そのためにはどのような組織が必要なのかを追い求めていく。

マーシャルの「知の歴史」を綴った本書ではあるが、この本を読み終えても、彼がどのような分析を行ったのかという具体的手順などは見えてこない。それは、その全容が機密事項であることに加えて、マーシャルが答えを出すことではなく問いを発することを重視していたからだ。マーシャルは部下へ具体的な指示を出すことはなく、調査とデータの重要性を強調しながら、何度も軌道修正しながらゴールへ導いていったのだという。マーシャルの姿勢は、複雑な世界で不確実な未来と向き合いながら、より強く前に進むためには何が必要なのかを教えてくれる。

「私は、見当違いの問いにもっともらしい答えを出すのではなく、正しい問いに対してまずまずの答えを出したい」

## 『チャーチル・ファクター
たった一人で歴史と世界を変える力』

ボリス・ジョンソン＝著
石塚雅彦、小林恭子＝訳

プレジデント社

# あの有名人が書いたチャーチル論！

鰐部祥平　2016.6.8

毎年数冊はチャーチル関連の本が発売されている。チャーチルという政治家には、やはりそれほど魅力があるのだろう。個人的なことを言えば、劣等生であった少年が大学教育も受けずに、政治家として大成し、第二次世界大戦で世界の趨勢を決定するほどの大きな仕事を成しとげたという点に、とてつもない魅力を感じる。少年時代を劣等生として過ごしてきた私には、一種の希望の光なのだ。チャーチルに魅せられているのは、私や著者だけではない。著者曰く、昨今の若い保守党員の間ではチャーチルは神格化されているという。しかし、チャーチル存命中の彼の評価はそれほど芳しくはなかったようだ。

例えば１９４０年に彼が首相に就任した時には、多くの保守党議員が彼に対して疑念や不安を隠さず、敵意をむき出しにしていたという。１９４０年といえば挙国一致体制でヒトラーに臨もうとしていた時だ。国家の危機のさなか、彼が属す保守党の議員の間では、チャーチルに対して日和見主義、裏切り者、ほら吹き、利己主義者、恥知らず、たちの悪い酔っ払いなどと、あらゆる非難が湧き起こっていた。彼は、自分に敵意をむき出しにする味方を率いて、戦争に挑んでいたのである。

なぜ彼はそこまで保守党議員たちに嫌われていたのであろう。その理由のひとつは、彼の政治経歴にある。彼は保守党議員として政界にデビューするが、保守党が凋落の兆しをみせると自由党に移籍。その後さらに保守党へ移籍するなど、政治の風向きによって党籍を変えてきたからだ。しかし著者は政党を馬になぞらえ、彼は馬を見事に操り、そして乗り換えたのだと擁護する。政党は仕事をなすための道具であり、使いこなすものなのだ。

また、彼は自身の利益や知名度を上げるために、きわどい策略を行うことも多々ある。そこには巨大な利己主義の側面が見てとれる。チャーチルに愛情溢れる文章を書いている著者も彼の日和見主義的な側面や肥大化した利己主義の存在を認めている。

その他にも、当時の保守党員に嫌われる原因として、イギリスを福祉国家にするべく大きく舵を切った一人であることも見逃せない。彼の福祉政策は大目に見ても、当時の保守党の議員たちからは、社会主義的な性格の物に映った。しかし、彼の福祉政策は時代を先取りした物であった。第二次世界大戦の功績に隠れがちだが、もっと高く評価するべきだと著者は擁護する。

一見、社会主義的に見えても、労働組合の過激なストライキなどには軍隊を派遣しこれを鎮圧している。このような側面を大きくとらえ、現代のリベラルな人々はチャーチルを批判している。チャーチルは必ずしも革命家ではなかった。彼は彼が属する階級社会や自由主義の本質を変えないために、社会から極端な貧困をなくそうとしていた。革命を望まないからこそ、福祉政策を実行したのだ。しかし、階級社会にどっぷりと浸かる当時の保守党議員には、本質を変えないためには、変化こそが必要だという事実が見えていなかった。

現代では保守派の間で高く評価されているチャーチルだが、リベラル寄りの人々には当時も今も嫌われているようだ。リベラルな人が嫌いそうな彼のエピソードには事欠かない。ある社会主義者でフェミニストの女性議員が「あなたは酔っていらっしゃるわね」と酒浸りのチャーチルをたしなめると「あなたはブサイクでいらっしゃいますね」と切り返したという。

彼はその生涯において様々な政治的な失態を繰り返している。著者はこれらの失敗に寄せられる当時と現代の人々の批判を取り上げ丹念に検証していく。そして可能なものには、著者自身の考えを織り交ぜながら反論する。しかし擁護者である著者ですら、反論できないような失態もあるようだ。

並の政治家ならば政治生命が断たれてしまうような失敗を繰り返しながらも、常に危機を抜け出す驚異的な生命力をチャーチルは示す。なぜチャーチルは極端な賛美と憎悪の念をかきたてるのか。なぜ、多くの致命的な失態を繰り返しながらも立ち直り、強固な意志で歴史に大きな足跡を残すことが出来たのか。歴史を動かすチャーチルの力とはどんなものなのか。著者はその力の源を追求していく。それは、著者がいう「チャーチル・ファクター」を追い求める思考工程である。

さらにイギリスとヨーロッパとの距離をチャーチルがどのように考えていたのか。中東の国境線を引いたチャーチルに、現代の中東問題に対する責任がどれほどあるのかという考察は、必読である。なぜ必読なのか？　それは、本書の著者がボリス・ジョンソンだからである。

前ロンドン市長でもある彼の演説はつねに笑いを誘い、聴衆を巧みに魅了する事で有名だ。ブロンドの髪をボサボサにしている独特の風貌も目を引く。また、最近ではイギリスのＥＵ離脱を支持する立場をとり、物議を醸してもいる。一種、ポピュリズム的な匂いを放つ政治家でもある。

もうお分かりだろう。本書は英国で国民的人気があり、強い政治的影響力を持った男が、チャーチルという政治家を映し鏡にしながら、自身の政治観や歴史観を綴っているのである。台風の目となりうる可能性のある政治家の思考と思想を読み解くこともできる作品なのだ。

## 『ヒルビリー・エレジー　アメリカの繁栄から取り残された白人たち』

J.D.ヴァンス＝著
関根光宏、山田文＝訳

# 街のため息がトランプを大統領にした

内藤順　2017.3.21

光文社

格差の問題が叫ばれ出して久しいが、格差が深刻化する中でさらなる問題が湧き上がりつつある。「格差を是正せよ」「ダイバーシティって素晴らしい」という掛け声とともにフォーカスが当たるのは、いつだって最底辺に位置するマイノリティの人ばかりだ。「鶏口となるも牛後となるなかれ」とはよく言ったものだが、アメリカで実施されたある調査でも、それを裏付けるような結果が出ている。子供世代が自分たちよりも経済的に豊かになるだろうと答えた人の割合が、黒人やラテンアメリカ系住民で優に半数を超えたのに対して、労働者階層の白人の場合は、44％のみにとどまったのだ。

このアメリカの「牛後」にあたる白人労働者層には、共通の特徴がある。多くは18世紀に移民としてやってきたスコッツ・アイリッシュ達で、南はアラバマ州やジョージア州、北はオハイオ州やニューヨーク州にかけて広がるアパラチア山脈の近くに住み出した。

先祖は南部の奴隷経済時代に日雇い労働者として働き、その後は物納小作人から炭鉱労働者に身を転じ、近年では機械工や工場労働者として生計を立ててきた。「ヒルビリー（田舎者）」と呼ばれた彼らは代々貧困を受け継いでおり、アパラチアから五大湖周辺のラストベルト（錆びついた工業地帯）に移住したものも多かった。

このラストベルトに位置する州の多くは製造業の衰退、人口減少、移民増加といった共通の課題を抱えており、さしたる注目を集めてこなかったのが実情だ。ところが先のアメリカ大統領選においてにわかに注目を集め、結果的にはこの地域の票が一気に傾いたことによってトランプ大統領が誕生したのである。

本書はそんなラストベルトの一角、オハイオ州の鉄鋼業の町で子供時代を送った人物がその半生を綴った回想録である。とりわけこの記録が貴重なのは、貧困地域における問題の本質をマクロの視点ではなく、一人の生活者として、そしてファミリーの記憶として、ミクロの視点から描き切っていることだ。

幼少の頃から父親が次々と代わり、名前や住む場所が頻繁に変わる。母親はヒステリックに怒り、時にはＤＶに及ぶ。母親が逮捕されぬよう警察ではウソの証言を行い、あげく母親はヤク中になってしまい尿検査で提出する尿を息子にせがむ。それは著者の心に十分なトラウマを植え付け、その後の人生に大きな影を落とすほどであった。

しかもこの家が特別ということではなく、その光景は街の至るところでも繰り広げられていたという。暴力とアルコールとドラッグと失業が蔓延する地域は、とにかく社会課題が山積みで、しかも驚くほど多様であった。

そんな著者が大学を卒業し、最終的に社会で成功を収めるようになるまでには、いくつかの転機となる出来事があった。まずは高校生の時、祖母が安定した家庭環境を提供してくれたということである。何を当たり前のことと思われるかもしれないが、普通であることすら稀有、この点にこそ問題の本質が潜んでいるだろう。

やがて海兵隊に入隊し、規則正しい生活を送ることの重要性を初めて学ぶ。さらに努力することで自分自身を変えていけるという経験を積み重ねると、次第に成功への歯車が回り出す。その後はイエール大学のロースクールへ入学し、この地域の出身者としては珍しく社会階層のアップグレードに成功するのだ。

生活者目線で指摘する問題点の数々は興味深く、産業構造といった外部環境のみならず、住民の気質にも問題があったという。プライドが高くて収入は低い。そんなヒルビリーの人たちは人生の早い段階から、自分たちに都合の悪い事実から目を背けることによって、不都合な真実に対処する方法を学ぶ。自分の人生なのに自分ではどうにもならないと考え、なんでも他人のせいにしてしまう傾向にあるのだ。

マスコミ不信に陥っており、自分たちに好都合な事実がどこか別の場所に存在すると思い込んでいるため、陰謀論のようなフェイクニュースに対しても簡単に餌食となってしまう。つまり理想と現実を混同し、街ぐるみで学習性無力感に陥っている状態だ。だから貧困は、地縁・血縁を通じて伝播しやすくなってしまう。

これらの状況を踏まえたからこそ、トランプは以下のようなメッセージを発し続けたのである。「アメリカを再び偉大な国にする」「見くびられた貿易政策が国の雇用を奪った」「不法移民は福祉に頼ってシステムを悪用している」。さらに政治の門外漢というスタンスから「ワシントンの政治家たちはこれらの問題を傍観してきた」と煽り、マスコミにも矛先は向いた。

街の空気が私的な角度から可視化されていくにつれ、トランプがなぜ選挙中にあのようなメッセージを発し続けたのか——その文脈がリアリティをもって伝わってくる。ニューヨークからもシリコンバレーからも決して見えない風景が、ワシントンの命運を握ったのだ。

それは選挙戦術としては優れていたかもしれないし、彼の地の人々が自分の選択に意味を見出したという点においては大きな進歩であったのかもしれない。だが課題を本質的に解決できたのかと言えば、それはまた別の話であるだろう。

著者は半生を振り返りながら、貧困にあえぐ地域の課題を持続可能な形で解決するためには社会資本が必要だと主張する。経済的な価値があるネットワークをもち、私たちを会うべき人に引き合わせてくれたり、価値ある情報やチャンスを与えてくれる――そういう人間関係に基づく資本こそが彼を貧困から救い出してくれたのだと。

本来セーフティーネットになるはずの地縁・血縁がリスクそのものになったというのは特殊なケースかもしれないが、世界中において地縁・血縁といったつながりが希薄になり、代替となる可能性のあったSNSは「ポスト・トゥルース」の時代を迎えている。このような状況下において、何がセーフティーネットになりうるかというのは普遍的な問いかけでもあり、決して対岸の火事とは思えない。世界がこれから直面していく未来的な課題を解決するためのヒントに満ち溢れた一冊と言えるだろう。

## 『現代語訳 信長公記（全）』

太田牛一＝著／榊山潤＝訳

2017.4.13

### 側近の書いた「信長」　足立真穂

筑摩書房
（ちくま学芸文庫）

家臣が同時代に書いた、織田信長の一代記。これを歴史小説家が現代語で訳したのが本書だ。本能寺の変で自害するまでの15年間がつぶさに記されている。これがまあ、おもしろくて一気読み！

著者の太田牛一は、尾張の田舎（といっても、現在の名古屋市北区・春日井市界隈らしい）に１５２７年に生まれた。信長の家臣に仕える足軽から始まり、弓の腕を認められて弓３人、槍３人の信長の親衛隊に選ばれ、側に仕える身に。信長の家臣の与力だったとも言われ、正確には立場がはっきりしないところがあるものの、信長の生身を知る人物と思ってまちがいなさそうだ。

無学だったが、独学で学問を修めるほどの努力家で、日々見聞きしたことをメモしておき、80歳を過ぎてから編集して本書をまとめたとか。信長が自害した後は、秀吉にも仕えたそうで、仕事のできる有能な人だったのだろう。なにしろ、引退していた牛一を秀吉が自ら頼んで復帰させたらしい。

また、秀吉についても、家臣として仕える間に『大かうさまくんきのうち』という伝記を記しており、信長についての記録では途中から正確を期しており、その点も含めて、記録係を自任していたようだ。晩年は、「社史編纂室長」のような存在だったのか、などと私は想像している。秀吉の没後は秀頼に仕えており、１６１３年、87歳で没した。当時を考えたらそうとうな長寿だ。

大河ドラマや時代劇で見た信長や戦国武将の話が、映像でアタマに浮かんでくる。とはいっても実はそれは逆の話で、この本が大きなベースとなってドラマのシナリオができているのだから、当たり前といえば当たり前だ。たとえば、「人間五十年」を信長が唸るように謡いながら舞うシーンを映像で見たことがないだろうか。これについても記述がある。なんと、あの武田信玄公、ここで登場！

甲斐の国を旅で通りかかった尾張出身の僧侶に、武田信玄は挨拶に来させて、信長の趣味について問う。「舞と小歌がご趣味でございます」という答えにも満足せず、続けてしつこく幸若大夫（幸若舞の師匠）が教えに行っているのか、と聞いての僧侶の返事がこうだ。

「清洲の町人で松井友閑と申すものをしばしばお召しになり、ご自身でお舞いになります。けれども、敦盛《あつもり》一番の外はお舞いになりません。『人間五十年、下天の内をくらぶれば夢幻のごとくなり』、この節をうたいなれた口つきで舞われます。また小歌を好んでおうたいになります」

ライバルの情報収集に余念がない武田信玄もまたさすがで、最後にはどんな歌なのか歌え、と固辞する僧侶に無理矢理歌わせる始末。武将の間の緊張関係も伝わってくる。

その信玄の息子、武田勝頼の最期も描かれている。NHK大河ドラマ『真田丸』では、平岳大が演じていたのが記憶に新しいが、記述を読むと、実際は映像以上に壮絶だったことがわかって、切ない。

「（追われた勝頼は、険しい山中に簡易の陣を敷いていたが）のがれがたいと知って、あわれ花を折るにひとしく、美しい一門の夫人・子供たちを一人一人引き寄せ、四十余人をことごとく刺し殺し、その他の者はちりぢりとなって切って出て討ち死にをした」

桶狭間の戦いで今川義元を討ったときの戦況、味方の陣内の様子や、上洛後に足利義昭と敵対していく様、安土城の築城や部下との関係性なども、史実がドキュメンタリー映像になるかのごとくだ。

残酷な一面も多いのだが、戦に勝ったときの貢物の配分では意外に気を遣っていたり、詐欺を働く悪僧を罰したり、あまり知られていない面も読める。

支配地域から駿馬を集めて「お馬ぞろえ」と称した天覧お馬ショーに興じる様子もまた、圧巻だ。明治神宮外苑前で時々やっている名車フェスタをイメージしてしまった。馬や有名な茶道具を駆け引きの材料に使ったり、伊勢神宮の遷宮にお金を出したり、器の大きさを感じさせるエピソードも多い。この『信長公記』は、信長の伝記として最も信頼できる史料と言われている。読み物としても、信長が生き生きとよみがえり、歴史の醍醐味を刺激してくれるので、ページをめくる手が止まらなかった。

なお、少しだけ補足。現代語に訳した歴史小説家の榊山潤は、１９８０年に亡くなって久しいが、小説執筆の過程で調べるうちに、おもしろさを読者にも伝えたくなったのだろうか。過去には他にも現代語訳本が出ており、今回紹介したちくま文庫版は最新の復刊と言える（この後、KADOKAWAより、新人物文庫版の新装版が２０１９年に刊行された）。元の刊行は１９８０年、当時の歴史研究やご本人の考え方が投影された翻訳なので、その後の研究が進んでいる点はご注意を。

また、１５６８年に上洛してから本能寺の変までの15年を、１年に1巻ペース、計15巻にまとめた構成で、15巻については、自筆本（自らの手による）が2点伝来しており、どちらも重要文化財指定となっているが、俗に「首巻」と呼ばれる上洛前の記録は別に書かれたものだ。底本についても、史料としては注意が必要なので、興味を持った人は、末尾の東京大学史料編纂所の金子拓さんの文庫解説で、その辺りを補ってから入るとよいかもしれない。

「そうだったのか」の連続となる一大スペクタクル伝記。きっと堪能できるはずだ。

## 『レッド・プラトーン 14時間の死闘』

クリントン・ロメシャ＝著
伏見威蕃＝訳

早川書房

### 耳をつんざく砲弾の音、着弾時の振動、立ち込める煙

麻木久仁子

2017.11.24

9・11後、アフガニスタンに派兵したアメリカは、パキスタンとの国境地帯で反乱に悩まされていた。そこで2006年夏、この急峻な山地帯に前線基地を点々と連ねて敵の補給線を分断するとともに、現地の村人には不足している物資を供給し人心を勝ち取るという作戦を立てた。これにより谷間の川沿いにくねくねと伸びている狭隘な道沿いに十数箇所の前哨基地が作られていった。奥へ奥へと進んでいった最後の前哨が「キーティング」と呼ばれる場所だ。だがこれはとんでもない代物だった。四方を切り立った山に囲まれている。斜面には花崗岩の露頭が点々とあり、木々は生いしげり、敵は隠れ放題だ。一方そこから見下ろされる「キーティング」の中にはほとんど隠れる場所がない。ヘリコプターの降着地帯は川を隔てたところにあり、橋を渡らなければ行かれない。最も近い米軍基地から車両でこようと思えば一本しかない4メートルにも満たない幅の道路を6時間も走らなければならない。遠く孤立し、無防備で、最悪な場所。いざとなれば大規模な航空部隊の支援がなければ自力ではどうにもならないところ。古今東西の兵法にまったく反している前哨だった。

ここに送り込まれた「レッド」の面々は前哨を一目見て愕然とする。

「これじゃ金魚鉢のなかにいるみたいだ」「おれたちのやっていることが、敵にすべて丸見えだ」「死の罠だ」。

本書はこの欠陥だらけの前哨・キーティングが、２００９年10月3日の早朝、タリバンの総攻撃を受けてからの14時間の出来事を、分単位、ときに秒単位で克明に記述したものだ。レッド小隊のチームリーダーの一人だった作者のクリントン・ロメシャが、退役後、生き残った兵たちをひとりひとり訪ね歩いて前哨内のどこでなにが起こっていたかをつぶさに聞き出し、あるいはまた無線交信の書き起こしなど軍の正式報告書の資料も駆使して書かれた「戦闘の真実」である。

実はそれまで連日仕掛けられていた執拗なタリバンからの攻撃は、前哨の情報をとるためのものだった。攻撃で挑発して反応を引き出すことで米軍の行動パターンを観測し分析していたのだ。米軍側の防御能力を読み解き、万全な攻撃計画が整った時、満を持して、タリバンが総攻撃を仕掛けてきたのが、この朝だった。このとき米兵50人。タリバンはなんと３００人。

夜明けとともに一斉に火を吹いた猛烈な銃砲火が、周囲の山々の尾根からすり鉢の底のような前哨に降り注ぐ。防御の弱いところからたちまち敵兵に鉄条網内へ侵入されてしまい、仲間たちはせまい基地の中で分断される。発電機は早々に破壊され、コンピューターも使えない。どこに誰がいて、何をしているかが、指揮所で把握できず、有効な作戦が立てられない。散り散りになった兵たちは、ある者はたった一人で機関銃を打ち続けて持ち場を守り、あるものはトラックに閉じ込められて身動きできず、あるものはなんとか弾薬庫までたどり着こうと危険をおかし……。

午前5時58分に始まった戦闘の様子が刻一刻とつぶさに描写される。ロケット砲が飛び交い、機関銃が連射され、双方が重火器を打ちまくって弾薬を盛大に撒き散らすなかを掻い潜って、レッド小隊は態勢を立て直そうとするが、誰が生きていて誰が死んだのかもわからない。

防衛ポイントへ行こうにも、敵から丸見えのなかで、わずかな遮蔽物から次の遮蔽物までのほんの5メートルさえも、走り抜けようと思えば蜂の巣になる危険がある。十数メートル先に仲間が倒れているのが見えていても、救助に近づくことができない。かと思えばふいに目の前にタリバン兵が現れる。どこから入ってきたんだ！

空軍に救援を要請するが、すぐには来られない。敵の配置がわからないと攻撃できないし、逆に撃ち落とされる危険もある。なんとか情報を伝えなくてはならないが、敵はどこに何人、どんな武装をして陣取っているのかわからない。援護が来るまでどう防御するか。いや、守るだけではなく反撃しなければ持ちこたえられない。誰が行く？

耳をつんざくような砲弾の音や、着弾した時の振動、立ち込める煙が、ページの間から立ち上ってくるようなリアルな描写が続く。

キーティングの写真をみると、素人目にも裸同然の前哨だ。このなかに閉じ込められて、四方八方から雨あられと浴びせられる砲弾をくぐって撃ち返すのか。あっという間に蹂躙されそうだ。1ページめくるたびに事態がめまぐるしく変わるので、読んでいても息をつく暇もない。

レッド小隊の兵士たちのキャラクターも丁寧に描かれている。全身筋肉の体軀と怪力が自慢だがイラク以来の歴戦の強者ながらも酒飲みで癇癪持ちのガイェゴス。アメリカ国内勤務を断って海外に戻してほしいと願い出てここへ来た戦闘好きで大口叩きのカーク。不祥事で学校を追放されて以来マリファナ漬けだったが、たまたま通りかかった陸軍徴募事務所のポスターに「契約書にサインすれば一時金が二万ドル」と書いてあったのを見て入隊したコプス。年中悪ふざけやいたずらを仕掛けては相手を怒らせるものの、どこか憎めないメイス。赤貧の家庭に育ち、陸軍に入ることが唯一の選択肢だった従順が取り柄のジョーンズ。苦境に追い込まれても決して動じないラスマスン。仕事一点張りで、教え魔の兄貴ラーソン。喧嘩と酔っ払うことが好きだが小隊のほとんど全員と仲良くするのがもっと好きで、いつも物事を丸く収めてくれるラズ。

彼らの人となりをその写真とともに見ながら、彼らの置かれた重大な危機を追っていくのだ。惹きつけられ、感情移入し、肩入れしたくなる。この死闘がどのように展開し、どんな結末を迎えたか。それにしても、戦闘とは。この闘いの意義とはなんだったのだろう。ここで最後まで勇敢に闘い、命を落としていった男たちの鎮魂は、いかに成されるべきなのか。

彼らの闘いを、手に汗を握りながら読んできて、最後「あとがき」にたどり着いた時、不思議と浮かんだのはタリバン兵たちのことだ。この本においては、当然のことだが彼らには名はない。名も知らぬ300人であり、「敵兵」とか「タリバン兵」としかいいようがない。だが、立場を入れ替えたらどうだろうか。タリバンの陣地に身を置いて、タリバン兵たちの人となりを知り、写真で顔をみて、かれらがいかに周到な戦略を立て、大国アメリカの軍隊を翻弄したかを描いたら。

頑張れ！　まけるな！　とレッド小隊に肩入れした感情が、ため息とともに体から抜けていくようだ。作者のロメシャは、タリバンが仲間の命を奪ったことに対しての強い怒りを抱く一方で、彼らがプロの兵士、プロの軍隊として実に高度な闘いを挑んできたことへの敬意も表している。

どの立場にあっても尊いのは「命」だ。その命がいかにそこに在ったかということは、記録するしかないし、記録すべきなのだ。闘いにどんな意義があったのかはわからない。が、この圧倒的な記録を読んで、大義だの正義だのと、あらかじめ与えられたフィクションの薄っぺらさを思うのだった。

『改訂完全版　アウシュヴィッツは終わらない
# これが人間か』

人とは、ここまでグロテスクになれるものなのか!?

鰐部祥平

プリーモ・レーヴィ＝著
竹山博英＝訳

2017.12.28

朝日新聞出版
（朝日選書）

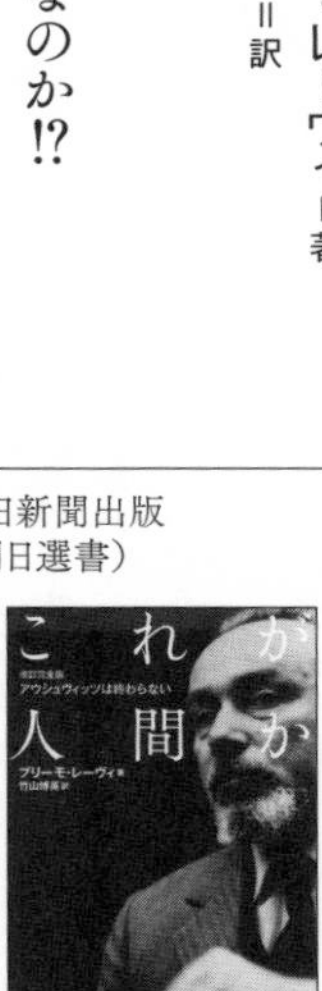


プリーモ・レーヴィはユダヤ系イタリア人。トリーノ大学を主席で卒業した科学者だ。彼は24歳の時にパルチザンとして活動中に逮捕される。１９４３年の事だ。翌年にアウシュヴィッツに移送され、解放されるまで強制収容所で地獄のような日々を送った。彼が送られたのはアウシュヴィッツの中の第三強制収容所モノヴィッツである。

著者レーヴィがモノヴィッツでの日々を克明に記録したのが『これが人間か』である。本書は『アンネの日記』『夜と霧』と並んでホロコーストの古典記録文学という評価を得ている。

逮捕されたレーヴィはイタリアのモデーナ近郊にある抑留収容所に送られる。ここには６００人を超えるユダヤ系イタリア人が収監されていた。１９４４年2月22日にユダヤ人はこの抑留所からアウシュヴィッツに汽車で送られることになる。家畜用の貨物列車数両に男女が詰め込まれる。４日間にわたる旅で人々は糞尿にまみれ汚れていく。水すらも与えられなかった。

４日後の夜、汽車はアウシュヴィッツに到着する。ここでＳＳの将校たちが機械的で淡々とした調子でレーヴィたちを選別する。この時、96人の男と29人の女がモノヴィッツとビルケナウの収容所行きに選ばれた。残りの500人以上は例外なく2日以内に殺されたという。ガス室行きになった者には著者の知人の娘もいた。

アウシュヴィッツからモノヴィッツへ向かうバスの中でも印象的な場面がある。移送されるレーヴィらに、ドイツ兵が丁寧な態度でお金や時計をくれるか聞いてまわるのである。組織の歯車として、ユダヤ人を死地に送り込むことには、なんら良心の呵責を感じないが、個人として金品を強奪するのには、良心の呵責を感じるのであろう。

モノヴィッツに着いたレーヴィたちは、名前を含め、全ての私物の所有が禁止される。与えられた縞模様のシャツとズボン、上着、木靴、飯盒、そして名前代わりの番号。それのみが彼らが手にする事のできる唯一のものだ。さらに収容所の中はヨーロッパ各地から連行されたユダヤ人がひしめいており、言葉も通じない。意思疎通の手段さえも奪われる。

全てを奪われた時、人は初めて気づく。毎日の些細な習慣やこまごまとした物に、人は記憶の断片を宿し、その中に個人としてのアイデンティティを見出すのだと。言葉も、名前も、愛する人も、愛する人の記憶を宿した思い出の品も、全て奪われた時、人はただ肉体的欲求を満たすだけの空っぽな存在に堕ちていく。そして抜け殻のような人間を見た時、他者はその存在をとことん軽んじる事ができるのだ。ここは地獄だ。いつでも処分できる空っぽの奴隷を作り出す壮大なシステムなのだ。

「囚人」生活の記述も目を疑うような事ばかりだ。例えば寝る時には、ベッドと上掛けを2人で共有しなければならない。それも相手は言葉さえ通じない赤の他人だ。食事はわずかな野菜が入ったスープとパンのみ。冬にはマイナス20度にもなる厳しい寒さの中、薄いシャツとズボン、その上に薄い上着を着用する事しか許されない。寒さのあまり、くすねたボロ紙を上着の中に詰め込んで少しでも保温性を高めようと努力する。だが、これは違反行為で、見つかれば激しく殴られる。

収容者の種類は3種類あり、おもに刑事犯、政治犯、そしてユダヤ人で構成されている。収容所の内部にSSの人間が立ち入る事は稀で、レーヴィたちを管理していたのはドイツ人刑事犯の棟長や労働を管理するカポーたちだ。彼らはユダヤ人をひとつ下の人間として見下し、呵責のない暴力を振るった。ナチスは閉鎖された空間で一部の囚人に特権を与える事で効率よく人々を管理していた。

ユダヤ人同士での生存競争も激しく、わずかでも隙を見せれば、スプーンでも飯盒でも食料でも服でも、とにかくあらゆるものが盗まれた。盗まれたものは商品として闇市で流通し、パンが貨幣として用いられていたという。

ユダヤ人たちも相互不信を募らせ、それを利用し力をつけた「名士」たちが盗品による市場経済を収容所内に構築し支配していく。それは原始的で野蛮な生存競争の世界であり、レーヴィの言葉を借りれば「持つものには与え、持たないものからは奪え」という世界なのだ。

全てを奪われ空っぽになり、生きる意志をなくした末に、規則に従う道を選び、配給された物だけを食べる人々は3ヶ月もしないうちに、必ず死んでいくという。レーヴィは生き残る者と、すぐに死んでしまう者とを「溺れるものと救われるもの」という言葉で言い表す。従順ですぐに死んで行く者を収容所内では回教徒とも呼ぶ。

レーヴィは収容所内で起きた事象を細部まで分析し、人々が非人間的扱いを受ける環境でどのように行動し、どのような社会を作っていくのかという事を鋭い視点で記述している。人種、宗教、民族を理由に人々が他者を差別し迫害すれば、その行き着く先が、どれほどグロテスクな世界になりうるのかを、私たちに示しているのである。

# 『東西ベルリン動物園大戦争』

ヤン・モーンハウプト＝著
黒鳥英俊＝監修／赤坂桃子＝訳
CCCメディアハウス

## きわめて人間くさい動物園の物語

西野智紀　2018.11.6

動物園業界には、「動物園人」という言葉があるらしい。動物や動物園のことを心から愛し、常に探究心と誇りを持って一生懸命動物園のために取り組む人のことを指し、時として人よりも動物相手のほうがうまくやっていける人間でもある。

本書はこの動物園人たちを主人公とする骨太ノンフィクションだ。舞台は東西に分断されていた時代のドイツ・ベルリン。この都市には、壁を挟んで、二つの動物園が存在していた――西のベルリン動物園と、東のティアパルク。両動物園は、二つの異なる社会体制のシンボルでもあった。そして、この二つの動物園の園長は互いに反感を抱き、ライバル視していたのだ。

まずは東側の園長、ハインリヒ・ダーテ。子どものころから故郷で鳥類観察に精を出していた彼は、ライプツィヒ大学で念願の動物学者となる。研究熱心な一方でライプツィヒ動物園で飼育員としても働き、20年近くかけて園長代理の地位までのぼりつめた。まさしく動物一筋の男である。

転機が訪れたのは１９５４年、首都に新しい動物園をつくる計画が浮上したときだ。代理としてベルリンに差し向けられた43歳のダーテは、候補地の一つであるフリードリヒスフェルデをいたく気に入り、自ら園長となって、翌55年、新動物園・ティアパルクをオープンさせる。「動物園は専門家のためではなく、入園者のために建設しなければならない」という独自の動物園哲学のもと、大規模な工事を行い、その広さは最終的に西側のベルリン動物園の5倍以上となった。

さてそのベルリン動物園であるが、こちらはティアパルクとは違い、1844年に創設された、ドイツで最も歴史ある動物園だ。戦火で焼けてしまうまでは1400種4000頭を展示する、世界で最も多様な種を誇る動物園でもあった。再建後のベルリン動物園で1956年に園長の座に就いたのが、ハインツ＝ゲオルク・クレースだ。獣医である彼は、30歳前にしてドイツ西部のオスナブリュック動物園園長となっていた新進気鋭の若者で、そこでの手腕が評価されたのであった。

しかし、110年の歴史があり、飼育員の中には戦前から働く者もいる中で、若いクレースが指導力を発揮するのは容易ではない。それでも彼は、監査役会に取り入って、伝統を重んじつつも組織の若返りのための改革を推進した。当時ベルリン動物園はティアパルクの開園一年で入園者数が前年比で8万5000人も減少していた。

同じ街にある、もう一つの動物園。意識しないはずがない。ティアパルクのダーテが「世紀の動物」パンダを呼び名声を高めたと思えば、ベルリン動物園のクレースは新しい類人猿館の建設計画をスタートさせる、といった具合に張り合いを繰り返した。競争のため、二人の動物収集にかける情熱は凄まじく、動物舎の心配は二の次になることもあった。1961年に東西ベルリンの境界が封鎖され、壁が築かれると、ダーテとクレースは二つに分かれた縄張りのボスジカとして、政治と時代の渦に飲み込まれていく……。

このように、本書は病的なほどに動物園のことしか考えていない業界人の話である。ダーテとクレースはお互い不快感を持っていたが、動物園の益を最優先に考える点では共通していた。例えば、二人とも朝起きてから夜寝るまで経営に釘付けだったため、家族を顧みることがほとんどなかった。
また、彼らは厳しい階級構造の支配者であるがゆえに、いかなる非難も聞き入れない性格だったが、一方で政治には無頓着でもあった。ダーテは東ドイツ終焉まで自分が秘密警察シュタージの監視対象であると気づかなかったし、クレースは1970年にヘルマン・ゲーリングの親友でナチ党員でもある元ベルリン動物園園長を園長連盟の名誉会員に推薦したことがある。

そもそも、国だけでなく首都までも分断され、下手をすれば軍事衝突もあり得る政治的緊張の最中にもかかわらず、本書に登場する人々はあっけからんとしていておかしみがある。ティアパルクの若い監視員がシカ科最大の動物ヘラジカの輸送箱に隠れて西ベルリンに逃げるというどこか滑稽な脱出劇や、ライン川に突如現れたシロイルカ「モビィ・ディック」を捕獲しようと奮闘する狩猟家園長のエピソードなどがそうだ。それらを描く著者の筆致も静かで恬淡《てんたん》としている。

著者は1983年ドイツのルール地方生まれのフリージャーナリストで、この本の執筆のためにドイツ各地の動物園と関係者を取材し、公文書館を虱潰しに調べて回ったそうだ。

本稿ではダーテとクレースしか名前を挙げていないが、本書は動物の魅力ではなく動物園内の人間ドラマに力点が置かれているため、人名が頻出する。おまけに聞き慣れない地名も出てくるので、読み進めるのがなかなかに大変だ。しかし、巻頭には地図や主要人物表が備えられ、章のはじめにその章の時代と登場人物表も載せられているので、時間はかかるが理解は難しくない。

加えて、監修の黒鳥英俊さんによる「動物園の歩き方」ガイドが各章末に添えられているのだが、これが日本とドイツの動物園事情の架け橋となって、読者との距離を大きく縮めてくれている。動物園の物語なのに終始人間くさい、きわめてユニークな一冊だ。

## 『チョンキンマンションのボスは知っている アングラ経済の人類学』

小川さやか＝著

春秋社

### 「ついで」に回す香港のアングラ経済

仲野徹　2019.8.27

重慶大厦＝チョンキンマンションをご存じだろうか？　知る人ぞ知る香港の九龍・尖沙咀地区にある個人住宅がメインの複合ビルで、香港の魔窟と呼ばれることもある。そこには、南アジア・中東・アフリカなど、さまざまな国の出身者によるコミュニティがあるらしい。そして、香港在住のタンザニア人たちも、夜な夜な何をするともなく集まってくる。

チョンキンマンションのボス、といってもオーナーなどではない。この本は、自らがチョンキンマンションのボスと名乗るタンザニア人・カラマをめぐる密着取材ドキュメントである。

カラマは、月に２万４０００米ドルも稼ぐことのある凄腕ビジネスマンだ。稼げない月もあるが、おだてられると見知らぬ若者にまで気前よく奢ってしまい、生活費を借りるはめになる。

おしゃれ好きで、次々と新しい服を買うが、着た後は洗濯をせずに誰かにあげるか、ビニール袋に突っ込んだまま。チェーンスモーカーでいつもタバコを誰かにねだっている。時間にだらしなくて全く守らないし、時にはすっぽかすこともある。そんなアラフィフのおじさん中古車ディーラーだが、みなに愛されている。写真も見ようによっては愛くるしい。

カラマのスマホのアドレス帳には、母国の上場企業の社長、政府高官から、香港にいるドラッグデイーラーや売春婦、元囚人までさまざまな友人の連絡先が登録されている。どんだけ幅広い付き合いなんですか……。そして、タンザニア香港組合の創設者にして、現在は副組合長。

「困ったことがあったら、チョンキンマンションに行ってカラマを探せ」。タンザニアからやってきた交易人は、まずこう教えられるほどの存在である。なんとも魅力的な人物ではないか。この本で紹介されているその人生行路はかなりのものだ。

そのチョンキンマンションのボスの周辺で、タンザニア人たちは何を考え、どのように行動し、生きているのだろう。キーワードは、「ついで」そして「信頼しないけれども、信頼する」。

なんやねんそれは、と言われそうだが、つきつめるとこの二つになるのだからしかたがない。

まずは「ついで」。カラマも周りの人も、遊びながら仕事をしているように見える。これは、彼らのコミュニケーションとビジネスが渾然一体になっていて、仕事の基準が「ついで」にあるからだ。

小さいがわかりやすい例でいくと、タンザニアと香港を行き来する人のスーツケースに空きがあれば、自分が取り扱う商品をついでに仕入れてきてもらう、といったようなことだ。このような「ついで」を用いると、結果的に、負い目を感じずに気軽に助け合うことができる。

しかし、基本的には誰も信頼できない、ということを忘れてはならない。時にはだまし取られることもあるし、違法な運び屋に仕立て上げられてしまう危険性もある。ちょっと怖すぎるけれども、まぁ、そこはある程度仕方ないということだろう。

「大切なのは仲間の数じゃない（タイプのちがう）いろんな仲間がいることだ」。詐欺にあった時に最も役立つ情報を与えてくれるのは、警察ではなく詐欺師である。カラマの哲学はあくまでも明快だ。

驚くような個々のエピソードは本を読んでもらうしかないが、成功するには、いかに「ついで」にうまく便乗するかが大事だ。なにしろ、そんな「ついで」の連鎖によって、政府高官から元囚人にまでいたるカラマの人間関係はできあがってきたのである。

もうひとつのキーワードは、「信頼しないけれども、信頼する」ということ。誰かを「信頼できる相手」と「信頼できない相手」に分けるのは、我々の世の中では当たり前のような気がする。しかし、カラマの周囲は違う。誰も信頼できない、というのが鉄則だ。しかし、同時に、誰もが状況によっては信頼できる、ということも同じだけ正しい。

誰も信頼しないのだから、基本的に彼らはばらばらである。だが、場合によっては信頼するのだから、常に繋がっているともいえる。たとえば、香港で客死したタンザニア人がいた場合、親しくなかった人までもがお金を出し、遺体を本国に送還する。基本的にはきわめて親切な互助的コミュニティが築かれている。

すこしイメージしにくい。というよりも、そういう考えに基づいて行動するのはいささか難しそうな気がする。しかし、香港で仕事をするタンザニア人は、一攫千金を夢見て貧しい状態でやってきた不安定な人々ばかりだ。褒められたことではないが、自分の生活のため、やむを得ず裏切ることもある。

自らがそうだったのだ。他人を裏切らなければ生きていけないような状況に陥る可能性があるということを、カラマは身をもって知っている。本人の努力ではいかんともしがたい時には、とんでもないことをしても許してやろう、裏切った奴であっても状況がかわれば信じてやろう。いわば寛恕《かんじょ》の精神である。

そのような結びつきだから、信用格付けのための無駄な競争は不要である。逆にいうと、少々いい加減にしていても大丈夫だ。それに、もっと大事なことは、こういうシステムだと、誰にだっていつかチャンスが回ってくるということ。ある種のセイフティーネットである。なるほど、何が起こるかわからない香港の魔窟で生き抜くために、「信頼しない」と「信頼する」を共存させるというのは、素晴らしい考えではないか。

ただし、カラマの周辺はきれい事ばかりではない。他人を利用しようとする輩や騙そうとするような輩はあとをたたない。在留資格を得るために書類だけの結婚をする人がたくさんいるし、売春婦の稼ぎをあてに暮らす人もいる。大成功する人がいる一方で、帰国費用さえ捻出できない人もいる。

しかし、二つのキーワードから導かれる原則はこれに尽きる。

「私があなたを助ければ、だれかが私を助けてくれる」

助けた相手が助けてくれる、といった小さく閉じた関係性の話ではない。ルーズなコミュニティだからこそ成立する原則だ。時には騙されて大損することもあるだろう。しかし、トータルとしてこの原則が成立していさえすれば、安心して生きていける。それも周囲に親切を振りまきながら。

これまでに論じられてきた「贈与」や「分配」などについての一般論とは異なっている。このあたりについては、さすが専門家、文化人類学的な考察が十分になされていて、その方面での興味は尽きない。といっても、決して難しくはないのでご安心を。

香港に流れてきたタンザニア人による特殊なシチュエーションでの経済といってしまえばそれまでのことかもしれない。しかし、「ついで」と「信頼しないけれども、信頼する」という二つのキーワードで成り立った世界は、けっこう生きやすそうではないか。なによりも、そんな経済のど真ん中で生き抜いているカラマはとっても幸せそうだし。いやぁ、絶対にあなどれませんわ。

# 『哲学と宗教全史』

出口治明＝著

ダイヤモンド社

## 読み終えたとき、旅がはじまる

刀根明日香　2019.9.17

出口治明さんは不思議な人である。何が不思議って、分厚い歴史書を何冊も出しているにもかかわらず、真の正体はビジネスマンなのだ。今は、立命館アジア太平洋大学（ＡＰＵ）の学長をされている。どうして出口さんは何冊も歴史についての分厚い本を出版するのだろうか。趣味なのか、それとも哲学や宗教に疎い人が増えすぎた日本を危惧して、使命感を持って書かれているのだろうか。

本書の「おわりに」に次のような文章がある。

「本書は、その頃に僕が腹落ちした哲学や宗教の歴史を、記憶を辿りながらまとめたものです。忙しい毎日をおくっているビジネスパーソンの皆さんに、少しでも哲学や宗教について興味を持ってほしいと考えて、枝葉を切り捨てて（勘違いして幹を切り捨てているかもしれませんが）できるだけシンプルにわかりやすく書いたつもりです」

出口さんの著書はたしかにシンプルでわかりやすい。明解な論理展開で、歴史を丸ごと再構築してくれるのが特徴だ。学生時代に地域ごとの縦割りで学んだ歴史を、同時代に世界中でどのような動きがあったのか、という横の視点で教えてくれる。

例えば、第３章「哲学の誕生、それは〝知の爆発〟から始まった」では、ＢＣ５世紀前後に、数多くの考える人が登場したと書かれている。ギリシャでは、ソクラテス・プラトン・アリストテレス、インドでは、ブッダやマハーヴィーラ（ジャイナ教の祖）、中国では、孔子や墨子たちが挙げられている。そして、それらの背景には世界規模の鉄器の普及と地球温暖化が影響している。

白状すると、私は出口さんの歴史本を何度か途中で挫折をしている。いつも辞書を片手に読み進めるのだが、途中で他に関心が移ってしまうのだ。しかし、本書は最後まで読み通すことができた。

なぜならば、今までの歴史本よりも人物にスポットライトが当たっていて、読みやすいのだ。どのような人物がどんな宗教や哲学を生み出してきたのかを歴史の流れの中で学ぶことができる。

例えば、ヨーロッパでプラトンやアリストテレスが建てた大学がローマ皇帝によって閉鎖され、キリスト教一色になった時代、大学の教授はイスラームの世界へ流れ込む。ちょうど中国の唐から紙の製造技法を得た時代と重なり、アラブ人たちは、ギリシャ・ローマの古典の一大翻訳運動を始める。その時代に活躍したのが、イブン・スィーナーとイブン・ルシュドという2人の哲学者だ。彼らは、イスラーム神学にギリシャ哲学の理論を導入し、イスラーム神学の進展に貢献する。

2人の哲学者は、例えば同著者の『全世界史』には出てこない。このように、哲学者の思想、そしてその時代背景、また前後の哲学者を追いかけるのは、移ろいゆく時代を漠然と追いかけるより理解が進むのである。

最後に、私は本書から宿題をひとつ受け取っている。それは、「なぜ、今、哲学と宗教なのか?」という問いに答えを見出すこと。実は、本書の「はじめに」のテーマとして、出口さんはこの問いに答えている。

「宇宙についても人間の脳についても、解明できそうで解明できないことがたくさんあることがはっきりしてきたということは、まだ、宗教や哲学がこの先も生き残っていくことを示唆しているのではないでしょうか」

人間が抱き続けてきた2つの問い「世界はどうしてできたのか、また世界は何でできているのか?」と「人間はどこからきてどこへ行くのか、何のために生きているのか?」に哲学と宗教は答えを見出してきた。そして現在は自然科学が答えを出しているように見える。しかし、どうやらそうではなさそうだ。自然科学の発展の傍で、哲学や宗教は新たな時代を迎えるのではないかと。

それでは、私が「なぜ、今、宗教と哲学なのか?」と問われると何て答えるだろう。そのひとつは、偏見やステレオタイプを、なるべく自分の中から取っ払いたいから。気付かずに人を傷つけたり、間違えて人を理解してしまうことを出来るだけ減らしたい。しかし、それだけではなく、もっと視野を広げて考えられるようになりたい。

本書では、各哲学や宗教を掘り下げるために、たくさんの参考書が挙げられている。出口さんのお墨付きだから、安心して知識の奥深くまで入っていけるだろう。

本書を読み終えたとき、やっとスタート地点に立てた気がした。世の中を体系的に学ぶためのスタート地点だ。参考書に手を伸ばしながら、「なぜ、今、宗教と哲学なのか?」を考え続けていこう。1日1時間を2週間続ければ読み終えるはずだ。こんなに分かりやすい哲学と宗教の入門書は、後にも先にも出るまい。是非、秋の夜長に挑戦してみてはいかがでしょうか。

10

【ベスト・ノンフィクション・レビュー】

# ビジネス

# 『住友銀行秘史』

國重惇史＝著

講談社

## イトマン事件とは何だったのか　堀内勉　2016.10.12

本書は、日本における「戦後最大の経済事件」と言われたイトマン事件を、銀行側からの証言で綴った貴重な資料である。

バブルを経験していない若い人には理解できないかも知れないが、1997－98年の大蔵省接待汚職事件を契機に大蔵省から金融庁と証券取引等監視委員会が分離独立するまでは、銀行というのはかなりずさんな融資を行なっていたのである。そして、新しい資本市場や金融規制の流れを理解しないで、いまだに旧態依然とした経営を行なっている古い体質の大企業が不正経理問題などで次々と馬脚を現しているのは、必然の流れと言えるだろう。もはや「時代は変わった」のである。

1990年前後に起きたイトマン事件を覚えているのは、せいぜい40歳代くらいまでであろうから、少しおさらいしておくと、これは大阪の総合商社イトマンを巡って起きた不正経理事件であり、その真相の多くは依然謎に包まれたままである。繊維商社だったイトマンは、オイルショックで経営環境が悪化したことから、住友銀行（現三井住友銀行）の元常務・河村良彦を社長として起用し、総合商社への方向転換を図った。

ここに目をつけたのが、自称経営コンサルタントの伊藤寿永光であった。伊藤は、目黒雅叙園に隣接する雅叙園観光ホテルを経営していた雅叙園観光の仕手戦に関する融資が焦げ付き、資金繰りに窮する中、住友銀行の磯田一郎会長やその腹心である河村に急接近し、イトマンの経営に筆頭常務として参加するようになり、イトマンを介して住友銀行から融資を受けるようになった。

同時に、雅叙園観光の債権者の一人であった許永中（野村永中）も、伊藤を通じてイトマンと関係を持つようになった。1990年5月、日経新聞でイトマンの不動産投資による借入金が1兆2000億円に膨れ上がったことが報道されたのをきっかけに、許は河村に美術品や貴金属などに投資すれば経営が安定すると持ちかけ、これを受けてイトマンは許の所有していた絵画・骨董品などを総額676億円で買い受けた。

さらに、ここでは磯田の娘（黒川園子）も不明朗な絵画取引に加わっていたとされる。これらの美術品は鑑定評価書が偽造され、市価の2〜3倍以上という価格であったが、河村や伊藤がこれを認識しながら買い受けたことで、イトマンは多額の損害を受けた。それ以外にも、伊藤や許は、イトマンから地上げや実現可能性のないゴルフ場開発へ多額の資金を投入させた結果、3000億円以上の資金が住友銀行からイトマンを介して闇社会に消えていったとされるが、これらの巨額資金の行方は今もって謎に包まれている。

河村が伊藤を抑えられなかった要因として、イトマンが繊維商社立川の株式を巡りアイチと攻防を繰り広げた際に、イトマンの取得金額に50億円上乗せした価格でアイチに売り渡す密約を結んだ河村は、アイチのオーナーと伊藤からその代償として合計10億円の謝礼を受け取ったことで弱みを握られ、伊藤の意のままに操られるようになったと言われている。

1991年元日、朝日新聞が「西武百貨店→関西新聞→イトマン転売で25億円高騰」「絵画取引12

点の実態判明、差額はどこへ流れた?」との大見出しで、絵画取引の不正疑惑をスクープした。続く同年7月、大阪地検特捜部は特別背任の疑いで、伊藤、許、河村を含む6人を逮捕し、起訴した。2005年10月、最高裁の上告棄却決定により、許について懲役7年6月・罰金5億円、伊藤について懲役10年、河村について懲役7年の刑がそれぞれ確定した。

こうしたイトマンに絡む数々の不正を明るみに出し、住友銀行を救うために、日経新聞の大塚将司記者と組んで様々な内部情報をリークしたのが、実は本書の著者・國重惇史氏だったのである。本書は、國重氏が当時克明に記録していたメモによって再現された、貴重な経済史の資料であり、またそれと同時に、一人のバンカーの生き様の記録でもある。

また、本書に出てくる主要な登場人物、特に「バブルの怪人」たちについても説明しておきたい。主役は勿論、裏社会とつながっている伊藤寿永光と許永中だが、「金屏風事件」の佐藤茂も見逃せない。磯田一郎も河村良彦も所詮は銀行員であり、いとも簡単に裏社会に絡めとられてしまう様は、何か日本の「エリート」のひ弱さやうら悲しさを感じさせるものがある。

・磯田一郎(1913-1993年):住友銀行元頭取・会長で、「住友銀行の天皇」と称された。「向こう傷を恐れるな」との言葉通りの強引な収益至上主義で知られ、会長時代はイトマン事件を引き起こした。「イトマンのことは墓場まで持っていく」と沈黙を守り、1990年に引責辞任を発表したが沈静化せず、住友銀行全体の不正融資や暴力団との関係、不良債権の実態が深刻なことが次々と報道されていった。

・河村良彦(1924-2010年):商業高校から学校の斡旋により戦時中の繰り上げ卒業によって住友銀行に入行。高卒としては異例の出世をとげ、同行常務を経て、イトマン社長を務めた。

・伊藤寿永光（1945年-）：イトマン元常務。イトマンが青山に東京本社を建てるための地上げが進まなかった際に、住友銀行名古屋支店が山口組の周辺者である伊藤を仲介屋として紹介したことをきっかけに、イトマンに食い込んだ。保釈・公判中の2003年3月、K1脱税事件に絡み、石井和義元社長に隠蔽工作を指南したとして、証拠隠滅罪で逮捕され、後に懲役1年6か月・執行猶予3年の有罪が確定した。

・許永中（1947年-）：「日本財界のフィクサー」と言われた在日韓国人で、通名は野村永中或いは藤田永中。2012年12月、母国韓国での服役を希望し、国際条約に基づき日本の刑務所から移送されていたことが判明。2013年9月にソウル南部矯導所より仮釈放された。亀井静香や山口組の宅見勝組長など多くの政治家や暴力団と関係を持ち、また元韓国大統領の全斗煥の実弟とも交友があり、韓国政界にも人脈を持つ。

・佐藤茂（?-1994年）：旧川崎財閥の資産管理会社・川崎定徳を、創業家に代わって長らく番頭役（社長）として経営した。佐藤の名前が一躍有名になったのが、住友銀行が平和相互銀行を呑みこんだ金屏風事件。この発端は、1985年に平和相銀の経営陣と対立する創業一族が、所有株式を仲介役の佐藤に80億円で売却したこと。この購入原資はイトマンファイナンスから融資されていた。

イトマン事件は刑事事件としては2005年に結審し、許永中は韓国で仮釈放されて以降、行方が知れなくなっているが、今や当事者の多くが既に鬼籍に入っている。しかしながら、このイトマン事件は、今なお各所でその残影を見ることができる。そのひとつが、目黒雅叙園問題である。この目黒雅叙園を巡る魑魅魍魎の記録は、『行人坂の魔物　みずほ銀行とハゲタカ・ファンドに取り憑いた「呪縛」』に詳しく書かれているので、不動産に関心のある方は読んでみることをお勧めする。

# 『SHOE DOG 靴にすべてを。』

フィル・ナイト＝著
大田黒奉之＝訳
東洋経済新報社

## 心に響く言葉の数々！

田中大輔

2017.10.27

ひさしぶりにワクワクするビジネス書に出会った。発売する前からこの本には注目していたが、これが期待のさらに斜め上をいくおもしろさだった。５５０ページ近くあるが、まったく飽きさせることなく、後半にいくにつれて読み終わってしまうのが寂しい。そんな思いを抱かせる1冊だった。

翻訳書の中には発売前から売れるのがわかっている本というものが存在する。この本もそういった本だと思ったのだ。洋書の表紙に書かれていた「SHOE DOG」という言葉は見慣れないもので、著者のフィル・ナイトという人のことも知らなかったけれど、真っ赤なナイキのロゴ（スウッシュ）が本に大きく描かれていたから、ナイキに関する本だということは見当がついた。

スウッシュだけでなく、黒に金の箔押しという装丁もインパクト大で、なんだかこれは面白そうな匂いがプンプンするぞ。と思っていたところ、調べてみたらフィル・ナイトがナイキの創業者であるということがわかった。さらにどうやら創業時のことが書かれている本らしいということも次第にわかってきた。この時点でこの本は間違いなく買いだという結論にたどり着いた。

なぜなら超有名企業の創業者やそれに近しい人たちが創業当時のことを書いた本がおもしろくないわけがないからだ。アップルのスティーブ・ジョブズ、スターバックスのハワード・シュルツ、アマゾンのジェフ・ベゾス、マクドナルドをフランチャイズ化したレイ・クロックなど、創業時のことを綴った本には名著と呼ばれるものがたくさんある。そこに新たな1冊が加わった。

タイトルの「SHOE DOG」という言葉は耳慣れないものだと思う。私も本書ではじめてこの言葉を知った。シュー・ドッグとは靴の製造・販売、購入、デザインなどにすべてに身をささげる人間のことを言うのだそうだ。著者のフィル・ナイトのことを指すだけでなく、ナイキの黎明期に関わった多くの人達がシュー・ドッグなのである。中でも印象的なのはビル・バウワーマンだ。フィル・ナイトのオレゴン大学時代の、陸上のコーチであり、今年、誕生から45周年を迎えた「コルテッツ」の原型を作りあげた人物でもある。陸上コーチ時代からランニングシューズをより良いものにするために試行錯誤を繰り返していった根っからのシュー・ドッグである。ナイキを代表するディテールの一つ、ワッフルソールを発明したのも彼である。彼がいなければ、確実にナイキの成功はなかっただろう。

またナイキの成功には、日本の存在も欠かせない。フィル・ナイトは日本の安価なランニングシューズをアメリカで販売することで起業をした。ブルーリボンという会社をでっちあげ、オニツカと交渉をし、契約後に会社をつくり、そこからオニツカを騙しながらオニツカタイガーをアメリカで売りまくった。オニツカが他の業者に独占販売権を与えようとした際は、はったりでそれを乗り越えた。そしてナイキが誕生することになったのもオニツカとの決別が原因となっている。

日商岩井（現双日）の存在も大きい。日商がいなければ、ナイキは存在していなかったといっても過言ではない。ナイキの成長を影から支えるだけでなく、ナイキの窮地を救った企業である。ブルーリボンは売上のほとんどを次の商品の購入に回していた。そのためキャッシュがない状態が続いていたのだ。そんな状態のときに銀行からの融資を突然凍結されてしまった。そこへ救いの手を差し伸べたのが日商なのだ。アメリカの銀行に対して日商岩井が100万ドルを全額返済するという場面では胸が熱くなること間違いなしだ。現在ナイキの本社には日商岩井ガーデンなるものがあるそうだ。それを知るといかにナイキが日商岩井に敬意を表しているかがわかる。

世界のスポーツブランドにおいて、いまでは圧倒的な知名度を誇るナイキも、創業してからは苦労の連続だった。創業した頃、スポーツの世界ではプーマとアディダスが圧倒的なシェアを占めていた。ナイキはそこを打開するために、バウワーマンを介して実力のある選手にオニツカを履かせるなどして、売り上げを伸ばしていった。人気が出てきて需要はあるのに、オニツカは常に希望通りに商品を送ってはくれない。さらに売りあげたお金をすべて投資（次の商品の購入）にまわしていたせいで、キャッシュフローはずっとめちゃくちゃ。メインバンクからは何度もさじを投げられている。

またライバル企業のアディダスや、蜜月の関係だったオニツカから訴えられることもあった。しかしそれらをみな乗り越え、常に勝利を目指し邁進していくナイキの姿勢には胸を打たれる。ナイキという名前は女神アテナが「ニケ（nike）」（勝利）をもたらしたとされるというところからとられたものだ。フィル・ナイトは常に勝利ということにこだわっていた。それがナイキの成功を生んだのだと、この本を読むとわかる。

さらにフィル・ナイトが私たちに投げかける言葉の数々も心に響くこと間違いなしだ。その中から最後に一文だけ引用してレビューを終えたいと思う。

「懸命に働けば働くほど、道は開ける。（中略）自分を信じろ。そして信念を貫けと。他人が決める信念ではない。自分で決める信念だ。心の中でこうと決めたことに対して信念を貫くのだ」

## 『エネルギー400年史 薪から石炭、石油、原子力、再生可能エネルギーまで』

リチャード・ローズ＝著
秋山勝＝訳
草思社

### 無名科学者の挑戦から読み解く

久保洋介

2019.10.15

『原子爆弾の誕生』でピュリッツァー賞を受賞したリチャード・ローズの最新作だ。薪が主要エネルギー源だった16世紀後半から、気候変動を気に留めながらエネルギーのベストミックスを追求する現在まで、という４００年超にわたる人類のエネルギー変遷史を描く。

有名無名の人物の物語を大きなテーマへと昇華させていく著者の手法は本書でも健在で、今回も科学者や技術者など個々人の物語を絡めながら、エネルギー変遷史という壮大かつ骨太の物語を紡いでいく。読了後には何か大きな獲物を手にした感覚にさせてくれる。

エネルギーの歴史はイノベーションの連続である。石炭を使った蒸気機関車、石油を使った電灯や内燃機関自動車、原子力発電、地下資源の開発技術、パイプライン溶接など、イノベーションがいかに人類のエネルギーの扱い方を変えてきたのかを、それらイノベーションに関わった技術者や発明家の個々の物語をベースに組み立てていく。本書から読み解けるのは、エネルギーにおけるイノベーションが一人の天才によって成し遂げられるのは非常にまれということだ。イノベーションとは、大概は思いがけない幸運と偶然の産物であり、そこに至るまでには数々の挫折と失敗が繰り返される。

本書でも、ワット、エジソン、フォードなど、歴史上の人物の物語を語ると同時に、歴史の陰に埋もれた大勢の科学者や技術者の活躍や挑戦を取り上げ、いかにそれらが現代のエネルギーを支えてきたかを浮き彫りにしている。さながらエネルギー版の「プロジェクトX」だ。

例えば、エドウィン・ドレークという原油を地下から掘り当てるのに成功した現場監督はエネルギー史では有名な存在だが、一方で、そのドロドロの原油を熱によって分留し石油製品を精製する手法を編み出したイェール大学教授ベンジャミン・シリマン・ジュニアは一般的には無名の存在だ。シリマンの発見は画期的だった。原油を分留すれば灯油やガソリンを製造できることが分かったことで、石油の価値が大きく見直されていく。ついには石炭を代替する燃料源へと変化を遂げていくのだが、この石油時代が築かれたのはシリマンという科学者の功績によるところが大きい。ただ彼は情熱と執念で石油の価値を見出したのではない。たまたま依頼され、小遣い稼ぎとなりえる化学プロジェクトで世紀の発見をしたのである。

新しいエネルギーの普及は、人びとの生活の質を上げ経済を活性化する一方、いつの時代も新たな環境問題や難題をもたらしてきた。それらに解決策を提示してきたのも、同じく技術とテクノロジーによるイノベーションだ。猛毒物質を生み出す有鉛ガソリンや光化学スモッグなど、当時「エネルギーを享受するための必要悪」と見做されていた問題も科学によって克服されてきた。著者は、地球温暖化問題についても、過去の歴史と同様、技術とテクノロジーが問題を解決してくれるのではと期待を寄せている。我々人類がエネルギーを追求する過程で直面することとなった地球温暖化問題。本書は、これをより大きな文脈で検討できる視座を提供してくれている。

本書に記されているのは、エネルギーという人類の糧をこの地球にある原材料から取り出すという根源的な人間の取り組みだ。人類の将来を占う上で、学びえる教訓は豊富である。

## 『レアメタルの地政学』
### 資源ナショナリズムのゆくえ

ギヨーム・ピトロン＝著
児玉しおり＝訳

原書房

## 第三次産業革命の根幹資源

久保洋介

2020.6.15

人類は化石燃料に支えられた世界からの脱却を試みている。石炭や石油といった過去2度の産業革命を支えた燃料から、再生可能エネルギーへと舵を切っているのだ。ただ、この流れには落とし穴があるとフランスの新進気鋭ジャーナリストが警鐘を鳴らす。

地産地消型の再生可能エネルギーの普及は、化石燃料由来の温室効果ガスの抑制と中東など一部地域に偏る資源から脱却できると信じられている。ただし、この転換によって人類は依存する資源を石油からレアメタルへとすり替えているだけという構造的問題は一般的に見過ごされがちだ。

クリーンエネルギー社会を支える電気自動車やデジタル機器はより多くのレアメタルを必要とする。電気自動車の電池やモーターを支えるのはレアメタルであるし、iPhoneのバッテリーや電子部品にもレアメタルは多く使用されている。太陽光発電のパネルや風力発電もレアメタルが根幹資源として活用されている。デジタル社会及びクリーンエネルギー社会の普及がこのまま指数関数的に伸びていけば、レアメタルの需要は急激に伸び、人類はよりレアメタルへの依存を高めていかざるをえない。

再生可能エネルギー社会の転換は、温室効果ガスの排出量を抑える一定の効果はあるだろう（著者は電気自動車や太陽光発電・風力発電が必要とするレアメタルの採掘・精錬工程までをも含めると二酸化炭素排出量に大きな差異はないと指摘する)。ただし、それによって万事解決ではなく、他の地球環境問題を抱えるというジレンマが待ち受けている。レアメタルの採掘・精錬過程で発生する放射性廃棄物による土壌汚染や水質汚染だ。これまで先進国があえて目をつぶってきた事象である。

著者は、これら新しい社会に必要であるレアメタルの4分の3ほどを中国一国が供給しているという点も懸念点として指摘する。実際、その懸念は2010年に日中が尖閣諸島問題で揉めたときに顕在化した。中国はレアアースの日本向け出荷を停止し、事実上の禁輸措置を行ったのだ。レアメタル市場はパニックになり、価格は急騰、精密エレクトロニクス業界は打撃を受けた。

中国がレアメタルを戦略物資として扱うのは当然だ。中国はこの数十年間、戦略的に取り組んできた。欧米の得意とする化石燃料に基づいた産業構造からの脱却とレアメタルに基づいた産業構造への転換に賭けている。安価なレアメタルを自国の環境破壊と引き換えにマーケットへと供給し、欧米諸国のレアメタル採掘企業が倒産するまで価格競争を仕掛ける。先進国が環境破壊を最小化するようコストをかけてレアメタルを採掘しても中国の価格競争力に全く歯が立たない。そして、それら欧米企業が倒産後、寡占化したマーケットを中国は自分たちでコントロールするという手法だ。この新たなゲームのルールに先進国は依存せざるをえない分業体制をつくってきた。

本書はグリーンテクノロジーに対するアンチテーゼであるが、エネルギー転換は不可避であることは著者も認めている。むしろ、その転換に基づいて重要な資源となるレアメタルをどのように扱うのかよく考える必要があると警鐘を鳴らす。著者はフランス政府への対応策は提示しているが、その他の国々はどうすればいいのだろうか。中国の政策に翻弄された経験のある日本はどのように対処すべきなのか、深く考えさせられる内容だ。

※本文は、書評サイト「ＨＯＮＺ」に掲載されたブックレビューに、加筆修正をしたものです。（データ・情報等はレビュー執筆時のものです）
※書誌情報は本書刊行時のものですが、品切・絶版となる場合もございます。また、レビュー執筆後に文庫版が刊行された書目は、文庫版を掲載しております。

## おわりに

HONZ副代表　東えりか

すべては成毛眞の思いつきであった。ノンフィクションの読者や書評家が少ないことを危惧し、2010年の年末に自分のブログで「本のキュレーター勉強会」を募集したのが発端である。この会は順調に発展を遂げ、2011年7月には新刊ノンフィクションの書評サイト「HONZ」が立ち上がった。募集要項を通った10名で始まったHONZは、追加の募集や書評ブログからのスカウトなどで数を増やし、50人ほどが参加して記事を書き、現在は25人前後が在籍している。

あっという間の10年だった。だがよくもここまで続いたものだ、という気もしている。不思議な縁だと思う。お互いのプライベートはほとんど知らず、やりとりはネット上のメッセンジャーだけ。職業も年齢もまちまちなのに気にする人は誰もいない。最初からソーシャルディスタンスを保って続いている仲間たちのレビューを読むのは毎朝の私の楽しみだ。

10年を記念してここで一旦振り返ってみようか、とレビュー総数約3000本の中から100本を選抜して本を作ることにした。なかなか過酷な作業であったが、世の中にはなんて面白い本が犇《ひし》めいているのだろうと改めて感心し、感動した。

ノンフィクションは読んで字の如く、フィクション以外の著作すべてである。ノンフィクション作家は膨大な時間を費やし一冊の本を書き上げる。その情熱を受け取った本のマニアであるメンバーが「こんなに面白い本があるんだよ」と自慢するように熱いレビューを書く。読み終わった直後の興奮、それがＨＯＮＺのレビューの醍醐味だ。

宇宙の真理を描いた本も、連続殺人鬼を追いかけたルポルタージュも、面白さの多寡は変わらない。いくら「すごい」と感動しても、全く反応がなくてがっかりすることがある。かと思えば、だれも興味ないだろうと思った本がＳＮＳで広がると自分の手柄のように嬉しい。本に貴賤なんかないのだ。

ノンフィクションの読者は、10年前は想像もつかないほど増え、ＨＯＮＺを楽しみにしている、という声もたくさん聞くようになりありがたいと思う。だが、ただ本を読むのが好き、という気持ちは今までも、そしてこれからも変わらない。

――もし世界の終わりが明日だとしても、私は今日も新刊ノンフィクションの１ページ目を読み始めるだろう。

## 書評サイト「HONZ」編集長より

内藤順

HONZのPVを気にしなくなって久しい。ましてやこれまでの記事数が何本あるのかなど、気にしたこともない。この感覚は、自分のFacebookの投稿数がどれくらいあるか、ウォールへのアクセスがどれくらいなのか、それほど気にならないことにも似ているだろう。その瞬間に誰がどのように反応してくれたか、それが一番大事なことなのだ。

つまりHONZとは、我々メンバーにとってのプライベートSNSであり、それをたまたま外部の人にも公開しているといった状態に過ぎない。そのプライベートSNSだが、前半の5年と後半の5年では随分と意識が違う。最初の5年はまるで自分の身体の一部のような気がしていたが、今では生活インフラのようになっており、無意識のゾーンに入っている。

振り返ってみてあらためて驚くのは、世界を激変させたコロナ禍の影響を受けてHONZが変わったことなど、一つもなかったということだ。元々オフィスはなかったし、連絡はすべてグループウェアだったし、全員リモートワークであった。逆張りをしていたつもりが、今では全く当たり前の風景になっていること、これこそが最大の驚きと言えるだろう。

この先HONZがいつまで続くのかは、全く分からない。あと10年続くかもしれないし、明日終わってしまうかもしれない。その不安定な瞬間の積み重ねを、10年という節目に書籍という形でアーカイブ出来たことは望外の喜びである。私達の生き様ならぬ、読み様を今後も是非ご覧いただきたい。

## レビュアー紹介

### 【代表】成毛眞

### 【副代表】東えりか

書評家。千葉県生まれ。信州大学農学部卒。動物用医療器具関連会社の開発部に勤務したが、縁あって1985年より小説家・北方謙三氏の秘書を22年務める。2008年に独立。高校時代『本の雑誌』で“活字中毒者”の存在を知り、自分はそうだったのか！　と自覚する。好んで読むのは科学、歴史、古典芸能、冒険譚などだが、小説から詩歌、ノンフィクションまで乱読。

### 【編集長】内藤順

茨城県水戸市出身。早稲田大学理工学部数理科学科卒業。広告会社・営業職勤務。好きなジャンルは、サイエンスもの、歴史もの、変なもの。好きな本屋は、丸善（丸の内)、東京堂書店（神田)。はまるツボは対立する二つの概念のせめぎ合い、常識の問い直し、描かれる対象と視点に掛け算のあるもの。

### アーヤ藍

1990年長野県生まれ。小さい頃から現代美術、演劇、映画によく触れてきたが、共通して好きなのは、人間の心理や社会構造を炙り出しているような作品。社会問題をテーマとしたドキュメンタリー映画を配給する企業に勤めていた際、HONZに参戦。2018年春よりフリーランスとなり、冒険中。

### 麻木久仁子

タレント。1962年11月12日生まれ。学習院大学法学部中退。ソファーに寝そべって本を読んでいる時が至福というインドア派。好きなジャンルは歴史物。

### 足立真穂

東京都生まれ。編集者。大学を卒業後､「矢来町」のとある出版社に勤務。国内外の実用書から学術系の本まで、幅広いテーマの本作りを手がけている。能と書道を手習中。

### 新井文月

現代アーティスト。踊りながら描く絵画『流れる宝石箱』発案者。ニューヨーク個展開催。オマーン／パレスチナ大使より日本アラブ友好感謝賞受賞。信濃毎日新聞書評委員。『週刊朝日』書評掲載。HONZではアートやデザインなどクリエイティブ本を紹介。

### 鎌田浩毅

1955年生まれ。東京大学理学部地学科卒業。通産省主任研究官と京都大学教授を経て、2021年より京都大学レジリエンス実践ユニット特任教授・京都大学名誉教授。理学博士。専門は地球科学・火山学。テレビや講演会で科学を明快に解説する“科学の伝道師”。京大の講義は数百人を集める人気で教養科目1位の評価。

**久保洋介**
1985年大阪府生まれ。京都大学卒業後、総合商社にて資源投資とエネルギートレードに従事。シンガポール駐在中。好きなジャンルは、評伝、世界史、サイエンス、資源開発、エネルギー、安全保障。

**栗下直也**
1980年生まれ。東京都出身。大学院修了後、半年間の無職生活を経て、産業専門紙に記者職で拾われる。HONZで紹介する本はサブカル、事件物が中心。著書に『人生で大切なことは泥酔に学んだ』など。

**小松聰子**
1977年静岡県生まれ。京都の通販会社に勤務中にふと社会人大学院に行きたくなり会社を辞めて上京。早稲田大学大学院商学研究科専門職学位課程ビジネス専攻卒業。2008年より精密機械メーカーに勤務。大学時代にはブルマーの研究を行い、事あるごとに「ブルマーで卒論書いたんですよ！」と人に言いふらしている。好きなものは水玉模様とピアノ（鍵盤）。書籍で興味があるのは主に人文・社会系。

**澤畑塁**
1978年生まれ。専門書出版社に勤務。営業職。大学では哲学を専攻していたものの、最近の読書はもっぱらサイエンス系。ふたりの子どもと遊ぶ時間のため読書時間は半減しているが、それはそれでわるくないと感じている昨今。

**塩田春香**
生きもの大好き！　子どもの頃、かけっこはいつもビリなのに素手でチョウを捕まえる早わざから「蝶々捕りの春香ちゃん」の異名をもつ。内面の成長がないまま大人になり、自然保護や環境保全に貢献できる仕事を求めて職を転々とする。子ども向け科学雑誌や学習図鑑の編集に携わったあと、現在は神保町の出版社に勤務。趣味は自然観察と旅。

**首藤淳哉**
1970年生まれ。大分県出身。ラジオ局で番組制作を担当。「本を読む」ことと「飲み食いする」ことをただひたすら繰り返すという単調な生活を送っている。妻子持ちだが、本の収納などをめぐり年間を通して家庭崩壊の危機に瀕している。太っているのに綱渡りの日々。好きなジャンルはノンフィクション、人文、サイエンス系。

**鈴木葉月**
1978年埼玉県生まれ。慶應義塾大学法学部政治学科卒。Duke UniversityにてMBAを取得後、現在外資系企業のIT部門に勤務。趣味は、読書の他にクラシック音楽・美術鑑賞、マンドリン演奏。髪型と選書で独自路線を進む。

**高村和久**

似ていると言われたヒト＆モノ→細川元首相・岡田監督・トウモロコシ・ダチョウ・スナフキン・碇ゲンドウ・パンダTシャツ。静岡県三島市出身。やせ型。東京大学工学系研究科修士、早稲田大学ビジネススクール卒。2006年カリフォルニア大バークレー校客員研究員。都内某メーカーに勤務。

**田中大輔**

1980年千葉県生まれ。文化服装学院技術専攻科卒。アパレルの販売職を経て、丸善・丸の内本店で10年間ビジネス書担当として働く。書店員時代には『日経MJ』や『DIME』などで書評を連載。2015年に書店を退職し、現在は出版社勤務。好きなジャンルはビジネス、カルチャー、ファッション、音楽、食（特にお酒）など。

**土屋敦**

1969年東京都生まれ。講談社を経てフリー編集者。京都で主夫、中米でNGO主宰、佐渡で半農生活ののち、料理研究家。現在は「森のいもいも」で小中学生向けの野外体験活動を行う。著書に『なんたって豚の角煮』、『男のパスタ道』など。週に2回は渓流で泳ぎ、焚火をする日々を堪能中。好きなジャンルは認知科学とエソロジー。

**刀根明日香**

1991年三重県生まれ。大学2年生の時、学生メンバーとしてHONZに参加。バスケットボール歴9年。酒飲み。海の見える街と風景が好き。好きなジャンルは歴史、人文系、スポーツ系、ゆるいもの。最近は歌舞伎を始めとする伝統芸能に興味あり。

**仲野徹**

1957年、「主婦の店ダイエー」と同じ年に同じ町（大阪市旭区千林）に生まれる。大阪大学医学部卒業後、内科医から研究の道へ。大阪大学大学院・生命機能研究科および医学系研究科教授。専門は「いろんな細胞がどうやってできてくるのだろうか」学。著書に『エピジェネティクス』（岩波新書）、『こわいもの知らずの病理学講義』（晶文社）など。趣味は僻地旅行と義太夫語り。

**西野智紀**

1992年生まれ。長野県出身。大学卒業後、ぽつぽつ書いていたブログ「活字耽溺者の書評集」をきっかけに仕事の話をいただき、以後書評家を名乗る。海外文学（ミステリ、サスペンス等）の紹介が中心だが、基本はフィクション、ノンフィクションを問わず濫読。好きなジャンルは、事件、ルポ、自然科学などの探求（探究）もの。

**野坂美帆**

文苑堂書店勤務。四十路子持ち書店員。好きなジャンルは建築。気になったらジャンル問わず買っちゃう乱読精神。チョコ常食。

**冬木糸一**
1989年生まれ。フィクション、ノンフィクション何でもありのブログ「基本読書」を書いている。

**堀内勉**
1960年生まれのいわゆる「新人類」世代。邦銀、外資系証券、大手デベロッパーを経て、一旦は引退して気ままな人生を歩み始めたものの、結局、現在はリゾート開発、アート支援、大学教員、著作や学校・財団法人・NPOなどの活動で超多忙な生活に逆戻り。趣味は料理、ワイン、アート、工芸、クルーズ旅行と読書。コロナ禍の中で、軽井沢にこもって書いた4作目の著書『読書大全』が、本人と版元の予想に反してベストセラーとなり驚愕の日々。

**峰尾健一**
1993年横浜市生まれ。横浜市立大学卒業。5歳から高校卒業までを秋田県で過ごし、大学入学と同時に横浜へカムバック。基本的に乱読派のため、好きなジャンルを絞りきれず困っている。

**村上浩**
1982年広島県府中市生まれ。京都大学大学院工学研究科を修了後、印刷会社、コンサルティングファームなどを経て、現在は外資系メーカーに勤務。学生時代から科学読み物には目がないが、HONZ参加以来読書ジャンルは際限なく拡大中。

**山本尚毅**
1983年石川県生まれ。北海道大学農学部農業経済学科卒。システム会社に勤務した後、発展途上国の貧困解決を志すベンチャーを創業。2015年より一転、某学校法人に勤める。好きな本屋は近所にあるREBEL BOOKS（高崎）。好きなジャンルは、文化人類学や人間の心理や認知に関するものや、答えのない課題を追い求める結論のない本。

**吉村博光**
1970年長崎県生まれ。早稲田大学卒業後、出版取次トーハンに就職。オンライン書店e-hon、ほんをうえるプロジェクト、ダンボール自販機、AI書店員ミームさんなど、25年の業務を経て早期退職。現在は出版社に勤務しながら、副業で白玉饅頭を売り歩くマルチな日々。料理王国webで「本を喰らう！」コラム執筆中。

**鰐部祥平**
1978年愛知県生まれ。10代の頃は中学3年で登校拒否、高校中退、暴走族の構成員とドロップアウトの連続。現在は自動車部品工場に勤務。気がつくとなぜかHONZのメンバーに。趣味は読書、日本刀収集、骨董品収集、HIPHOP。

成毛 眞

1955年北海道生まれ。元日本マイクロソフト代表取締役社長。

1986年日本マイクロソフト株式会社入社。1991年、同社代表取締役社長に就任。

2000年に退社後、投資コンサルティング会社「インスパイア」を設立。

『amazon 世界最先端の戦略がわかる』(ダイヤモンド社)、『2040年の未来予測』(日経BP)、『面白い本』(岩波新書)、『ビジネスマンへの歌舞伎案内』(NHK出版)など著書多数。

HONZ

代表者である成毛眞が自らのブログで公募した「本のキュレーター勉強会」を前身に、“読むに値する「おすすめノンフィクション」を紹介するサイト”として2011年7月に開設された。小説等の創作を除くすべて——サイエンス、歴史、社会、経済、医学、教育、美術、ビジネスなどあらゆる分野の著作を対象とする。
・HONZサイト https://honz.jp/
・Facebookページ https://www.facebook.com/HONZ.JP
・Twitter公式アカウント @honz_jp

決定版《けっていばん》
HONZ《ホンズ》が選《えら》んだノンフィクション

2021年7月10日 初版発行

編 著 成《なる》毛《け》 眞《まこと》
発行者 松田陽三
発行所 中央公論新社
〒100-8152 東京都千代田区大手町1-7-1
電話 販売 03-5299-1730 編集 03-5299-1740
URL http://www.chuko.co.jp/

DTP ハンズ・ミケ
印 刷 図書印刷
製 本 大口製本印刷


Published by CHUOKORON-SHINSHA, INC.
Printed in Japan ISBN978-4-12-005448-8 C0095